PRÉPAS SCIENTIFIQUES

ÉPREUVE DE
FRANÇAIS-PHILOSOPHIE

Concours 2024

Individu et communauté

en 30 fiches

Eschyle • Wharton • Spinoza

Nicolas Cavuoto-Denis
Agrégé de lettres classiques et docteur en langues et littératures anciennes, enseigne en CPGE au lycée Pasteur à Besançon.

Bénédicte Daniel
Agrégée de lettres classiques, enseigne au lycée Descartes à Toulouse.

Anne-Bérengère Poirey
Agrégée de philosophie, enseigne en CPGE au lycée Montesquieu au Mans.

Laurent Russo
Agrégé de lettres modernes, enseigne en CPGE au lycée Mistral à Avignon.

Claire Sani
Agrégée de lettres modernes, enseigne au lycée Yourcenar et intervient en CPGE au lycée Montesquieu au Mans.

Vuibert

Les renvois de page, numéros de lettres, actes ou vers présents dans l'ouvrage sont issues des éditions suivantes :
- éditions Gallimard (collection Folio Classique) pour *Tragédies complètes*, Eschyle, 1982 ;
- éditions Flammarion (collection GF) pour *Traité théologico-politique*, Spinoza (édition 2024) ;
- éditions Flammarion (collection GF) pour *Le Temps de l'innocence*, Wharton (édition 2024).

ISBN : 978-2-311-21861-9

Création de la couverture : Hung Ho Thanh
Adaptation de la couverture : Les PAOistes
Création de l'intérieur : Séverine Tanguy
Composition : Grafatom

Site Internet : http://www.vuibert.fr

Sommaire
pour se repérer

PARTIE 1 Les auteurs au programme

Travail réalisé

PARTIE 4 Méthodologie et sujets corrigés

PARTIE 5 60 citations incontournables

PARTIE 1

Les **auteurs** au **programme**

FICHE 1. Biographie d'Eschyle

Au caractère énigmatique de la tragédie grecque dont nous ignorons l'origine précise, et qui se résume pour nous, sur les centaines d'auteurs qui y ont contribué, à trois noms, Eschyle, Sophocle et Euripide, s'ajoute celui de la vie d'Eschyle. Il est resté jusqu'à sa mort un simple citoyen d'Athènes et la seule gloire inscrite sur son épitaphe est sa participation à la bataille de Marathon.

L'œuvre littéraire d'Eschyle n'est donc curieusement pas ce qui, à ses yeux et aux yeux de ses contemporains, a été le plus marquant de sa vie, alors qu'il est devenu aujourd'hui le symbole sinon le fondateur du genre tragique.

1. La vie d'Eschyle (vers 525-456[1])

Les éléments historiques fiables sur la vie du dramaturge tiennent en quelques mots : Eschyle est né à Éleusis dans une famille noble d'Athènes, la ville où se pratiquaient les Mystères en l'honneur de Déméter et auxquels il fut peut-être lui-même initié. Contrairement à Sophocle, qui jouera un rôle politique de premier plan, le sien semble s'être limité à sa participation, à l'âge de trente-cinq ans et en tant que simple hoplite, à la bataille de Marathon, accompagné de son frère qui y trouve la mort. Même si nous n'en avons aucune certitude, selon certaines des *Vies d'Eschyle* qui ont fleuri dès le IVe siècle, il aurait également participé à la bataille de Salamine, voire à celle de Platées, et livrerait donc dans *Les Perses* le récit d'une guerre vécue.

Si nous ignorons tout de sa vie privée, des sources mentionnent toutefois un ou plusieurs séjours en Sicile, sans qu'aucune date ne soit précisée : une défaite contre Sophocle aux concours tragiques ou contre Simonide dans un concours d'élégie lui aurait donné envie de quitter Athènes ; on lit parfois aussi qu'il aurait répondu à une invitation du tyran Hiéron pour venir rejouer l'une de ses pièces à la cour de Syracuse, pratique attestée par ailleurs. Toutes les sources s'accordent en tout cas pour dire qu'il est mort à Géla, même si la fin extraordinaire qu'elles lui prêtent est plus sujette à caution : Eschyle aurait reçu sur la tête une tortue tombée inopinément des serres d'un aigle…

2. L'œuvre d'Eschyle

Eschyle aurait composé, selon les sources, entre 70 et 90 tragédies ainsi qu'une quinzaine de drames satyriques. Il a rencontré un succès immense en remportant 13 fois le premier prix sur la centaine de ses participations aux

1. Sauf exception dûment notifiée, toutes les dates mentionnées dans les fiches sur Eschyle sont avant notre ère.

concours. De cette œuvre abondante, il ne reste plus que 769 fragments et 7 pièces complètes. En plus des *Sept contre Thèbes* (476) et des *Suppliantes* (vers 463), voici la liste de ces pièces.

A. *Les Perses* (472)

Les Perses est la première de toutes les tragédies grecques que nous ayons conservées. Elle repose sur un sujet réel, la seconde guerre médique (elle fut représentée huit ans à peine après les faits). Elle est remarquable notamment par le fait qu'Eschyle a décidé de placer l'intrigue chez l'ennemi, à la cour de Xerxès, qu'il situe à Suse. Alors que l'expédition menée par le Grand Roi et réunissant toutes les forces vives du pays est partie depuis plusieurs mois, l'angoisse monte chez ceux qui sont restés : la reine Atossa et le chœur de vieillards, des conseillers auxquels a été confiée la gestion de la Perse. Arrive enfin un messager dont le récit constitue l'acmé de la pièce : il dépeint en effet la bataille de Salamine et les conditions terribles dans lesquelles se sont déroulées la défaite puis la déroute de l'armée perse. Il est suivi de près par l'arrivée de Xerxès, seul. La seconde partie de la pièce se compose d'une succession de scènes de lamentations dans lesquelles les Perses déplorent les conséquences désastreuses de son expédition.

Cette tragédie possède un caractère spectaculaire unique : elle fait venir sur scène, le temps d'un épisode, le père de Xerxès, Darios, sorti des Enfers grâce à des rituels magiques, et la peinture de la Perse est l'occasion d'une démonstration sonore et visuelle particulièrement riche, rehaussée par la diversité des costumes, probablement financés par Périclès, nommé alors chorège pour la première fois. Son intensité dramatique et émotionnelle ressort à la simple lecture du texte, en particulier grâce à sa composition qui place au centre le récit de la bataille de Salamine, avec deux catalogues de guerriers perses – l'un célébrant leur puissante richesse et l'autre déplorant, en miroir, les pertes subies – puis retarde le *kommos* (voir fiche 11, p. 66), extrêmement pathétique, à la toute fin. La pièce s'achève par des borborygmes incompréhensibles mais manifestant avec beaucoup d'expressivité la douleur du Grand Roi. Cette intensité rend la visée politique et philosophique aussi profonde qu'ambiguë : en se fondant sur la gageure de faire pleurer le public athénien par l'évocation de la défaite ennemie dans un théâtre qui portait encore les traces du pillage de l'Acropole, la pièce peut à la fois se lire comme une célébration de la victoire grecque – d'autant plus glorieuse que les pertes qu'elle engendra furent lourdes – et comme une mise en garde contre les dérives du bellicisme et de l'esprit revanchard qui continuaient à animer certains citoyens athéniens. Bien plus, tout en donnant naissance au *topos* du barbare et en contribuant, par des oppositions structurantes (démocratie/tyrannie ; mesure/excès ; féminité/virilité), à l'avènement d'un sentiment d'identité grecque, elle donne réflexion sur la douleur liée au deuil et à la guerre une portée universelle, voire cosmique.

B. *L'Orestie* (458 av. J.-C.)

Composée d'*Agamemnon*, des *Choéphores*, et des *Euménides*, et seule trilogie (ensemble des trois tragédies présentées aux concours) que nous ayons conservée dans son intégralité, elle a permis à Eschyle de remporter le premier prix. Même si ce n'était pas une règle, les trois pièces possèdent une unité forte centrée sur la famille des Atrides. Dans ***Agamemnon***, le chœur, composé comme dans *Les Perses* des vieillards restés à Argos pendant l'absence de leur roi parti à la guerre, exprime une angoisse à laquelle l'arrivée d'Agamemnon en triomphateur met fin. Toutefois, la reine Clytemnestre, avec la complicité d'Égisthe, le cousin du roi qu'elle a épousé en son absence, assassine Agamemnon ainsi que sa captive, Cassandre, princesse de Troie qu'il a ramenée comme trophée de guerre. La pièce comporte une violence particulièrement expressive, rehaussée à la fois par la structure de la pièce et par la spatialisation scénique. Elle contient en effet deux *kommos*, l'un mettant en scène Cassandre, qui prophétise son futur meurtre et celui du roi (redoublant par anticipation l'assassinat), l'autre mené par Clytemnestre, juste après son geste, devant les deux cadavres visibles par le public, dans lequel elle oppose aux lamentations du chœur sa colère et son ressentiment. En outre, l'*exodos* ne permet pas, comme c'est généralement le cas, de faire retomber la tension puisqu'il s'agit d'une scène de conflit entre Égisthe et le chœur, qui ne prend fin que parce que Clytemnestre congédie tout le monde. Les ***Choéphores*** (littéralement « celles qui portent les libations ») présente le chœur des jeunes captives troyennes que Clytemnestre a envoyées sur la tombe d'Agamemnon pour apaiser le mort et qu'Oreste, accompagné de son ami Pylade, rencontre au début de la pièce tandis qu'il revient à Argos plusieurs années après l'assassinat de son père ; parmi elles se trouvent Électre, la sœur d'Oreste. La première partie de la pièce est entièrement sous le signe du deuil, tandis que la seconde, après un long *kommos* qui permet à Oreste, dans un rite de transition ambigu, de trouver la force et la volonté de passer à l'acte, repose de nouveau sur la vengeance et la violence : Oreste se rend au palais pour assassiner Égisthe puis, après une dernière hésitation, sa propre mère. Le titre Les ***Euménides***, les « Bienveillantes », désigne lui aussi le chœur de la pièce, composé paradoxalement des Érinyes, ces divinités qui harcèlent les auteurs de crimes familiaux et qui ont poursuivi Oreste depuis Argos jusqu'à Delphes, où il s'est réfugié en tant que suppliant d'Apollon. Elles deviendront à la fin de la tragédie des divinités bénéfiques et protectrices de la ville d'Athènes après qu'Apollon et surtout Athéna auront réussi, par un jugement équitable et institutionnalisé, à faire acquitter Oreste. Cette tragédie est singulière non seulement par le premier rôle qu'y tiennent les divinités, mais aussi par sa progression d'ensemble qui, temporellement, part du passé mythique pour rejoindre le présent actuel de la cité d'Athènes où s'est jouée la pièce. Symboliquement, elle fait passer le monde d'une violence primaire et chaotique à une justice civilisée.

C. *Prométhée enchaîné*

La date inconnue de cette tragédie semble indiquer qu'Eschyle n'a pas remporté le concours cette année-là. C'était peut-être la première d'une trilogie consacrée à Prométhée avec *Prométhée délivré* et *Prométhée porte-feu*. Son sujet mais également son originalité ont parfois conduit à douter de son authenticité. Sa structure « catalogale » n'empêche pas la dramatisation du conflit et de la violence : tandis que le monstre est enchaîné et cloué à un rocher sur le mont Caucase (selon Aristote, la mise en scène reposait sur la présence d'un mannequin immense, posé sur l'eccyclème à l'intérieur duquel se tenait l'acteur), il reçoit la visite successive des Océanides (formant le chœur de la pièce) d'Io (métamorphosée en génisse par Zeus), d'Océan et enfin d'Hermès. Seul Prométhée en effet, en dépit du châtiment éternel que lui fait subir Zeus, sait comment mettre fin à la malédiction d'Ouranos, qui veut que le roi des dieux soit détrôné à son tour par son fils. Éloigné du portrait que d'autres auteurs, tel Hésiode, ont fait du Titanide, le Prométhée d'Eschyle n'est présenté ni comme le créateur des hommes ni comme le voleur du feu divin, ni même comme un rebelle rusé et fourbe : la pièce tourne en effet exclusivement autour de son conflit avec Zeus, et Eschyle donne au personnage une ambiguïté certaine puisqu'il possède à la fois une puissance qui le rattache aux divinités primordiales, notamment celle de la parole prophétique, et une faiblesse pathétique liée à sa douleur physique et à son enchaînement. La structure même de la pièce amplifie cette ambiguïté : le *kommos* s'y confond avec la *parodos*, et ainsi la pièce commence dans un paroxysme de douleur. Elle se termine sous le signe de la destruction : Prométhée, refusant de répondre aux menaces d'Hermès, est enseveli sous les rochers.

3. Le style d'Eschyle

Le succès d'une pièce et sa victoire au concours ne correspondaient pas exactement à nos critères esthétiques actuels. L'originalité d'une tragédie, en particulier, ne reposait quasiment pas sur l'intrigue, puisque, qu'il soit mythique ou historique, leur matériau était connu des spectateurs : sur ce point, elle ne pouvait concerner que les choix opérés parmi les épisodes du mythe – la marge de manœuvre du dramaturge pour créer de nouvelles variantes étant par ailleurs limitée par la cohérence du cycle mythique et surtout par la frilosité des Anciens face à toute nouveauté. Une autre forme de contrainte créative concerne la composition dramatique, puisqu'une tragédie grecque repose sur un canevas qui ordonne de manière fixe l'alternance et la nature des parties chantées et des parties dialoguées, ce qui n'a toutefois pas empêché Eschyle de créer des effets de structures subtils, grâce à des oppositions et des reprises significatives, aussi bien au niveau macrostructural qu'au niveau microstructural, à l'intérieur du même épisode, voire de la même réplique. Outre sa visée didactique, le succès d'une tragédie dépendait essentiellement de son caractère émotionnel immédiat, et plus particulièrement du plaisir paradoxal que les spectateurs tiraient des pleurs suscités par la pièce qui s'offrait à leurs yeux et à leurs oreilles. Si une grande partie de cette dimension émotionnelle et spectaculaire ne nous est plus accessible puisque nous ne disposons plus de la musique ni de la danse, ni même d'une connaissance précise de la mise en scène originelle, elle ressort toutefois particulièrement du texte d'Eschyle – même si les fragments conservés sont très minces et qu'il est donc impossible de savoir si cet échantillon est représentatif.

Le portrait d'Eschyle que dresse Aristophane et la description que fait Aristote dans sa *Poétique* confirment la dimension spectaculaire et sa recherche constante de l'intensité expressive. Eschyle était particulièrement reconnu pour la flamboyance de ses costumes, l'intensité exacerbée de sa musique ou encore ses audaces scéniques, comme l'usage particulier du silence dans des scènes où l'acteur, incapable de parler sous le poids de la douleur, restait prostré dans le mutisme.

Ce qui frappait les Anciens et continue de nous frapper, c'est l'expressivité émotionnelle de son texte également, fondée à la fois sur des jeux de rythmes et de sonorités et sur des procédés qui lui sont plus propres (néologismes, mots-valises, métaphores étonnantes). Aristophane le suggère avec humour dans cette réplique d'Euripide, devenu son concurrent aux Enfers :

> « EURIPIDE
> Il va commencer par se draper dans sa majesté, comme il faisait à tous les coups dans ses tragédies pour en jeter plein la vue. (...) C'est que je connais le client ! il y a bel âge que je l'ai percé à jour : un faiseur de sauvages ! Le verbe arrogant, une grande gueule, toujours le mors aux dents, déchaîné, hors de ses gonds, un phraseur inendigable, boursoufanfagotant ses grands mots ![1] »

Le portrait outré que dresse Euripide d'Eschyle, parodiant les procédés récurrents que l'on trouve dans son œuvre, allie les deux grandes caractéristiques de ce que les Anciens considéraient comme le style d'Eschyle : une certaine gravité et une intensité spectaculaire qui se prêtent à l'atmosphère particulière dans laquelle Eschyle a fait jouer ses pièces.

1. Aristophane, *Les Grenouilles*, v. 832 *sq.* ; trad. V.-H. Debidour, *Aristophane. Théâtre complet II*, Gallimard, 1966.

FICHE 2. Le contexte historique de l'œuvre d'Eschyle

La vie et la carrière d'Eschyle se situent à un moment clé de l'histoire d'Athènes, celui de la mise en place des institutions démocratiques et de la naissance d'un sentiment d'identité grecque que voulut et sut inspirer cette cité aux autres pour assurer son hégémonie après sa victoire contre les Perses lors des guerres médiques.

DATES CLÉS

- 528-527[1] : Mort de Pisistrate.
- 510 : Chute des Pisistratides.
- 508 : Réformes de Clisthène.
- 499 : Révolte des cités grecques d'Ionie contre la Perse.
- 490 : Bataille de Marathon.
- 486 : Mort de Darios et début du règne de Xerxès.
- 480 : Seconde guerre médique (Thermopyles et Salamine).
- 477 : Instauration de la Ligue de Délos.
- 471 : Condamnation de Thémistocle.
- 449 : Paix de Callias.

1. Les guerres médiques

Événement majeur du début de la période classique par leur ampleur et leur retentissement, les guerres médiques ont marqué la vie d'Athènes jusqu'aux tragédies représentées au début du ve siècle comme *Les Perses* d'Eschyle.

A. La première guerre médique

La première guerre médique survient après que plusieurs cités d'Ionie se sont soulevées contre le pouvoir de Darios et ont été soutenues par des contingents envoyées par les cités grecques continentales, notamment Athènes : cette Révolte de l'Ionie avait en effet montré aux Perses que l'Asie mineure peut disposer de soutiens par-delà la mer Égée, et qu'il s'agit donc de « combattre le mal à la racine ». Ainsi, dès 492, Darios envoie son gendre Mardonios sur le littoral septentrional de la mer Égée pour s'emparer des principales

1. Sauf exception dûment notifiée, toutes les dates mentionnées sont avant notre ère.

cités de la Thrace et, en 491, des hérauts sont missionnés dans la plupart des cités grecques insulaires et continentales pour demander au nom du Grand Roi qu'elles fournissent « la terre et l'eau », selon la formule de reddition consacrée, ce que la plupart acceptent, à l'exception notable d'Athènes et de Sparte.

En conséquence de ce refus, au printemps de 490, un corps expéditionnaire mené par Datis, un noble mède, et Artaphernès, le frère de Darios, débarque dans l'île d'Eubée et prend Érétrie. En août, les Perses installent leur camp à Marathon, située à six heures de marche d'Athènes, soit à une bonne quarantaine de kilomètres. Athènes lève alors une armée de 10 000 hommes, qui marchent vers le camp perse Callimachos ; mais ils n'engagent pas tout de suite le combat, dans l'espoir que les renforts promis par les Spartiates arrivent. Les Perses finissent donc par lancer l'assaut qui se solde, contre toute attente, par une victoire des Athéniens. Apprenant que les Spartiates se sont enfin mis en route vers Marathon eux aussi, Datis n'insiste pas et repart en Perse.

Les pertes sont minimes pour les Perses et cette défaite de Marathon, une bataille secondaire pour eux, ne remet pas en cause le succès de l'ensemble de leur expédition : ils ont, au contraire, parfaitement réussi à créer une zone tampon isolant l'Asie mineure des tentatives d'offensive grecques. Pourtant, les conséquences psychologiques de cette victoire sont considérables, notamment pour les Athéniens : elle consolide la validité des institutions démocratiques et donne un prestige inédit à Athènes par rapport aux autres cités grecques. De fait, il y a très tôt un écart immense entre la réalité des faits et la représentation que l'on se fait de cette bataille.

B. La seconde guerre médique

Contrairement à la première, la seconde guerre médique relève d'un véritable plan d'invasion préparé par les Perses. Que Xerxès, qui a succédé à Darios, ait voulu venger son père pour des motifs personnels ou plus politiques, cette expédition fait l'objet de préparatifs minutieux dont les deux plus importants sont la construction de deux ponts de bateaux sur le détroit des Dardanelles et le percement du canal de l'Athos, dans la péninsule de l'Aktè. De plus, Xerxès prend en personne le commandement de cette expédition.

Pourtant, seuls Thémistocle et ses partisans à Athènes semblent, avoir prévu le retour des Perses et mesuré la menace que cela constituait. Ils réussissent à faire prendre à la cité des mesures importantes comme la nomination des archontes par tirage au sort. Athènes commence également, sur leur impulsion, à réorganiser son armée en se dotant d'une flotte plus nombreuse et moins vulnérable. Cette réorganisation rencontre la résistance des citoyens les plus conservateurs. Thémistocle réussit malgré tout à faire réaménager le Pirée et construire une flotte de 200 trières, notamment grâce à la découverte, en 483, d'un riche filon d'argent dans les mines du Laurion.

Le plan de Xerxès est le suivant : un contingent de fantassins gagnera la Grèce continentale par l'Hellespont et la Thrace, pendant que la flotte longera la côte pour le ravitaillement et prendra ainsi la Grèce en étau.

Au printemps 480, Xerxès quitte donc Sardes pour rejoindre la Grèce continentale par le nord. Les Grecs, de leur côté, ont enfin reconnu unanimement le danger et se sont réunis à l'automne précédent à Corinthe, formant la première ligue panhellénique de l'histoire de la Grèce pour voter la résistance à l'envahisseur. Toutefois, le deuxième congrès de cette ligue, qui se réunit au printemps, est plutôt marqué par des désaccords sur la stratégie à adopter. C'est donc *in extremis* que la proposition de Thémistocle est adoptée : un contingent spartiate d'environ quatre mille hommes, mené par le roi Léonidas, s'élance vers le nord tandis que la flotte grecque unifiée appareille pour le cap septentrional de l'Eubée, à Artémision.

La première véritable confrontation entre Grecs et Perses se déroule au mois de juillet 480 sur une ligne unissant le sud de la Thessalie et le nord de l'Eubée et est double. D'abord, aux Thermopyles, un défilé étroit entre les montagnes et la mer au nord de la Locride, les Spartiates et leurs alliés affrontent l'armée du Grand Roi dans une bataille restée légendaire jusque dans les studios hollywoodiens. Léonidas, roi de Sparte, sentant la défaite arriver, renvoie l'essentiel des troupes péloponnésiennes pour ne rester qu'avec les « Trois Cents », auxquels revient le mérite de la résistance héroïque finale. Celle-ci dure trois jours et permet à la flotte grecque, basée à l'Artémision, le second front, de fuir après une bataille navale dans laquelle elle a certes remporté quelques victoires, mais dont l'issue était plus qu'incertaine.

Et c'est ainsi qu'en septembre 480, entre le 22 et le 24 probablement, a lieu la bataille de Salamine, qui se déroule alors que l'Attique a été envahie par les troupes perses. La population athénienne non combattante a été évacuée en grande partie pour se réfugier à Trézène. Les troupes perses dévastent l'Attique et la cité d'Athènes, incendient et pillent les temples de l'Acropole. Toutefois, et malgré leur infériorité numérique, les Grecs écrasent la flotte perse à Salamine, une défaite due au fait que les vaisseaux menés par Xerxès, entre 300 et 400, se gênent et finissent par s'entrechoquer dans l'étroitesse de la passe.

Xerxès, craignant que cette défaite n'entraîne une révolte générale de la Grèce et l'impossibilité de toute retraite par voie terrestre, décide alors de ramener l'armée de terre en Asie. Mais il laisse en Thessalie un corps d'occupation et une cavalerie, sous la conduite de son beau-frère Mardonios. Les Athéniens rejoignent alors, sous le commandement d'Aristide, le contingent spartiate mené par Pausanias et réussissent près de Platées, en Béotie, à défaire les troupes ennemies, dans une bataille qui permet aux Grecs de chasser définitivement les Perses du continent.

La crainte d'un retour des Perses amène par ailleurs dès l'hiver 478-477 les cités grecques continentales et insulaires à s'allier : c'est la naissance de la Ligue de Délos. Les Athéniens, grâce à la victoire de Salamine, sont placés à la tête de cette coalition, considérée au départ comme une simple continuation de la Ligue de Corinthe. Assez rapidement toutefois, la cité athénienne se montre trop hégémonique et des dissensions apparaissent ; en 470, l'île de Naxos est la première à vouloir faire sécession.

2. La mise en place heurtée de la démocratie

L'instauration de la démocratie à Athènes est progressive mais surtout partielle. Elle est le résultat d'une succession de mesures qui n'ont jamais complètement remis en cause l'existence ni le pouvoir d'institutions préexistantes. À l'époque même où vit Eschyle, dans la première moitié du ve siècle, les tensions sont très vives entre les partisans et les ennemis de ce régime.

C'est à Dracon et à Solon (VIIe siècle) qu'Athènes doit la mise en place de ses premières mesures démocratiques : le premier instaure l'égalité de tous les citoyens devant la loi, en rédigeant un code dont la sévérité est devenue proverbiale. Le second proclame en 621 l'abolition de l'esclavage pour dettes et impose des charges publiques aux plus riches après avoir créé quatre classes censitaires. Lorsque le tyran Pisistrate prend le pouvoir en 561, il ne remet pas en cause ces premières mesures et continue de faire appliquer la législation de Solon : c'est à lui probablement que l'on doit les Dionysies, et donc l'établissement des concours théâtraux, qui favorisent l'esprit de communauté parmi les habitants de l'Attique.

A. Les réformes de Clisthène

Les réformes les plus importantes dans l'instauration d'un régime démocratique sont l'œuvre de Clisthène (vers 565-vers 500) :

- élargissement de la citoyenneté définie selon des circonscriptions territoriales et non plus selon des critères financiers ;
- transfert de l'essentiel du pouvoir politique à l'Assemblée des citoyens, l'*Ecclesia*, qui siège sur la colline de la Pnyx. Les citoyens ont le devoir de s'y rendre quatre fois par mois, pour débattre et gouverner la cité ;

- renforcement de l'Héliée, le tribunal populaire constitué de citoyens tirés au sort, face au tribunal traditionnel et aristocratique, l'Aréopage ;
- création de la « stratégie », composée de dix membres élus par l'Assemblée, destinée à servir de contre-pouvoir aux archontes, recrutés dans les grandes familles aristocratiques.

Désormais, la démocratie repose sur les trois piliers qui forment son socle : isonomie (égalité devant la loi), isogonie (égalité face à la citoyenneté) et iségorie (égalité de parole). Pour se prémunir contre la corruption et un retour à un régime autoritaire, la cité instaure une série de procédures telles que l'euthyna (la reddition de comptes) ou le célèbre ostracisme.

B. Le début du ve siècle ou le sommet ambigu de la démocratie athénienne

Malgré le rôle majeur joué par Athènes dans les victoires contre les Perses, une certaine instabilité règne dans la cité, due aux tensions entre les partisans et les ennemis de la démocratie. Après les guerres médiques, le pouvoir passe en effet aux mains des conservateurs, et plus particulièrement de Cimon, le fils de Miltiade, héros de Marathon, et d'Aristide, le vainqueur de Psyttalie (la bataille terrestre qui a achevé la victoire de Salamine) ; antidémocrates et bellicistes. C'est à eux essentiellement que l'on doit la mise en place de la ligue de Délos et la politique impérialiste d'Athènes. Thémistocle se trouve, lui, dans une situation particulièrement délicate. Il est ostracisé en 471.

La réaction des démocrates ne se fait guère attendre :
- 462-461 : un décret limite le pouvoir de l'Aréopage aux crimes de sang ;
- 459 : ouverture de l'archontat à la troisième classe censitaire ;
- 454 : indemnisation des citoyens assumant des charges publiques ;
- réglementation du fonctionnement des institutions.

La plupart de ces mesures sont dues à Périclès, qui étend ainsi le pouvoir à l'ensemble des citoyens, statut cependant réservé aux habitants prouvant une ascendance athénienne. Elles amènent à un changement important aussi dans les mentalités : à l'opposition entre oligarques et démocrates se substitue en partie celle entre les partisans de l'élargissement du *démos* et ses opposants.

C. Eschyle démocrate ?

Bien qu'Eschyle ait été assez proche de Périclès à titre personnel (ce dernier fut sans doute le chorège des *Perses*) et plus proche des démocrates que des milieux oligarchiques, il est beaucoup plus difficile de savoir dans quelle mesure ses tragédies portent un message politique en faveur de la démocratie.

Dans *Les Perses*, le contenu politique est particulièrement ambigu. D'une part, la dimension collective et égalitaire de l'armée grecque face au catalogue aristocratique qui nomme individuellement les héros perses fait de la démocratie un des piliers de l'identité grecque, tout comme le fait que la pièce fasse explicitement allusion à Thémistocle à plusieurs reprises. Mais d'autre part, d'autres éléments, comme l'amplification dans le récit du messager de la bataille mineure de Psyttalie, menée par Aristide, son rival, ou encore l'évocation prophétique de celle de Platées, qui fut décidée et menée par les conservateurs, rend impossible toute lecture politique claire de la pièce. De même, dans *Les Euménides*, dernière pièce de la trilogie d'Eschyle sur le personnage d'Oreste, Athéna décide de mettre fin à la loi du Talion et fonde l'Aréopage. Si le lien de cette scène finale avec l'actualité politique d'Athènes est clair, la position d'Eschyle est nettement plus ambiguë : s'agit-il de soutenir les anti-démocrates en célébrant la grandeur des origines de ce tribunal ou, au contraire, de rappeler les limites nécessaires de son pouvoir ? Sans doute les positions politiques d'Eschyle apparaissaient-elles plus nettement à ses contemporains.

Ainsi, il est impossible de ne pas voir dans *Les Sept contre Thèbes* un reflet de la vie démocratique athénienne. La lutte entre les deux frères à Thèbes – vue par les Anciens comme un contre-modèle de la cité d'Athènes –, qui met en péril l'ensemble des habitants de la cité, devait comporter un message politique clair et un appel à la paix intérieure par crainte qu'une puissance étrangère ne profite de la situation pour s'emparer de la ville (les Perses eux-mêmes s'étaient en grande partie appuyés sur des chefs politiques athéniens). De même, dans *Les Suppliantes*, on relève l'importance que donne le roi d'Argos lui-même au vote à la majorité lorsqu'il s'agit d'accueillir les Danaïdes, le statut civique de « métèques » qui leur est attribué, mais surtout le fait que la première occurrence que nous ayons du terme « démocratie » se trouve dans cette pièce (v. 604 : « *démou kratousa kheir* »). Certaines y ont vu de manière plus précise encore les traces de la lutte entre les démocrates et les conservateurs : la figure de Danaos peut en effet se lire comme un double de Thémistocle, en butte à l'hostilité de Cimon, puisqu'il se réfugie à Argos vers 471-470 avant d'être condamné par contumace en 466 pour trahison puis accueilli en suppliant par Admète, roi des Molosses.

Toutefois, il est sans doute plus juste de voir dans ces pièces non pas un message politique partisan, non pas des pièces à thèses destinées à défendre ou attaquer certaines attitudes ou prises de position contemporaines, mais un reflet des tensions qui secouent la vie athénienne, inscrites grâce au rituel dramaturgique dans l'ordre du monde et portées à une échelle mythique.

FICHE 3. La tragédie grecque au temps d'Eschyle

Contrairement à l'idée traditionnelle, développée par Aristote dans sa *Poétique*, selon laquelle Eschyle serait « le père de la tragédie » et aurait composé une œuvre marquée par des archaïsmes, il est désormais établi que toute une génération de poètes tragiques, l'a précédé. Il est donc impossible de reconstituer une histoire véritable de ce genre, dont nous ne savons pas si les vestiges textuels infimes et probablement très éloignés de leur version originale, sont représentatifs.

DATES CLÉS

– 534 : Première tragédie officiellement représentée aux Dionysies (Thespis).

– 525 : Naissance d'Eschyle.

– 499 : Première participation d'Eschyle aux concours dramatiques.

– 496 : Naissance de Sophocle.

– 484 : Première victoire d'Eschyle au concours tragique.

– 480 : Naissance d'Euripide.

– 472 : Eschyle remporte le premier prix avec sa trilogie comportant *Les Perses.*

– 472 : Naissance de Socrate.

– 472-468 : Voyage d'Eschyle en Sicile. Nouvelle représentation des *Perses* ?

– 468 : Première participation de Sophocle au concours tragique et victoire contre Eschyle.

– 467 : Victoire d'Eschyle avec sa tétralogie thébaine (*Laïos*, *Œdipe*, *les Sept contre Thèbes* + *La Sphinge*).

– 463 (?) : Eschyle remporte le concours avec *Les Suppliantes, Les Égyptiens, Les Danaïdes* + *Amymone.*

– 458 : Victoire d'Eschyle avec l'*Orestie.* Il quitte Athènes pour la Sicile.

– 456-455 : Mort d'Eschyle à Géla.

– 455 : Première participation d'Euripide au concours tragique.

1. La tragédie, une institution politique

Le théâtre fait partie de la vie politique de la démocratie athénienne. Il reflète les préoccupations et les grands enjeux politiques de son époque, et est aussi en lui-même une institution politique, il participe à la vie démocratique de la cité. La question de l'origine de la tragédie demeure une énigme : selon Aristote dans la *Poétique*, il s'agirait du développement d'un rituel religieux consacré à Dionysos, le philosophe faisant dériver le nom « tragédie » de *tragos* (« le bouc » en grec), animal consacré à Dionysos, et du verbe *aeidô* (« chanter »). Notre seule certitude est que les concours dramatiques au sein desquels étaient représentées les pièces furent institués à Athènes au VIe siècle[1], sous le règne de Pisistrate et que leur première attestation date de 534, bien que l'on ne sache pas si cette date correspond également aux premiers concours. Cette dimension politico-religieuse du théâtre diffère par bien des aspects de notre pratique profane et divertissante : à Athènes, on ne va pas au théâtre quand on veut puisque les pièces sont représentées dans le cadre de fêtes religieuses, principalement les Grandes Dionysies qui avaient lieu au printemps et les Lénéennes qui avaient lieu vers fin du mois de janvier.

A. Un rituel politico-religieux

La tragédie possède plusieurs points communs avec d'autres rituels religieux et civiques qui avaient lieu à Athènes. En ce sens, on peut la considérer comme une offrande que fait la ville au dieu Dionysos, qui n'est pas seulement le dieu du vin et de la fête. En effet, comme l'a montré J.-P. Vernant[2], il est le dieu de la marginalité et de la transgression, celui qui fait naître mais aussi légitime le rôle de l'inattendu et de l'étrange au cœur de la norme et du familier. À la manière de Dionysos, auquel elle est consacrée, la tragédie donne à voir au sein de l'espace public un ailleurs lointain, mystérieux et parfois effrayant, celui des mythes et des comportements marginaux, qui renverse les normes civiques et morales dans un moment limité mais nécessaire pour qu'elles existent de manière habituelle le reste du temps.

Dans la cité d'Athènes, les rituels religieux étaient aussi par essence politiques, sans distinction entre les deux domaines : honorer les dieux est en effet pour les Grecs un devoir civique puisque c'est protéger la cité contre la colère des dieux. Ainsi, leur organisation s'insère dans les institutions politiques de la cité : le financement des nombreux chœurs, lyriques, tragiques, qui concouraient toute l'année, était confié par l'archonte éponyme, premier magistrat athénien, à des citoyens désignés par leur tribu dans le système

1. Sauf exception dûment notifiée, toutes les dates mentionnées sont avant notre ère.
2. *Mythe et tragédie en Grèce ancienne*, avec P. Vidal-Naquet, La Découverte, 2005.

spécifique des impôts athéniens que l'on nomme « la liturgie » selon lequel les habitants les plus riches (citoyens ou métèques) devaient financer un certain nombre de manifestations publiques sur leur fortune personnelle. La chorégie, réputée la plus coûteuse, comptait le financement des accessoires (masques, costumes, etc.) ainsi que l'achat et l'installation des équipements (gradins en bois, *skènè*) du théâtre pour les représentations.

B. Les Grandes Dionysies

Les concours tragiques avaient lieu dans le cadre de fêtes religieuses dont les Grandes Dionysies étaient les plus importantes. Ces fêtes, d'une durée de six à sept jours, étaient en l'honneur de Dionysos Eleuthéreus, dont le sanctuaire se trouvait au pied de l'Acropole. La préparation des pièces elle-même suscitait, durant un laps de temps beaucoup plus long, des commentaires et des réactions de la part des habitants d'Athènes, lesquels étaient sans aucun doute informés progressivement, les semaines qui précédaient, des équipes en compétition et de l'avancée des répétitions. Certains participaient même aux chœurs : le nombre de choreutes, qui n'étaient pas des professionnels[3], était assez important (1 200 environ) pour que beaucoup de familles soient concernées de près ou de loin. D'autres participaient à la mise en place des conditions matérielles des représentations (machinistes, costumiers, etc.). De plus, un jour ou deux probablement avant le début de la fête à proprement parler, se tenait la cérémonie du *proagôn*, qui dévoilait publiquement le programme des représentations et à laquelle se rendaient le chorège, l'auteur et les acteurs costumés.

Ainsi, non seulement l'organisation des concours tragiques relève d'institutions et de décisions politiques, mais les représentations elles-mêmes étaient considérées comme un rituel politique, voire patriotique. Ces fêtes, qui se déroulaient à la fin du mois de mars, au début de la période de navigation et de la reprise de la guerre, attiraient et admettaient un certain nombre d'étrangers venus d'autres cités grecques. Elles commençaient par des cérémonies religieuses préliminaires, parmi lesquelles on trouve notamment l'entrée solennelle de la statue de Dionysos, sortie de son temple, à l'intérieur même du théâtre : le dieu était donc le plus prestigieux des spectateurs. Avant que ne débutent les représentations théâtrales , les spectateurs athéniens assistaient à une sorte de cérémonie patriotique lors de laquelle, d'abord, un groupe de jeunes Athéniens, passait devant le public, chacun portant un talent d'argent dans une jarre, pour officialiser le tribut donné à la cité d'Athènes par ses alliés ; puis l'on proclamait les honneurs conférés à des

3. Tout citoyen athénien de bonne famille devait être capable de participer au chœur d'une tragédie, mais aussi aux chœurs qui chantaient lors d'autres compétitions.

citoyens ou à des étrangers pour les services qu'ils avaient rendus à la cité, tandis que les fils des soldats morts pour Athènes paradaient dans une armure que leur offrait la cité et écoutaient une courte exhortation avant de rejoindre les places d'honneur qui leur avaient été réservées dans le théâtre. Après les concours de dithyrambes, un autre genre choral dont les liens avec la tragédie étaient importants et étroits, les concours tragiques proprement dits occupaient trois jours et opposaient trois poètes dont chacun présentait, à l'époque d'Eschyle, durant une journée chacun, un ensemble de quatre pièces : trois tragédies suivies d'un drame satyrique, lequel reposait sur les mêmes sujets que la tragédie, mais les traitait sur un ton comique et volontiers paillard qu'incarnait un chœur formé de satyres. Une quatrième journée était consacrée aux comédies (cinq étaient en compétition). À la fin du concours, le poète et le chorège déclarés vainqueurs par les dix juges étaient couronnés devant les spectateurs. Le chorège qui avait remporté le concours donnait traditionnellement un grand banquet de victoire. Les fêtes se terminaient par une réunion exceptionnelle de l'*Ecclésia*, à l'intérieur même du théâtre, pour examiner si tout s'était bien déroulé.

L'écart est donc immense entre notre conception de la représentation théâtrale comme divertissement culturel et celle, politique et religieuse, qui était à l'œuvre à Athènes : offrande de la cité faite à Dionysos, elle était d'abord une manifestation patriotique dont le but était la célébration de valeurs communes. En outre, la tragédie s'inscrit dans la culture.

C. Une forme de compétition

Composer une pièce, c'est d'abord et avant tout participer à une compétition, affronter des adversaires, chercher à affirmer sa supériorité. Seul le travail du poète (écriture du texte, composition de la musique, mise en scène avec une partie chorégraphiée) et de son chorège était récompensé. Ce n'est qu'à partir de la seconde moitié du ve siècle qu'on récompensera aussi les artistes, acteurs ou musicien. Cette dimension agonistique, extrêmement importante pour comprendre certains choix esthétiques, inscrit, elle aussi, la tragédie dans l'espace politique. Le vainqueur était choisi par des juges désignés par le sort. Les noms que chacune des tribus athéniennes avait proposés étaient placés dans une urne. Après un premier tirage, leur nombre était réduit à dix ; chacun des juges votait en secret, mais cinq seulement de ces votes étaient retenus par un ultime tirage au sort. Les noms des vainqueurs, gravés dans le marbre, témoignent de l'importance que les Athéniens accordaient à leur théâtre et du prestige que recevaient les vainqueurs.

Le succès d'une pièce dépendait donc de l'adhésion des spectateurs à un message et aux émotions qu'ils avaient pu ressentir au cours de la représentation.

Si le nombre total de spectateurs est impossible à déterminer précisément, et s'il existe encore un débat pour savoir si les enfants et les femmes, notamment les citoyennes, assistaient aux représentations, on admet qu'assistait aux représentations une bonne partie des habitants d'Athènes (citoyens ou non), auxquels se joignaient des étrangers. Ce public devait être d'autant plus nombreux que les places étaient gratuites. Cette foule de spectateurs devait être composée d'individus particulièrement divers, par leur rang social, leur éducation et donc leur façon de comprendre et de recevoir la pièce. Cela suggère combien, contrairement à la lecture que nous pouvons faire de ces pièces, le spectacle primait sur le texte, lequel devait être un texte ouvert, pour que chacun, selon son degré de compréhension et de culture, puisse l'appréhender et le recevoir à sa manière, tout en y trouvant du plaisir.

2. Le canon tragique

L'orateur Lycurgue assume, entre 338 et 326, une magistrature nouvellement créée de direction des finances et des travaux publics. Il engage donc d'importantes réformes qui touchent aussi à la culture en fixant notamment le contenu de la *paideia*, les œuvres qu'il convenait d'enseigner aux jeunes gens, imposant Eschyle, Sophocle et Euripide comme les trois représentants du genre tragique à Athènes et ordonnant une copie officielle de certaines de leurs pièces pour arrêter les modifications permanentes que les acteurs faisaient subir aux textes lors de leurs diverses lectures ou représentations (les manuscrits ayant servi aux répétitions étaient traditionnellement donnés aux acteurs de la pièce, qui pouvaient rejouer des scènes de la tragédie). Les tragédies grecques de l'époque classique subiront une seconde étape de canonisation, pendant la période hellénistique, du fait des philologues alexandrins. Le travail opéré sur le texte homérique nous donne un bon aperçu des coupes et de la véritable entreprise de réécriture qu'ils ont fait subir aux textes qui passaient entre leurs mains.

Les pièces que nous avons conservées ne représentent donc qu'une partie infime du genre tragique qui a été produit dans l'Athènes classique, et leur conservation n'est pas le fruit d'une évolution naturelle : ils sont le produit de plusieurs visions particulières de la tragédie qui se sont suivies et ont cherché à donner une cohérence et une logique au genre. Le texte que nous lisons, sans même parler des passages clairement inauthentiques comme la dernière scène des *Sept Contre Thèbes* (on pense qu'elle a été écrite par un fils ou un disciple d'Eschyle), est sans doute très éloigné du texte originel. Bien plus, il n'est qu'un reliquat, très partiel, d'un spectacle dont les conditions de performance sont fort éloignées de notre expérience actuelle de spectateur.

3. Le théâtre de Dionysos

Originellement les performances tragiques avaient lieu au sein du théâtre de Dionysos situé sur le flanc, donc légèrement en marge, de l'Acropole, mais d'où les spectateurs avaient une vue directe sur la Pnyx où siégeait l'*Ecclésia*. À son apogée, à la fin du ve et au début du IVe siècle, ce théâtre pouvait accueillir entre 15 000 et 17 000 spectateurs.

Les vestiges de ce théâtre datent de l'époque romaine et sa réalité à l'époque d'Eschyle ne peut être reconstituée que de manière hypothétique : il semble que, dans la première moitié du ve siècle, ce théâtre fût une construction éphémère, composée de deux parties. Le *theatron* à proprement parler, le lieu d'où « regardaient » (mot est formé à partir de *theaomai* : « je regarde ») les spectateurs, comportait sans doute de simples bancs installés en demi-cercle sur les pentes de l'Acropole. Aux premiers rangs se trouvaient les places d'honneur réservées à ceux qui avaient le privilège de *proédrie*, d'occuper le « siège de devant » : certains prêtres et magistrats de la cité. Le *theatron* faisait face à une aire plane en terre battue, l'orchestra, le lieu où le chœur dansait, avec en son centre la *thymélé*, l'autel de Dionysos.

À l'origine, malgré la séparation symbolique, il n'y a pas de véritable frontière marquée entre l'endroit où évoluent le chœur et les acteurs et celui où se tiennent les spectateurs. Les deux rampes d'accès, nommées *eisodoi*, placées de part et d'autre du théâtre, et légèrement en pente, permettaient d'accéder à l'*orchestra* et au *theatron*. Néanmoins, dès l'origine, ces deux sorties semblent avoir été utilisées dans un rôle symbolique : celle de droite, est dirigée vers la Pnyx et est logiquement le symbole de la cité, un lieu favorable et connu ; celle de gauche au contraire représente l'altérité, l'étranger.

On trouve aussi la *skènè*, détruite à la fin de chaque concours, placée derrière l'*orchestra*. Cette sorte de cabane en bois permettait aux acteurs de se changer. Dès l'époque d'Eschyle, et malgré son aspect rudimentaire, la *skènè*, qui permettait techniquement de réfléchir la voix des acteurs et visuellement de mettre en valeur les masques et les costumes, semble avoir servi également comme élément de décor, figurant de manière symbolique un palais, une tente ou un temple. Elle pouvait être complétée par un accessoire, un arbre ou un morceau de colonne. Dans *Les Suppliantes* comme dans *Les Sept contre Thèbes*, il faut ainsi sans doute imaginer des statues de dieux figurées devant la *skènè* ou autour de l'autel au centre de l'*orchestra*. Ce décor pouvait également être dynamisé par divers artifices techniques tels que l'*ekkykléma*, une plate-forme fixée au dos d'une porte pivotante de la *skènè*, la *mêkhanê*, une sorte de grue qui permettait de faire évoluer certains acteurs dans les airs, ou encore l'*anapiesma*, une trappe mobile d'où pouvait surgir un personnage revenant symboliquement du royaume d'Hadès.

4. Un spectacle choral

À l'origine de la tragédie, un seul acteur, le protagoniste, répondait sans doute au chœur et c'était peut-être l'auteur lui-même qui jouait ce rôle. Mais il fut peu à peu remplacé par des professionnels, chaque poète, semble-t-il, ayant son acteur attitré. Aristote[1] affirme que c'est Eschyle qui est à l'origine de la présence d'un deuxième acteur, le *deutéragoniste*, et des dialogues entre les personnages et que Sophocle serait celui qui aurait introduit le troisième acteur, le *tritagoniste*, mais rien n'est moins sûr. Si la chronologie est floue, en revanche la hiérarchie entre les acteurs est une réalité qui se mesurait au nombre de répliques prononcées par chacun. Il est important de rappeler également que chacun des acteurs pouvait interpréter plusieurs personnages, et qu'inversement, au gré des entrées et des sorties d'acteurs, un même personnage pouvait être interprété par plusieurs acteurs.

Les acteurs, tous des hommes, portaient un costume qui permettait d'identifier dès leur entrée quel type de personnage ils jouaient. Outre le masque, une sorte de perruque servait de critère de différenciation : la couleur des cheveux permettait de distinguer un jeune homme d'un vieillard, celle du teint la pâleur féminine du teint masculin, plus hâlé. Il convient de se méfier des représentations tardives des masques, les seuls qui nous soient parvenus : ceux du ve siècle n'étaient caractérisés par aucun signe d'expressivité, ni bouche tordue ni yeux révulsés. Les costumes étaient encore sommaires : essentiellement une robe longue, sans cothurnes, beaucoup plus tardifs. Tout cela nous montre que le jeu des acteurs n'était pas du tout psychologisant ou réaliste.

Le chœur n'est pas seulement un élément du théâtre, la tragédie est une performance chorale particulière. Les chœurs de la tragédie évoluaient en carré. À leur entrée sur scène, la *parodos*, les douze choreutes défilaient allaient se placer au centre en quatre rangées de trois. Ils portaient tous le même masque et le même costume, chantaient et dansaient à l'unisson, accompagnés par la musique de l'*aulos*, une flûte à double anche. Les choreutes chantaient probablement tous le même *texte*, employant tour à tour la première personne du singulier et celle du pluriel : le chœur est en effet est un individuel collectif. Il sert d'intermédiaire entre les personnages incarnés par les acteurs et le public et, d'une certaine manière, permet à celui-ci de participer à la performance en lui offrant un modèle de réflexion et de réaction. Il ne faut pas négliger l'aspect visuel du chœur : si l'on ignore dans le détail les mouvements qu'il effectuait, on peut imaginer que lors des *stasima*, ces moments où il commentait les dialogues en laissant libre cours à ses

1. *Poétique*, v. 1449.

émotions, le chœur évoluait vers la droite tout en chantant le premier groupe de vers, appelé la « strophe » (au sens premier « le fait de tourner »), et qu'il dansait en sens inverse pendant le deuxième groupe de vers, l'« antistrophe ». Par ailleurs, le mètre tout autant que le contenu littéraire donnaient le rythme de la danse : celle-ci était mimétique à la fois des faits et des émotions exprimés et culminait dans des figures qu'on a pu comparer aux poses du kabuki japonais. Ainsi, chaque *stasimon* faisait émerger une image qui donnait le ton, au sens musical du terme, à l'épisode qui précédait ou qui suivait. Il permettait donc d'ancrer la pièce représentée dans une atmosphère singulière.

FICHE 4. Biographie d'Edith Wharton

1. « *Comme je plains les enfants qui n'ont pas eu de Doley*[1] ! »

Edith Wharton est née dans une riche famille new-yorkaise. Elle est le troisième enfant et la fille unique de George Frédéric et Lucretia Rhénanie Jones. Sa mère a 37 ans quand elle naît, le 24 janvier 1862, à New York. Elle fréquentera peu ses deux frères Frédéric et Henry, âgés alors respectivement de 16 et 12 ans.

Dans son autobiographie, *Les Chemins parcourus*[2], la romancière évoque une relation ambivalente avec une mère distante. Elle décrit une figure maternelle mondaine et séduisante, mais aussi dépensière et égocentrique. Cette dernière confia sa fille à Doley, la gouvernante auprès de laquelle la petite-fille trouve chaleur et réconfort.

Sa personnalité s'épanouit au contact de son père, George Frédéric Jones, un homme qui hérite d'une fortune suffisante pour ne pas avoir à travailler. Très tôt, elle développe un talent inné pour inventer et raconter des histoires. C'est son père qui lui apprend l'alphabet. La lecture occupe alors une place essentielle dans la vie de la petite fille, qui peut s'isoler et ainsi tenir à distance sa mère.

De 1866 à 1872, la famille Jones visite la France, l'Italie, l'Allemagne et l'Espagne. Pendant son séjour en Europe, Edith Wharton est éduquée par des précepteurs et des gouvernantes. Elle parle couramment le français, l'allemand et l'italien et développe un goût précoce pour les arts, l'architecture et la littérature.

À 9 ans, elle tombe malade de la typhoïde. Cette maladie grave est difficile à guérir à l'époque et donc potentiellement mortelle. La famille est alors en Allemagne. L'enfant est confinée dans une chambre d'hôtel, ne voyant que très rarement ses parents qui craignaient la contagion. Elle est sauvée par le médecin du tsar de Russie qui était alors de passage. Cet épisode marque profondément la romancière, qui se souvient de véritables crises de terreur. Elle ressent un profond sentiment de solitude qu'elle vit paradoxalement comme une libération.

---

1. Traduit de l'anglais (États-Unis) par Jean Pavans, Flammarion, 2021. Titre original : *A Backward Glance (1934).*
2. *Ibid.*

De retour à New York, ses parents engagent une nouvelle gouvernante, Anna Catherine Bahlmann, pour assurer son éducation. Malgré les réticences de sa mère, la petite fille est autorisée à accéder à la bibliothèque de son père. Même si elle n'a l'autorisation d'ouvrir aucun roman sans l'accord de sa mère, les grands classiques qu'elle peut lire librement – Lamartine, Madame de Sévigné, Dante, Milton, Byron, Wordsworth, Victor Cousin, Coleridge, Shelley, Corneille, Racine, La Fontaine, Hugo – la sauvent d'un univers morne où on cherche à la cantonner dans le rôle de la petite fille sage : « c'est dans la bibliothèque de mon père que je la vois revenir à la vie. Je foule de nouveau l'épais tapis turc, j'ouvre l'une après l'autre les vitrines, et j'en sors un livre, puis un autre, dans un sentiment secret et extatique de communion[1] ». À 12 ans, Edith découvre sa passion pour l'écriture et les langues. À 16, elle publie en privé *Verses*, son premier recueil de poèmes. En 1880, elle fait paraître cinq poèmes anonymement dans un magazine littéraire de renom. Malgré ces premiers succès, sa famille ne l'encourage pas à publier d'autres ouvrages, mais Edith Wharton continue d'écrire.

La famille passe les étés à Newport, dans une villa spacieuse proche de la mer où la jeune fille côtoie la jeunesse dorée new-yorkaise, se baigne, fait du bateau, se promène dans les prairies en poney. À New York, elle fréquente les bals de la haute société.

2. Un mariage sans passion

Après l'annulation de premières fiançailles, la mère du jeune homme s'y étant opposé, puis une relation prometteuse avec un jeune avocat, Walter Berry qui deviendra plus tard un ami proche, Edith épouse en 1885 un homme de douze ans son aîné, Edward Teddy Wharton, un ami de son frère. Teddy Wharton était un banquier issu d'une grande famille bostonienne. Ils vivent une vie relativement confortable à New York, Newport puis Lenox. Le mariage est vécu au début comme une libération autant de l'injonction sociale de se marier – elle avait atteint l'âge critique de 23 ans – que de la domination de sa mère. La jeune femme était plus proche de son père décédé deux ans plus tôt.

En épousant Teddy Wharton, elle est enfin libre d'aller et venir comme elle le veut, d'établir sa propre résidence et de voyager à l'étranger aussi souvent qu'elle le souhaite. Mais progressivement, Edith Wharton ne se satisfait plus de son rôle limité d'épouse auprès d'un homme instable et dont la famille, patriarcale et socialement conservatrice, ignore son œuvre littéraire

1. *Ibid.*

qu'elle considère d'une excentricité inappropriée et embarrassante. Edith Wharton sombre dans un état dépressif et suit un traitement tout au long des années 1890. Cet état de santé mentale l'empêche de publier son travail jusqu'à ses 36 ans.

En 1902, elle publie son premier roman, *Les Amours d'Odon et Fulvia*[2]. Elle envoie à l'écrivain Henry James, dont elle admire l'œuvre, ce récit historique qui se déroule au XVIIe siècle, en Italie. Il lui envoie une longue lettre pour la féliciter, mais surtout il lui prodigue un conseil déterminant pour la suite de sa carrière d'écrivain : abandonner les sujets historiques alambiqués pour traiter du milieu qu'elle connaît, la société new-yorkaise. C'est le début d'une correspondance avec lui, puis d'une longue amitié jusqu'à la mort de celui-ci en 1916.

L'écrivain partage avec son époux neurasthénique sa passion pour l'automobile, qui a dû constituer un dérivatif à sa vie de couple frustrante. En 1906-1907, elle traverse la France au volant de sa première voiture. En route, elle prend des notes sur les sites culturels rendus accessibles par ce nouveau mode de transport. Elle partage ses impressions sur ces visites d'un nouveau type dans une série d'articles intitulée *La France en automobile*.

En 1908, la romancière commence une liaison avec Morton Fullerton, un journaliste du *London Times* vivant à Paris. Elle a consigné tous les détails de leur relation intellectuelle et passionnée dans son journal intime. Elle s'installe à Paris en 1907 et divorce en 1913.

3. Une femme libre et engagée

Entre 1900 et 1937, elle écrit plus de 40 livres, des romans et des nouvelles, mais aussi des ouvrages sur le voyage et sur le design d'intérieur. La reconnaissance publique est immédiate avec la publication en 1905 de *Chez les heureux du monde*[3], qui offre une exploration approfondie de la société américaine. Elle devient de plus en plus prolifique et publie deux autres œuvres majeures : *Ethan Frome* en 1911 et *Le Temps de l'innocence* en 1920, récompensé par le prix Pulitzer en 1921.

Sa vie bascule quand la Première Guerre mondiale éclate. Elle voyage en voiture à travers l'Europe, ouvrant des écoles pour les enfants fuyant les zones de combats et des foyers pour les réfugiés et les malades dans le nord de la France et la Belgique. Pendant toute la durée de la guerre, elle collecte

2. Traduit de l'anglais (États-Unis) par Jean Pavans, Flammarion, 2016. Titre original : *The Valley of Decision* (1902).
3. Traduit de l'anglais (États-Unis) par Charles Du Bos, Le Livre de Poche, 2017. Titre original : *The House of Mirth*.

de l'argent auprès de ses amis fortunés et organise des ventes aux enchères de manuscrits et de dessins originaux à New York. Parmi les rares journalistes et écrivains à être autorisés sur la ligne de front, elle soutient l'implication de son pays dans la guerre et écrit des rapports pour des publications américaines.

En 1916, elle est décorée de la Légion d'honneur française pour son engagement. La même année, elle publie un roman de guerre, *Un fils sur le front*[1], qui restera confidentiel. Elle s'installe définitivement en France et ne retourne aux États-Unis que deux fois : en 1921, pour recevoir son prix Pulitzer puis, en 1923, pour recevoir son doctorat honorifique de l'université de Yale.

Tout au long de sa vie, Edith Wharton accueille les intellectuels les plus doués de son temps : Teddy Roosevelt, Francis Scott Fitzgerald, Ernest Hemingway, mais aussi Paul Bourget, Anna de Noailles, André Gide et Jean Cocteau. Outre ces salons, son amitié avec Henry James a exercé une immense influence sur son travail. Elle continue à écrire jusqu'à sa mort à l'âge de 75 ans.

La romancière décède le 11 août 1937, à Saint-Brice-sous-Forêt. Elle est enterrée dans le cimetière américain de Versailles.

---

1. Traduit de l'anglais (États-Unis) par Jean Pavans, Flammarion, 2004. Titre original : *Coming Home*.

FICHE 5. Le contexte historique du *Temps de l'innocence*

1. *The Gilded Age*, l'Âge d'or des États-Unis (1870-1914)

A. Une ère de progrès technologiques et industriels

En 1873, Mark Twain écrit, en collaboration avec Charles Dudley Warner, un roman intitulé *The Gilded Age: A Tale of Today*. Ce récit satirique donne une description vivante et précise de la ville de Washington à cette époque et met en scène une galerie de portraits caricaturaux inspirés de politiciens corrompus, de spéculateurs sans scrupule et d'industriels cupides. Cette expression, choisie par le romancier pour dénoncer une société brillante (*gilded* signifie littéralement « doré ») à la surface, mais corrompue en profondeur – c'est une période de malversation, de consommation ostensible et de capitalisme sans entraves –, a donné son nom à une époque de l'histoire des États-Unis qui coïncide avec la deuxième révolution industrielle (1870-1914).

C'est la période de formation de l'Amérique moderne, où une société agraire de petits producteurs laisse place à une société urbaine dominée par les entreprises industrielles. Cette expansion rapide de l'activité des entreprises à la fin du XIXe siècle est accompagnée de la création d'un réseau national de transport – notamment les chemins de fer – et de communication pour favoriser un commerce à grande échelle, devenu la forme d'organisation économique dominante. Cette période est témoin de grands progrès technologiques, comme l'invention de la voiture, du phonographe et du téléphone. Elle connaît aussi l'avènement des journaux et des magazines de masse.

B. Une société en pleine mutation sociale

Émerge alors une nouvelle catégorie sociale, celle des grands entrepreneurs appelés les « capitaines d'industrie ». Ils sont aussi surnommés péjorativement les « *robber barons* » (« barons voleurs ») pour dénoncer leur formidable ascension économique et sociale. Il leur est notamment reproché d'avoir fait fortune en monopolisant les grandes industries de l'acier, du pétrole et des transports. Leurs pratiques commerciales sont discutables et souvent contraires à l'éthique, caractérisées par une exploitation systématique des travailleurs et une logique concurrentielle déloyale. Parmi les plus connus d'entre eux se trouvent John Davison Rockefeller, Andrew Carnegie, Cornelius Vanderbilt, Leland Stanford, Jay Gould ou encore John Pierpont Morgan.

C'est une période de grandes disparités économiques et sociales. Les machines tendent en effet à remplacer les travailleurs qualifiés, réduisant les coûts de main-d'œuvre et le prix de vente final des biens et des services. La mécanisation provoque l'appauvrissement des classes populaires, pendant que les riches propriétaires font construire de magnifiques manoirs.

Enfin, au début du XXe siècle, la composition ethnique et religieuse de la population américaine est également profondément modifiée par de nouveaux flux migratoires. Contrairement aux immigrants précédents, qui venaient de Grande-Bretagne, du Canada, d'Allemagne, d'Irlande et de Scandinavie, les nouveaux arrivants viennent de plus en plus de Hongrie, d'Italie, de Pologne et de Russie. Ils sont souvent catholiques ou juifs, et les deux tiers d'entre eux s'installent dans les zones urbaines. Cette arrivée massive suscite de vives réactions anti-immigrants. Elle se double d'un mouvement migratoire de la population agricole vers les grandes villes industrielles comme Chicago, Boston, Washington, New York pour certains, ou vers celles de la côte Ouest pour d'autres.

2. Les débuts du mouvement progressiste

Une nouvelle catégorie de journalistes d'investigation apparaît pendant cette période de l'Âge d'or, surnommés les *muckrakers* (de *muck*, « fange », « boue » et *to rake*, « fouiller », littéralement « remueurs de boue »). Ces journalistes et ces écrivains enquêtent et publient des rapports dénonçant non seulement la grande pauvreté et les inégalités sociales qui caractérisent cette période, mais aussi la criminalité et la corruption impliquant des élus, des dirigeants politiques et des membres influents du monde des affaires et de l'industrie.

Les nombreux scandales financiers révélés dans la presse consacreront ainsi le déclin de l'Âge d'or. En 1893, les malversations de la Philadelphia Reading Company – développant et exploitant l'une des plus grandes lignes ferroviaires pour le transport de marchandises et de passagers – et de la National Cordage Company – assurant l'importation de chanvre et la fabrication de cordage – déclenchent une profonde crise économique. Les banques et d'autres entreprises se sont repliées, et le marché boursier a plongé, laissant des millions de chômeurs sans abri et affamés. Les conséquences économiques et sociales de cette crise financière ont longtemps perduré, causant de profondes séquelles dans le tissu social américain.

La classe ouvrière comme la classe moyenne, lassées de la corruption politique et des inégalités sociales, soutiennent alors le parti progressiste, parti dissident du parti républicain cofondé par Theodore Roosevelt. Celui-ci prend les fonctions de président en 1901, après l'assassinat de William McKinley par un anarchiste. Il est réélu en 1904. Bien qu'il ait soutenu les entreprises américaines, le nouveau président a établi des contrôles fédéraux pour juguler la cupidité des entreprises et empêcher les individus de s'enrichir sur le dos des migrants et de la classe ouvrière. Avec l'aide des *muckrackers* et du gouvernement, les progressistes mettent en place de nombreuses réformes qui contribuent à réduire le pouvoir des « *robber barons* », telles que les réformes du travail mettant en place des normes plus équitables, la formation de syndicats, la réforme de la fiscalité avec l'impôt fédéral sur les revenus et le suffrage des femmes.

En 1916, les villes américaines sont plus propres et plus saines, les usines sont plus sûres, la corruption recule. Les monopoles sont réduits, ce qui permet à un plus grand nombre de personnes de créer leur propre entreprise. Lorsque l'Amérique participe à la Première Guerre mondiale, en 1917, l'ère progressiste s'impose tout à fait et tous les vestiges de l'Âge d'or ont effectivement pris fin : le pays se concentre désormais sur les réalités de la guerre.

3. L'influence des grandes familles new-yorkaises

A. De la Cinquième Avenue de Manhattan à Newport

a) La Cinquième Avenue

Les grandes familles d'industriels se sont installées le long de la Cinquième Avenue, où elles ont fait construire les plus grandes et les plus opulentes demeures de New York. Elles étalent ainsi leur richesse en y organisant des fêtes luxueuses où toute la haute société est conviée. Le manoir de 64 pièces d'Andrew Carnegie est l'une des maisons les plus prestigieuses de New York. En concurrence avec les autres riches familles, Cornelius Vanderbilt a acheté de son côté plusieurs biens sur la Cinquième Avenue pour faire construire un manoir de six étages, avec un jardin privé et une écurie. La maison Vanderbilt est le plus grand hôtel particulier bâti à New York. Après la mort de son mari Cornelius, sa femme Alice y vit jusqu'à ce qu'elle soit contrainte de le vendre en 1926.

De nombreuses demeures ont été démolies pour faire place à des magasins et à des bureaux au milieu du XXe siècle. Celle de la famille Vanderbilt a finalement été démolie pour être remplacée par le grand magasin Bergdorf Goodman.

b) Newport

Fondée en 1639, Newport était l'une des villes portuaires les plus importantes des colonies britanniques d'Amérique du Nord au XVIIIe siècle. Elle s'est enrichie grâce à l'importation et à la vente des esclaves, ainsi que des produits tels que le rhum. La situation de la ville a décliné après la guerre d'indépendance, mais au début des années 1800, elle devient un lieu de villégiature d'été à la mode, prisé pour son climat océanique tempéré. À la fin du XIXe siècle, Newport devient la station estivale des chefs de la finance et de l'industrie de New York. Ils y font construire des chalets d'été toujours plus grands, où ils mènent une vie sociale animée et brillante, en organisant des dîners, de fêtes et des compétitions sportives. Au tournant du siècle, ces chalets ressemblaient à des palais d'inspiration européenne tels que Marble House ou The Breakers appartenant respectivement à W. K. Vanderbilt et son frère Cornelius Vanderbilt, The Elmes propriété du baron de charbon Edward Julier Berwind, magnat industriel, ou encore Rosecliff construite par une riche héritière, Theresa Fair Oelrichs.

La Première Guerre mondiale, puis les conséquences de la Grande Dépression des années 1920 ont accéléré le déclin des grandes fortunes de l'Âge d'or. De nombreuses villas ont ainsi été abandonnées et démolies.

Désireuse d'échapper à Newport, Edith Wharton achète en 1901 un terrain à Lenox, dans le Massachussetts, où elle conçoit et fait construire dans le même esprit, The Mount, une immense demeure qu'elle habitera une dizaine d'années, jusqu'à son départ définitif pour la France.

B. La voiture, ultime signe extérieur de richesse

Les grandes familles d'industriels possèdent également des voitures privées, parfois ornées de la décoration de chemin de fer pour celles qui ont des liens avec l'industrie ferroviaire comme les Vanderbilt et les Gould. La fin de l'Âge d'or a vu l'introduction des voitures sans chevaux, avec la première voiture à gaz brevetée en 1886. Henry Ford dévoile son premier véhicule à moteur, le Quadricycle, en 1896. Avec ou sans moteur, les voitures de cette époque sont un moyen parmi d'autres pour les familles de mettre en avant leur richesse et leur statut.

C. Les œuvres caritatives

La plupart des capitaines d'industrie et leurs familles imposent ainsi leur domination pendant des générations. À New York, les actions caritatives étaient un autre moyen d'asseoir leur influence.

Parmi les femmes des riches philanthropes de l'Âge d'or, on compte notamment :

- Louise Whitfield Carnegie, épouse d'Andrew Carnegie, participe à la création de la salle de spectacle du Carnegie Hall ; elle fait de nombreux dons à la Croix-Rouge et à la YWCA (*World Young Women's Christian Association*) ;
- Abby Aldrich Rockefeller, épouse de John D. Rockefeller Jr., soutient la création d'hôtels pour l'hébergement des femmes en situation de grande précarité ; elle sollicite également des fonds pour créer le New York Museum of Modern Art (devenu le MoMA) ;
- Margaret Olivia Sage, épouse de Russell Sage, donne près de la moitié de son héritage pour soutenir la cause des femmes, les établissements d'enseignement et la création de la Fondation Russell Sage.

La puissance de ces grandes familles new-yorkaises s'est inscrite dans le paysage urbain et culturel de New York, qui en garde encore les vestiges les plus prestigieux.

FICHE 6. Le contexte culturel du *Temps de l'innocence*

1. Les vestiges de la société victorienne

A. L'influence paradoxale de l'Empire britannique

De 1775 à 1783, la guerre d'indépendance a opposé les Treize Colonies – groupe de colonies frontalières de l'Amérique septentrionale qui appartenaient à l'Empire britannique – à la Grande-Bretagne. La paix est signée à Versailles le 3 septembre 1783, consacrant la naissance d'un nouvel État. Sa constitution animée des idéaux de la France des Lumières est votée en 1787. Elle entre en vigueur en 1789 avec l'élection de George Washington à la présidence. Pour autant, l'Empire britannique – le Royaume-Uni et l'ensemble de ses territoires outre-mer – est encore de loin l'entité politique la plus importante du monde anglophone dans son ensemble. De fait, dans la seconde moitié du XIXe siècle, la société américaine est fragilisée par la guerre civile – la guerre de Sécession (1861-1865) – et les présidents qui se succèdent ensuite se révèlent faibles et corrompus. Les Américains ont tout naturellement tendance à se référer à ce qu'ils considèrent toujours comme le centre de la civilisation. Pendant l'ère victorienne du Royaume-Uni, qui s'étend sur le règne de soixante-trois ans de la reine Victoria (1837-1901), l'Empire britannique est devenu la première puissance industrielle mondiale, produisant une grande partie du charbon, du fer, de l'acier et des textiles du monde. La révolution industrielle, qui concerne également les États-Unis à partir des années 1870, se traduit par une prospérité fulgurante et l'ascension d'une classe supérieure « dorée ». Celle-ci reproduit alors les manières, la morale et l'esthétique de l'ancienne patrie. L'ombre portée de la reine Victoria sur l'ancienne colonie de Grande-Bretagne continue ainsi à influencer profondément les mœurs sociales, la mode, la littérature, le théâtre, l'architecture d'une haute société new-yorkaise façonnée par ce qui se passe à Londres, capitale du monde culturel anglophone.

B. Les valeurs victoriennes de la société américaine

L'idéologie victorienne domine la vie sociale d'une partie des États-Unis dans la seconde moitié du XIXe siècle. Cette société victorienne est très hiérarchisée, selon le principe de classes sociales cloisonnées et étanches. L'identité individuelle est déterminée selon des critères biologiques, le genre étant un des éléments fondamentaux de l'organisation sociale. Cette idéologie prône entre autres la doctrine des sphères séparées. Les hommes et les femmes étant différents, leur place et leur statut dans la société ne peuvent pas être les mêmes : la femme est assignée à la sphère privée du foyer, tandis que les hommes, forts et indépendants, évoluent dans la sphère publique où ils travaillent et participent à la vie sociale et politique. L'idéologie de la famille victorienne dépend fortement du culte de la « vraie » féminité en promulguant quatre vertus essentielles : la piété, l'innocence, la soumission et la domesticité. Considérant que les femmes sont naturellement plus religieuses et moralement plus fortes que les hommes, qui peuvent être distraits par des passions légitimes, leur piété et leur innocence doivent aider leurs compagnons à se racheter. Dans le même esprit, une « vraie » dame victorienne ne porte que des couleurs pastel et une palette de vêtements pâles. La mousseline blanche est typique de la pureté virginale avec des nuances délicates de bleu et de rose que l'on retrouve notamment dans les représentations picturales des classes supérieures de l'époque. En tant que fille, épouse et mère, elle est servile et dépend du chef de famille. La maison est sa sphère naturelle, dans laquelle sa tâche est de cultiver la vertu morale et sociale de ses enfants et de créer un refuge domestique pour son mari. Cette représentation de la femme victorienne est solidement ancrée dans la haute société new-yorkaise où Edith Wharton a grandi et qu'elle a encore longuement côtoyée jusqu'à son divorce, en 1913.

C. La fin d'une époque

Néanmoins, ce culte de la « vraie féminité » ne touche pas toute la société américaine. Les femmes de couleur et les femmes des classes les plus pauvres en sont automatiquement exclues. L'industrialisation et l'urbanisation croissante qui caractérisent la période de l'Âge d'or contribuent aussi à remettre en question les valeurs victoriennes jugées sclérosantes et d'un autre temps. L'essor économique sans précédent des États-Unis leur permet de se développer deux fois plus vite que le Royaume-Uni, qu'ils dépassent en 1900. La population passe de 35 à 100 millions d'individus. Les quelque 27 millions de nouveaux immigrants qui arrivent alors d'Italie, d'Europe centrale et de Russie, n'ont jamais été socialisés dans l'état d'esprit victorien. Par ailleurs, les femmes sont de plus en plus instruites, mais à l'issue de l'obtention de leur diplôme, elles se retrouvent souvent évincées de nombreuses professions. Alors que le siècle touche à sa fin, une partie de la société progressiste commence donc à contester ce modèle social. À l'avant-garde de la révolte se trouvent les jeunes femmes de la classe moyenne, qui travaillent dans les villes et défendent le droit de vote des femmes. Les premières associations en faveur du suffrage des femmes, fondées en 1869, ne vont cesser de se renforcer jusqu'au début du XXe siècle. Le Congrès américain vote finalement le 19e amendement de la Constitution le 4 juin 1919, assurant que : « le droit de vote des citoyens des États-Unis ne sera ni nié ni restreint par les États-Unis ou par un État en raison du sexe ».

Le Temps de l'innocence d'Edith Wharton témoigne de cette ascendance victorienne dans l'Amérique des années 1870. Elle décrit ainsi l'aveuglement de la haute société new-yorkaise qui se raccroche à ses privilèges et refuse de reconnaître cette évolution des mentalités liée aux mutations sociales inhérentes à la modernité, et qui touchent notamment le statut de la femme, au tournant des XIXe et XXe siècles.

2. « FAITES NEW YORK ! »

A. La littérature « réaliste » américaine

Les mutations sociales à l'œuvre au lendemain de la guerre de Sécession – la nation est reconstituée et l'esclavage aboli – ne peuvent laisser indifférents les artistes, témoins des nouvelles inégalités que provoquent la révolution industrielle. Les écrivains s'engagent alors dans un nouveau projet littéraire. Ils observent et jugent la société contemporaine en se présentant comme une expression de la révolte face à l'enrichissement scandaleux d'une minorité sociale exploitant une classe populaire misérable, immigrante ou issue du monde agraire, qui afflue vers les grandes villes. La littérature américaine s'affranchit alors des traditions héritées du romantisme. Edith Wharton y fait malicieusement allusion quand elle évoque les écrivains appréciés par Mrs. Archer, la société étant « plus agréable à l'époque où elle comprenait des gens de lettres comme Washington Irving, Fitz Greene Halleck et l'auteur de *The Culprit Fay* » (chapitre 12, p. 116).

L'époque de l'Âge d'or se caractérise par un foisonnement de publications de livres de fiction en tout genre – romans, récits d'aventure, feuilletons, etc. –, qui correspond à l'extraordinaire vitalité industrielle et économique du pays. D'élitiste, la littérature devient populaire. S'adressant au plus grand nombre, elle est aussi plus accessible à tous grâce aux progrès technologiques qui en facilitent la diffusion. Néanmoins, le réalisme des œuvres américaines de cette période diffère quelque peu de celui des œuvres européennes, notamment françaises. S'ils s'attachent à observer la société américaine pour en peindre les mœurs rurales ou citadines, dénoncer les excès et les dérives du capitalisme, ou encore montrer l'individu écrasé par des forces qui le dépassent, les écrivains mêlent souvent des éléments allégoriques, voire fantastiques, à leur critique sociale. L'univers décrit dans ses fictions est moins le reflet du monde extérieur que l'expression des propres désirs du romancier ou de sa fantaisie. Ainsi le réalisme américain, porté par des auteurs comme Mark Twain (1835-1910), William Dean Howells (1837-1920) ou encore Jack London (1876-1916), évolue-t-il au début du XXe siècle vers un réalisme plus psychologique que social. Henry James (1843-1916) en devient le maître incontesté.

B. Henry James, une amitié littéraire féconde

Le réalisme social et le naturalisme documentaire qui dominent la littéraire au tournant du siècle décrivent une Amérique misérable, corrompue et désespérante. Une nouvelle génération d'auteurs, sans dénier le rôle social de la littérature, préfère explorer l'univers intérieur de la psyché et ses méandres.

Henry James écrit dans un essai critique *The art of Fiction*[1] (1885) que ce n'est pas l'art qui imite la vie, mais que c'est elle qui est façonnée par l'art, dans la manière dont l'individu accorde de l'importance aux événements. Son œuvre romanesque analyse les rouages de la psychologie humaine et ouvre ainsi la voie au *stream of consciousness* – le « flux de conscience » – par le biais du monologue intérieur, que les auteurs modernes du XXe siècle utiliseront comme un moyen de pénétrer dans le labyrinthe de l'intériorité humaine. Né à New York, dans un riche milieu intellectuel, Henry James grandit en partie en Europe. En 1863, il interrompt ses études de droit à Harvard pour devenir écrivain. Il part de nouveau voyager en Europe, revenant de temps en temps à Cambridge dans le Massachusetts. En 1876, il s'installe définitivement à Londres. Ses romans ont pour cadre une bourgeoisie très aisée qui consacre l'essentiel de son temps à converser. Ses histoires sont dominées par les thèmes de l'échec et de ses vertiges, de la perversion des sentiments, mais aussi du sens du sacrifice. Pour James, il importait d'élaborer une écriture capable de créer chez le lecteur une illusion intense, non pas celle de la vie elle-même, mais celle la vie telle qu'elle s'éprouve et se ressent. Il décrit moins les pensées organisées de ses personnages que les impressions fugitives qui se succèdent en eux. Auteur « transatlantique » par excellence, il choisit pour cadre de la plupart de ses récits l'Europe afin de montrer le fossé culturel qui sépare désormais les deux continents.

Edith Wharton reprend de nombreux thèmes des romans d'Henry James, qu'elle admirait. Comme lui, elle s'expatrie ; et, comme dans l'œuvre de son *mentor*, elle oppose deux cultures, celle d'une jeune Amérique – qui se cherche encore une identité – et celle d'une vieille Europe – plus construite,

1. *L'Art de la fiction*, édition Klincksieck, 1979.

mais aussi plus pesante. C'est Henry James qui l'a incitée à renoncer aux sujets historiques lointains pour traiter du thème de l'Amérique. Dans une lettre amicale, il l'exhorte à prendre pour sujet ce qu'elle connaît le mieux, conseil qu'il synthétise en une formule concise, mais efficace : « FAITES NEW YORK », écrite en lettres capitales (lettre du 17 août 1902). Et il ajoute avec insistance : « utilisez au mieux vos dons ironiques et satiriques. » Elle répond à cette recommandation amicale dix-huit ans plus tard, en écrivant *Le Temps de l'innocence.* Elle y décrit, de manière subtile et implacable, la haute société new-yorkaise qu'elle a connue dans les années 1870, un monde disparu qu'elle ressuscite à travers le regard oblique d'un jeune homme qui prend progressivement conscience des failles de son milieu, sans parvenir tout à fait à se déprendre de ses injonctions arbitraires et coercitives.

C. Le roman psychologique et social d'Edith Wharton

Mais l'œuvre de la romancière fait autant appel aux mœurs sociales qu'à la psychologie. Ce qui lui importe, c'est de rendre compte de la cruauté discrète de la bourgeoisie new-yorkaise dont elle a pu souffrir enfant, puis en épousant un banquier de Boston qu'elle n'aimait pas mais qui lui a permis de se libérer de l'emprise d'une mère froide et impérieuse. À travers la crise de ses personnages, elle montre le pouvoir sclérosant des codes sociaux sur l'individu, la superficialité hypocrite de la société mondaine, l'étiolement qui guette les grandes fortunes et la vulgarité des parvenus. Ses romans prennent une dimension anthropologique en s'intéressant à l'évolution des normes sociales et des institutions – comme celle du mariage – et à leur influence dramatique sur la vie intime des individus.

Si *Ethan Frome,* publié en 1911, s'écarte de la peinture des mœurs de la haute société, pour aborder le thème tragique de la passion inassouvie, la romancière décrit encore ici avec précision la région de la Nouvelle-Angleterre peuplée de paysans frustes. Des années après les faits, le drame intime du personnage éponyme est raconté, dans un récit enchâssé, par un narrateur étranger, un ingénieur affecté à un emploi dans la centrale électrique de la petite ville de Starkfield. Dans cette narration à plusieurs voix, l'environnement hivernal façonne l'individu, incapable d'exprimer simplement ses sentiments, autant que les coutumes sociales, l'hérédité et les lois naturelles.

Tous les romans d'Edith Wharton ont en commun la difficulté des individus à verbaliser ce qu'ils ressentent dans une société faite d'interdits et de tabous. La douleur suscitée par cette impuissance à dire les isole de leur communauté en leur imposant le silence.

FICHE 7. Biographie de Spinoza

La vie de Spinoza est doublement marquée par l'exclusion, puisqu'il appartient à la communauté juive que la reine Isabelle de Castille et le roi Ferdinand d'Aragon chassent d'Espagne en 1492, puis qu'il sera exclu de cette communauté elle-même en 1656 au nom de ses idées.

Toutefois, ni sa vie ni sa pensée ne constituent des règlements de compte vis-à-vis de ces situations d'exclusion. Au contraire, Spinoza cherchera à comprendre les mécanismes qui commandent les rapports entre individus et communautés.

1. 1632-1656 : jeunesse dans la communauté juive d'Amsterdam

A. Naissance et première formation

Bento de Spinoza naît le 24 novembre 1632 à Amsterdam, dans une famille de la communauté juive portugaise. Ses parents sont des commerçants aisés et vivent dans une maison proche de l'intersection la plus animée et la plus fréquentée du quartier juif. Il est un des enfants du premier mariage de son père, Michael, qui sera veuf deux fois. Sa mère, Hanna, de santé fragile, meurt le 5 novembre 1638, alors qu'il n'a que six ans.

Apprendre les bases du judaïsme constitue l'essentiel de l'enseignement dispensé par l'école de la communauté, la Talmud Torah. Spinoza y entre vers 1639 et suit l'enseignement élémentaire jusqu'à l'âge de quatorze ans vraisemblablement. Il est très brillant et acquiert dès ce moment-là une solide connaissance de la Bible.

On a longtemps pensé qu'il avait poursuivi des études pour devenir rabbin, mais on sait aujourd'hui que ce n'est pas le cas. Il quitte l'école à la fin de l'enseignement élémentaire pour aider son père dans l'entreprise familiale, qui prospère au cours des années 1640.

B. Acheminement vers l'autonomie intellectuelle

Il continue à étudier et participe chaque semaine à un groupe d'études hébraïques. Dès l'âge de 15 ans il commence à poser des questions que même les plus savants des juifs ont de la peine à résoudre. Il semble avoir ressenti une certaine insatisfaction à l'égard de l'éducation reçue. Nourrissant des doutes sérieux sur le judaïsme, ses dogmes et ses pratiques, il entreprend de rechercher ailleurs la connaissance.

Le début des années 1650 est une période d'instabilité affective et matérielle chez les Spinoza. En trois ans, il perd son père, sa belle-mère et sa sœur Miriam. Il se peut également que la famille ait connu des difficultés financières, car la succession dont Spinoza hérite est grevée de dettes.

Pour être en mesure d'accéder aux travaux scientifiques et philosophiques, il prend des cours de latin auprès de Franciscus van den Enden (1602-1674), qui l'inite également aux grands classiques de l'Antiquité ainsi qu'à la philosophie et aux sciences modernes.

Il rencontre aussi plusieurs personnes avec qui il se liera d'amitié et aura des échanges intellectuels intenses, en particulier Juan de Prado (1612-1670), un médecin juif espagnol avec qui il échange à propos des questions philosophiques qui lui vaudront son excommunication.

2. 1656 : le *herem* (exclusion de la communauté)

A. Des opinions inacceptables

Même si Spinoza n'a encore rien écrit, il a déjà formé et divulgué des opinions qui sont en rupture totale avec l'orthodoxie juive. Ainsi, il nie que l'âme humaine soit immortelle au sens où elle jouirait d'une vie après la mort. Il critique l'idée d'un Dieu agissant comme un juge qui dispense récompenses et châtiments. Il nie que les êtres humains soient dotés de libre arbitre. Il soutient également que le peuple juif n'est pas préféré par Dieu et que Moïse n'est pas l'auteur des cinq livres du Pentateuque.

Ces thèses sont si intolérables pour la communauté juive qu'elle décide de prononcer contre Spinoza un *herem*. Le *herem* est une sentence d'excommunication relativement courante dans la communauté, qui éprouve le besoin d'une discipline forte parce qu'elle doit trouver son unité et sa reconnaissance dans une ville étrangère. La sanction vise à imposer la conduite sociale, religieuse et éthique jugée appropriée, et à décourager les déviances en matière de pratique liturgique, dans le comportement quotidien et dans l'expression des idées. La plupart du temps, le retour à la communauté est possible sous certaines conditions.

B. Le *herem*

Le 27 juillet 1656, une sentence d'excommunication est prononcée contre Spinoza par les chefs de la communauté juive. Le texte du *herem* de Spinoza **dépasse par sa véhémence et sa fureur tous les autres anathèmes** prononcés par la communauté.

« Qu'il [Spinoza] soit maudit le jour, qu'il soit maudit la nuit ; qu'il soit maudit pendant son sommeil et pendant qu'il veille. Qu'il soit maudit à son entrée et qu'il soit maudit à sa sortie. Veuille l'Eternel ne jamais lui pardonner. Veuille l'Eternel allumer contre cet homme toute Sa colère et déverser sur lui tous les maux mentionnés dans le livre de la Loi [...]. Sachez que vous ne devez avoir avec Spinoza aucune relation ni écrite ni verbale. Qu'il ne lui soit rendu aucun service et que personne ne l'approche à moins de quatre coudées. Que personne ne demeure sous le même toit que lui et que personne ne lise aucun des écrits composés ou rédigés par lui.[1] »

Cette sévérité s'explique certainement par le fait que Spinoza refuse la repentance et souhaite quitter la communauté. Au contraire, il rédige une *Apologie* pour justifier sa sortie de la Synagogue, ou du moins une ébauche du futur *Traité théologico-politique*. Que l'enfant prodige de la communauté la trahisse de cette manière blesse et rend d'autant plus furieux ceux qui sont censés faire respecter la loi.

Spinoza n'est certainement pas présent lors de la prononciation du *herem*. Il dispose du droit de faire appel auprès des magistrats de la ville, mais il n'en use pas et ne demande même pas à la congrégation Talmud Torah de reconsidérer son jugement. Il quitte tout simplement la communauté.

3. 1656-1665 : la communauté des amis et la naissance d'un homme libre

À Amsterdam, où il réside encore jusqu'en 1661, des réunions philosophiques se mettent en place avec des amis rencontrés non seulement dans des groupes de « collégiants[2] » protestants tels que Jarig Jelles (1620-1683), Pieter Balling (?-1664), et Simon de Vries (1628-1708), mais aussi vraisemblablement à l'université de Leyde dans un milieu moins croyant, tels que Lodewijk Meyer (1629-1681) et Adriaan Koerbagh (1633-1669). Malgré des convictions différentes, tous s'intéressent à la philosophie et constitueront pour Spinoza une communauté de libre pensée. C'est également à ce moment-là que Spinoza renonce aux affaires et se fait artisan : il vivra désormais du polissage des verres optiques et de la fabrication d'instruments optiques scientifiques tels que des microscopes. L'intérêt scientifique de cette activité n'est pas pour lui le moindre. Il commence à écrire le *Court traité de Dieu, de l'homme et de son bien-être* (fin 1660-début 1661).

1. Extrait du *herem* prononcé contre Spinoza le 27 juillet 1656, cité par S. Nadler, *Spinoza, une vie*, p. 203.
2. Voir ci-dessous, p. 161.

A. Rijnsburg

En 1661, il s'installe à Rijnsburg, village situé à proximité de Leyde. Il suit des cours à l'Université, notamment sur Descartes, et commence à travailler à l'*Éthique*.

À la fin de 1662 ou au début de 1663, les réunions du groupe d'Amsterdam reprennent, mais cette fois à propos des écrits de Spinoza lui-même. Lors de ces réunions, chacun lit à son tour un passage du texte de Spinoza, en explique le sens comme il le comprend et reprend ensuite toutes les démonstrations dans l'ordre des propositions énoncées. En cas d'échec, des éclaircissements sont demandés à l'auteur.

B. Voorburg

Au printemps 1663, Spinoza quitte Rijnsburg pour Voorburg, proche de La Haye. Ses amis insistent pour qu'il publie ses cours sur les *Principes de la philosophie* de Descartes. Spinoza accepte, et ajoute un appendice contenant des « Pensées métaphysiques », pour savoir quelle réception il peut espérer pour ses propres idées, et pour peut-être gagner la faveur de quelques personnes influentes. Cet ouvrage sera le seul publié de son vivant sous son vrai nom.

Mais à l'été 1663, un épisode de peste commence à sévir sur l'Europe du Nord, qui durera six ans et sera très violent. Pour échapper à la contagion, beaucoup se retirent à la campagne. Pendant l'hiver 1664, Spinoza se réfugie chez son ami Simon De Vries, dans une petite maison aux environs de Schiedam.

4. 1666-1677 : *Homo politicus*

A. Circonstances du *Traité théologico-politique*

Au moment même où Spinoza achève la première ébauche de l'*Éthique*, en 1665, une dispute religieuse locale éclate à Voorburg à propos de la nomination d'un nouveau prédicateur à l'église locale, querelle qui rappelle les schismes de la société néerlandaise[1]. Spinoza s'engage dans cette querelle, mais il est dénoncé par les conservateurs calvinistes comme un « athée ou quelqu'un qui se moque de toutes les religions[2] ». Il est toujours profondément blessé lorsqu'on l'accuse d'athéisme. Il n'a certainement pas une haute opinion de la religion organisée, mais il croit en ce qu'il appelle la « religion

1. Voir la fiche 8 sur le contexte historique, p. 47.
2. Cité par S. Nadler, *op. cit.*, p. 402.

vraie », qui s'apparente en fait à ce que lui et ses amis pratiquent dans leur recherche de la vérité.

Cette accusation d'athéisme motive sa décision de composer un traité sur les questions théologiques et politiques. En fait, il renoue avec son premier projet de *Traité théologico-politique* commencé à Amsterdam dès les années 1650.

B. Superstitions messianiques

L'année 1666[3] voit surgir des superstitions messianiques chez les juifs. Un certain Sabbataï Zevi, né à Smyrne en Turquie, se présente comme le Messie. Bien qu'excommunié par le rabbinat de Jérusalem, il persévère dans ses affirmations et la rumeur de la venue du Messie commence à se répandre. La ville d'Amsterdam est l'un des centres les plus importants de l'activité messianique autour de lui, et on voit des **conduites totalement irrationnelles** chez beaucoup de juifs. Finalement, Zevi est arrêté à Constantinople par le sultan et emprisonné. Il doit choisir entre la mort et la conversion à l'islam, et choisit de devenir musulman.

Toute cette aventure confirme à Spinoza ce qu'il a pensé et écrit sur la manière dont la crédulité et les passions des gens ordinaires peuvent être manipulées par des autorités religieuses autoproclamées.

C. « Ultimi barbarorum »

Malgré leurs convictions républicaines, Spinoza et Johan de Witt, le Grand-Pensionnaire de Hollande[4], ne sont pas tout à fait sur la même ligne, et il semble que De Witt ait désapprouvé les thèses démocratiques du *Traité théologico-politique*. Toutefois, l'un et l'autre ont en commun d'être méprisés et calomniés par les autorités religieuses de l'Église réformée néerlandaise. Un critique calviniste a même cru que Johan avait joué un rôle dans la composition et l'édition du *Traité théologico-politique*. Mais ni Spinoza ni De Witt ne font mention l'un de l'autre dans ce que nous connaissons de leur correspondance.

Toutefois, Spinoza sera profondément affecté par la **mort atroce des frères De Witt le 20 août 1672, tués par la barbarie populaire**, et voudra placarder dans les rues une pancarte portant les mots « *ultimi barbarorum* » (« (vous êtes) les pires barbares »). Il en sera dissuadé par son logeur de l'époque, van der Spyck.

Trois de ses amis proches meurent dans les années 1660 : Simon de Vries et Pieter Balling, puis **Adriaan Koerbagh, qui meurt en prison au nom de**

3. Dans l'Apocalypse de Jean, le chiffre 666 est donné comme étant « le nombre de la bête ».
4. Voir la fiche 8, p. 49.

certaines idées qu'il partage avec Spinoza. Il est condamné le 29 juillet 1669 à dix années d'emprisonnement suivies de dix années d'exil et à une amende de 4 000 florins. Mais tombé malade à la suite de son incarcération, il meurt le 15 octobre.

C'est son décès qui donne à Spinoza la force d'achever son *Traité théologico-politique* et d'en préparer la publication, qui advient vers la fin de 1669 ou le début de 1670, sans nom d'auteur.

D. La Haye

Il quitte alors Voorburg pour s'installer à La Haye, où il vit jusqu'à sa mort. Les lecteurs du *Traité théologico-politique* ne tardent pas à reconnaître son auteur. La réaction est très violente et impitoyable. Spinoza passe rapidement pour un ennemi, voire l'ennemi de la foi et de la religion. Les accusations individuelles sont bientôt suivies d'une condamnation officielle des autorités religieuses, le 30 juin 1670, puis d'une interdiction par les autorités politiques le 19 juillet 1674, deux ans après la mort de De Witt.

Dès le début des années 1670, Spinoza reprend son travail sur l'*Éthique*. Au début de juillet 1675, il veut faire publier son ouvrage, mais y renonce très vite, ayant appris incidemment qu'une plainte a été déposée contre lui par quelques théologiens.

Il travaille en 1676 sur le *Traité politique*, qu'il ne peut achever. La silice contenue dans la poussière des verres qu'il polit depuis vingt ans a provoqué une tuberculose pulmonaire, et Spinoza meurt le 21 février 1677.

FICHE 8. Le contexte historique du *Traité théologico-politique*

1. Les Provinces-Unies : un État jeune et secoué par les guerres

A. La naissance des Provinces-Unies

Au début du XVIe siècle, les Pays-Bas sont sous la coupe de l'empereur Charles Quint (1500-1558). À sa mort, Philippe II d'Espagne (1527-1598), son fils, devient souverain. Mais en **1568 commence le soulèvement des Pays-Bas**, appelé aussi guerre de Quatre-Vingts Ans. Il prend forme à partir d'une révolte qui revendique la liberté religieuse pour le protestantisme, mais se transforme bientôt en guerre contre l'Espagne, et en guerre civile entre les sept provinces du Nord (actuels Pays-Bas), et les Pays-Bas méridionaux (actuels Belgique, Luxembourg et Nord-Pas-de-Calais), catholiques et partisans du roi d'Espagne.

En **1581**, grâce à une suite de succès militaires, les sept provinces septentrionales, menées par la Hollande, proclament leur indépendance par l'**acte de La Haye** et créent un nouvel État, qui reçoit le nom de **République des sept Provinces-Unies des Pays-Bas.** Il comprend les provinces de Hollande, de Zélande, d'Overijssel, de Frise, de Groningue, de Gueldre et d'Utrecht.

Le conflit avec l'Espagne ne prendra fin (provisoirement) qu'en **janvier 1648**, date de la reconnaissance des Provinces-Unies par le roi Philippe IV d'Espagne lors du **traité de Münster**. Toutefois, dès avant cette reconnaissance, l'État des Provinces-Unies (déjà reconnues par plusieurs pays européens tels que l'Angleterre, la Suède et la France notamment) s'était déjà affirmé comme une puissance majeure ayant commencé à établir un vaste empire colonial soutenu par l'activité commerciale de la **Compagnie néerlandaise des Indes orientales** créée en 1602.

Au cours du XVIIe siècle, plusieurs conflits secouent le pays. Outre la guerre contre l'Espagne, les Provinces-Unies seront en guerre contre le Portugal, l'Angleterre et la France.

État confessionnel dont la religion officielle est celle de l'**Église réformée néerlandaise**, les Provinces-Unies sont cependant tolérantes envers les autres courants du christianisme, ainsi qu'envers le judaïsme, et permettent à ses habitants une certaine liberté de pensée en général. Elles abritent de grandes personnalités scientifiques de l'époque, telles que Hugo Grotius, Christiaan Huygens et Antonie van Leeuwenhoek, mais aussi artistiques, et notamment des peintres tels que Rembrandt, Johannes Vermeer, Frans Hals.

B. Les institutions des Provinces-Unies

Les sept provinces qui forment l'État des Provinces-Unies se sont séparées de leur souverain et ont décidé de laisser cette place vacante. Ainsi, c'est un système de **république fédérale** qui se met en place, sans pouvoir central fort. **La seule institution centrale est l'assemblée des États généraux**, qui n'est même pas une institution autonome dans la mesure où elle se compose uniquement de délégués des assemblées des États provinciaux. Cette assemblée a cependant un rôle de délibération important dans les affaires qui concernent l'ensemble des Provinces, telles que le commerce ou la religion notamment. Toutefois, le poids économique et politique de la province de Hollande confère à ses magistrats, bien que de manière informelle, des fonctions que l'on pourrait qualifier de centrales, puisque rien ne peut se décider sans son accord, et puisque les réunions des institutions ont lieu sur son territoire.

En l'absence d'un pouvoir centralisé, chaque province dispose d'un appareil d'État à trois pôles :

- les **États provinciaux** sont l'assemblée délibérative qui administre le pays ;
- le **pensionnaire**, secrétaire et président du comité permanent des États, est le chef civil de la province. Celui de Hollande a une prééminence de fait et est le seul à être reconnu comme interlocuteur valable par les puissances étrangères. Pour cette raison, la diplomatie lui accorde le titre de **Grand-Pensionnaire** ;
- le **stathouder** est le chef militaire de la province et dirige la diplomatie. Il se recrute exclusivement dans la maison d'Orange-Nassau.

2. Tensions politiques et religieuses

A. Tensions politiques

a) Des tendances monarchistes au sein de la république

La paix avec l'Espagne ne signifiait pas que tout allait bien au sein de la république. Au contraire, les débats concernant la paix qui avaient conduit au traité de 1648 ne firent qu'exacerber les tensions religieuses et politiques. L'équilibre entre les **fonctions civiles** – représentées par les États provinciaux et les pensionnaires – et le **pouvoir militaire** des stathouders fait débat, car les fonctions du stathouder rappellent celles du monarque en tant que chef de guerre. Alors que le **parti orangiste** reste attaché aux thèmes de la lutte pour l'indépendance, à une politique de guerre, aux ambitions de la maison d'Orange et à la formation d'un État centralisé, le **parti républicain** prône une politique de paix, une organisation provinciale et le développement d'une économie libérale.

b) L'affaire Johan de Witt

En 1653, le républicain Johan de Witt (1625-1672), alors âgé de 28 ans, est nommé Grand-Pensionnaire. Il est né à Dordrecht et a fait des études de droit à l'université de Leyde. Il s'intéresse aux mathématiques et à la philosophie de Descartes. En 1667, lui et ses partisans parviennent enfin à faire abolir la fonction de stathouder de Hollande, et essaient d'influencer d'autres provinces à faire de même, diminuant considérablement le pouvoir de la famille d'Orange, désormais écartée des charges militaires.

Mais depuis la mort du roi d'Espagne Philippe IV en 1665, le jeune Louis XIV forme des prétentions sur plusieurs provinces de la monarchie espagnole (les provinces méridionales, restées sous domination espagnole). Outre une ambition d'expansion, la démarche de Louis XIV s'inscrit dans une volonté d'éviter l'encerclement du territoire français par les possessions espagnoles, et de limiter la puissance commerciale des Pays-Bas.

Johan de Witt essaie de prévenir la guerre en engageant Louis XIV à une transaction par laquelle il obtiendrait les duchés de Luxembourg, Cambrai, Douai, Aire, Saint-Omer, Bergues et Fumes, à condition de renoncer à toute prétention ultérieure sur la monarchie espagnole. Mais Louis XIV ayant refusé, la guerre éclate en 1667. C'est la **guerre de Dévolution.**

Le roi de France est persuadé que De Witt est à l'origine de l'alliance entre les Provinces-Unies, la Suède et l'Angleterre. Pour tenter de s'en prémunir, il conclut en 1670 avec Charles II d'Angleterre un traité secret, le traité de Douvres, qui prévoit de faire de l'Angleterre et de la France des alliés face à la Hollande dans une guerre prochaine, qui éclate de fait en 1672.

La **guerre de Hollande (1672-1678)** oppose la France et ses alliés, dont l'Angleterre, à la Quadruple-Alliance comprenant les Provinces-Unies, le Saint-Empire romain germanique, le Brandebourg et la monarchie espagnole.

Lorsque la guerre commence en 1672, Johan de Witt est accusé d'avoir livré la république des Provinces-Unies à la France et de vouloir faire assassiner le prince Guillaume III d'Orange-Nassau. Il est emprisonné avec son frère Cornelis, en attente d'un jugement pour haute trahison.

Mais le procès ne peut pas avoir lieu, car le 20 août, **les deux hommes sont massacrés par une foule orangiste** qui force les portes de leur cellule et mutile sauvagement leurs corps. Le massacre des frères de Witt doit beaucoup au parti orangiste, qui mène une campagne très active contre le parti républicain.

Cet épisode sanglant aboutira au rétablissement du *stathouderat* avec des pouvoirs étendus.

B. Tensions religieuses

Le conflit politique entre républicains et monarchistes est accentué par un conflit religieux. L'État des Provinces-Unies admet comme religion officielle l'Église réformée néerlandaise, qui est une **Église protestante calviniste.**

Jean Calvin (1509-1564) est un théologien français, important réformateur de l'Église. Quelques années après Martin Luther (1483-1546), il inaugure la seconde vague du protestantisme, qui s'implante profondément non seulement en France et en Écosse, mais aussi dans les Provinces-Unies. La théologie calviniste est une **théologie de la grâce et de la prédestination.** Pour lui, l'homme est esclave du péché et c'est la **grâce de Dieu seule,** et non une volonté qui lui serait propre, qui le rend capable du bien. Or c'est Dieu qui a choisi de toute éternité ceux à qui cette grâce est donnée et qui obtiendront la vie éternelle. Les hommes sont prédestinés, et leurs choix n'ont pas d'effets sur leur destinée après la mort.

À l'intérieur de l'Église réformée néerlandaise, des sectes se forment. Certains restent absolument fidèles à la ligne théologique de Calvin, tels le théologien **Franciscus Gomarus (1563-1641)** et ses partisans. Ils défendent la thèse d'une prédestination absolue ; ils soutiennent également que les chrétiens, bien qu'ils doivent une allégeance au pouvoir souverain, la doivent aussi et surtout à l'Église qui peut prétendre délier les sujets de toute obéissance à l'égard des princes, ce qui revient à exiger des gouvernants qu'ils se donnent pour objectif primordial la promotion de la « vraie foi » en opprimant, au besoin, les réfractaires à leurs propres thèses.

Mais d'autres tendances se font jour, qui battent en brèche certaines thèses calvinistes. C'est le cas de la pensée du pasteur **Jacobus Arminius (1560-1609)**, homme aux idées libérales et professeur de théologie à l'université de Leyde. En 1610, 44 pasteurs disciples d'Arminius publient une « Remontrance » dans laquelle ils affirment rejeter les doctrines calvinistes de la grâce et de la prédestination. Les arminiens, ou « remontrants[1] », croient

1. Voir *Traité théologico-politique*, XX, p. 204.

que les individus ont la capacité de contribuer par leurs actes à leur propre salut. Ils défendent également une séparation entre les questions de conscience et les questions de pouvoir politique. Prévoyant la réaction que leur démarche pourrait déclencher, ils demandent la protection des États de Hollande.

Pour des raisons d'opportunité politique, **la maison d'Orange devient protectrice des Églises calvinistes**, contre **les arminiens et autres partisans de la tolérance religieuse**, ainsi que du primat du pouvoir civil sur le pouvoir religieux.

3. La communauté juive d'Amsterdam

A. Ses origines

La communauté juive d'Amsterdam est issue de l'émigration forcée des juifs de l'Espagne et du Portugal à la fin du XVe siècle vers l'Europe du Nord. Pendant des siècles, les juifs avaient constitué des communautés riches et prospères dans la péninsule Ibérique. Ils étaient appréciés par les monarques notamment pour les intérêts commerciaux qu'ils représentaient. Toutefois, la haine populaire à leur égard conduisit à des massacres et à des conversions forcées. On appelait les nouveaux convertis des « conversos », ou encore des « marranes ». Si certains d'entre eux se convertissaient réellement, un grand nombre continuait à pratiquer secrètement la religion juive. En 1492, après une période d'Inquisition violente, le roi et la reine d'Espagne signèrent un édit d'expulsion visant à « empêcher les juifs d'influencer les conversos et [à] purifier la foi chrétienne ».

Peu à peu, et après un passage au Portugal, les juifs qui refusaient de se convertir émigrèrent vers l'Europe du Nord, où ils recherchèrent un environnement plus tolérant qui leur permettrait – à défaut de vivre ouvertement en tant que juifs – de pratiquer leur religion en secret. Les conversos portugais commencèrent à s'installer aux Pays-Bas dès 1512, alors que ces provinces étaient encore sous la domination espagnole. Pour la plupart, ils s'installèrent à Anvers, centre d'une intense activité commerciale qui leur offrit d'immenses possibilités de développement économique.

B. Une reconnaissance qui se fait attendre

Même si les juifs portugais ne seront jamais persécutés aux Pays-Bas, leur reconnaissance officielle prendra du temps.

En 1537, Charles Quint donne officiellement son accord pour la poursuite de cette immigration. En 1570, la communauté des conversos d'Anvers compte environ 500 membres.

L'article 13 de l'**Union d'Utrecht**, traité signé le 23 janvier 1579 par les futures Provinces-Unies et étape importante dans la création de ce nouvel État, stipule : « Tout individu devrait être libre en matière de religion et nul homme ne devrait être maltraité ni soumis à la question à cause du culte divin. » Ainsi, bien que la pratique publique de toute religion autre que celle de l'Église réformée soit interdite, il est clair que les signataires du traité reconnaissaient l'importance de la liberté en matière religieuse.

Ce n'est que progressivement et avec précaution que les marranes des Provinces-Unies en sont venus à afficher leur véritable identité juive. La ville d'Amsterdam est lente à accorder une reconnaissance officielle aux juifs en tant que communauté religieuse libre de pratiquer sa religion au grand jour et de vivre selon ses lois, bien qu'elle tolère manifestement l'existence d'un culte discret. En 1615, quand les états généraux des Provinces-Unies autorisent les résidents juifs à pratiquer leur religion, Amsterdam interdit encore leur culte.

Certaines des difficultés dans les relations entre juifs et Hollandais, en particulier le refus d'une partie du clergé calviniste d'accorder officiellement aux juifs le droit de pratiquer leur religion, ont précisément pour origine la controverse entre les remontrants et les contre-remontrants. La résistance qu'Amsterdam oppose longtemps à la reconnaissance des juifs tient vraisemblablement en partie aux tendances théologiques calvinistes conservatrices qui règnent dans la ville à cette époque.

En 1619, une reconnaissance officielle est accordée aux juifs d'Amsterdam, à condition qu'ils observent strictement la loi judaïque. Les mariages intercommunautaires sont interdits. Malgré ces restrictions légales, une fois acquis le droit de vivre au grand jour leur religion, les juifs d'Amsterdam ont pu jouir d'une large autonomie. Mais il faudra attendre 1657 pour qu'ils soient déclarés « véritablement sujets et résidents des Pays-Bas unis[1] ».

1. A. H. Huussen, « The legal Position of Sephardi Jews in Holland, circa 1600 ». Cité *in* S. Nadler, *Spinoza, une vie*, H&O, 2021, p. 129.

FICHE 9. Le contexte culturel du *Traité théologico-politique*

Les divers aspects de la vie de Spinoza – ses origines ethniques et sociales, son exil entre deux cultures aussi différentes que celle de la communauté juive portugaise d'Amsterdam et celle de la société hollandaise, son évolution intellectuelle et ses relations sociales et politiques – se sont conjugués pour produire l'un des penseurs les plus révolutionnaires de l'histoire.

1. La communauté juive d'Amsterdam

A. L'enseignement de la communauté

Dès 1616, alors que les trois communautés juives d'Amsterdam étaient encore distinctes, les fondements d'un système éducatif commun avaient été posés, et une école unique – Talmud Torah – était née. Dans les années 1630, l'enseignement élémentaire, très exigeant et efficace, comprend quatre niveaux et prend fin autour de la quatorzième année de l'enfant. Les enfants apprennent d'abord à lire la Torah en hébreu, puis à la connaître par cœur et à la traduire. Les troisième et quatrième niveaux sont consacrés à l'étude des grands commentateurs. Les jeunes élèves lisent et apprennent la Torah[1] en hébreu, mais la commentent en espagnol, langue de l'apprentissage et de la littérature. De nombreuses familles complètent cet enseignement par des cours particuliers à la maison, où un précepteur enseigne aux enfants à écrire en hébreu et dans d'autres langues, les initie à la poésie, revoit avec l'élève ce qu'il a appris et lui enseigne ce qui peut lui être d'un intérêt particulier. Tous les élèves de moins de 16 ans doivent également être présents chaque jour à la synagogue pour les prières du soir et pour chanter les psaumes.

Après la fin de ses études élémentaires, Spinoza a fréquenté les cours de Saül Levi Morteira (1596-1660), un talmudiste d'une grande érudition et un extraordinaire connaisseur de la pensée juive. L'attachement de Mortera à l'orthodoxie religieuse ne l'empêche pas de s'intéresser aux grandes idées scientifiques et philosophiques de son temps. Sous la conduite de Mortera, les étudiants se consacrent à l'étude de la « Loi » (la Torah et le Talmud[2]), même si les cours sont agrémentés de discussions portant sur d'autres textes

1. En son sens premier, la Torah désigne les cinq premiers livres de la Bible : la Genèse, l'Exode, le Lévitique, les Nombres et le Deutéronome.
2. Le Talmud est le principal recueil des commentaires de la Torah.

rabbiniques[1]. Spinoza connaît extrêmement bien l'Écriture et les grands commentaires qui en ont été faits (son propre exemplaire, en hébreu, contient le commentaire de Rashi[2]), mais aussi les grands philosophes juifs.

Il a dû commencer à former ses opinions sur les origines de la Torah assez tôt, certainement vers la fin de ses études au sein de la communauté juive. Sa connaissance du commentaire biblique du philosophe juif du Moyen-Âge Abraham Ibn Ezra (1089-1167), qui soutenait que Moïse ne pouvait avoir écrit tous les livres de l'Ancien Testament que la tradition lui attribuait, est certainement antérieure à son excommunication (*herem*). Vers cette époque, il se peut qu'il ait aussi lu l'ouvrage d'Isaac La Peyrère sur les préadamites[3] qui est publié en 1655. La Peyrère soutient, entre autres choses, que la Bible que nous possédons est en fait une compilation de diverses sources. Tout cela renforce l'hypothèse que Spinoza aurait nié l'origine divine de la Torah et sa rédaction par Moïse dès l'époque de son *herem*.

B. Contacts et influences diverses

De l'école de Van den Enden, un ancien jésuite libre-penseur, où Spinoza s'inscrit pour apprendre le latin (langue des sciences et de la philosophie à cette époque), on ne dispose pas du programme précis des enseignements dispensés. Mais on sait par des témoignages que, en plus de la grammaire latine, les élèves sont initiés aux arts (notamment au théâtre), aux sciences et à la philosophie. C'est à ce moment-là que Spinoza a découvert la philosophie de Descartes (1596-1650).

À peine âgé d'une vingtaine d'années, il vit déjà au sein d'un réseau complexe d'influences intellectuelles et spirituelles. Avant de s'intéresser sérieusement à l'étude des philosophes non juifs (« les Gentils »), il a probablement lu le *Guide des égarés* de Maïmonide, rabbin du XIIe siècle faisant autorité, les *Dialogues sur l'amour* de Judah Abrabanel, platonicien du XVe siècle, texte dans lequel on trouve un certain nombre d'éléments qui réapparaîtront plus tard dans les écrits de Spinoza, et le *Sefer Elim* (« Livre des dieux ») de Joseph Salomon Delmedigo, traité sur la science de Galilée.

De plus, Spinoza a eu pour contacts et amis proches, y compris chez ses relations commerciales de la Bourse d'Amsterdam, des protestants de sectes réformées dissidentes tels que des mennonites et des remontrants notamment,

1. Les textes rabbiniques sont des textes écrits par des rabbins, c'est-à-dire des chefs religieux juifs.
2. Rashi (1040-1105) est un rabbin et exégète biblique français.
3. Au XVIIe siècle, certains chrétiens ont formé une théorie selon laquelle des hommes auraient existé avant la création d'Adam. Dans le livre de la Genèse, Adam est censé être le premier homme, créé directement par Dieu.

appelés « collégiants », qui recherchaient une forme de culte moins dogmatique et non hiérarchique. Tout individu qui en ressentait l'envie pouvait à son tour, lors de leurs séances d'étude et de dévotion, donner sa propre interprétation de l'Écriture. Libéraux en politique, tolérants en religion, non doctrinaires dans leur interprétation de l'Écriture et, de manière générale, anticléricaux, les « collégiants » avaient beaucoup pour séduire Spinoza.

Le contact de Juan de Prado a pu également contribuer à fortifier Spinoza dans sa démarche de rupture avec la congrégation juive. Juan de Prado est arrivé à Amsterdam au cours de l'année 1655. C'est un médecin né en Andalousie en 1612, il est donc plus âgé de vingt ans que Spinoza. Bien que juif pratiquant, il défend des opinions déistes et affirme que toutes les religions sont susceptibles d'apporter le salut à leurs adeptes. Comme Spinoza avec qui il est lié d'amitié, il affirme qu'il n'y a de Dieu que philosophique et que l'âme meurt avec le corps. À peu près au même moment que Spinoza, il fait l'objet d'un *herem*, qui est davantage un avertissement qu'une véritable exclusion. Car contrairement à son ami, il ne veut pas quitter la communauté, dont il dépend aussi financièrement. Il accepte de demander pardon, mais ne parvient pas cependant à renoncer à défendre ses opinions. Finalement, il quittera Amsterdam pour rejoindre une communauté juive d'Anvers.

2. La philosophie de Descartes

A. Acquérir la maîtrise de la philosophie de Descartes

Spinoza commence des études à l'université de Leyde probablement pour renforcer sa culture philosophique, en particulier concernant la philosophie de Descartes, qu'il a commencé à étudier avec Van den Enden.

Plusieurs décrets ont interdit l'enseignement de la philosophie de Descartes, jugée subversive : en 1646, celui du conseil de l'Université, et en 1656 celui des États de Hollande. Pourtant, puisque plusieurs enseignants des facultés de philosophie et de théologie étaient acquis à la pensée cartésienne, on tolère dans les faits cet enseignement. Spinoza suit en particulier les cours de Adriaan Heereboord (1614-1661) et de Johannes De Raey (1622-1702), dont Descartes aurait déclaré qu'il enseignait sa philosophie mieux que quiconque. Mais De Raey reçoit un blâme de l'Université pour son enseignement trop cartésien. Plus tard, il prendra d'ailleurs ses distances avec Spinoza et d'autres penseurs, perçus comme des cartésiens « radicaux ».

Spinoza possède un exemplaire de 1650 des *Œuvres philosophiques* de Descartes, qui contient les *Méditations métaphysiques* (1641), les *Principes de la philosophie* (1644), mais aussi le *Discours de la méthode*, publié en français en 1637, et traduit en latin après 1644.

Ce qui intéresse particulièrement Spinoza dans la philosophie de Descartes est qu'il pose les principes d'une physique purement mécaniste en distinguant radicalement le domaine de la matière de celui de l'esprit. Sa philosophie permet **d'envisager la nature comme un ensemble de mécanismes** susceptibles d'être saisis en termes mathématiques. Cette conception se retrouve dans la philosophie déterministe de Spinoza, même si celui-ci n'envisage pas tout à fait de la même manière les rapports entre l'esprit et la matière. Mais pour Spinoza, il est clair que la nature – comme chez Descartes – ne peut être comprise qu'en termes de déterminisme et de mécanisme.

De plus, Descartes est optimiste quant aux capacités de la raison à connaître et appréhender la réalité en général, à condition d'employer une méthode adéquate. Spinoza est sensible à cet optimisme et reprend à Descartes **l'exigence d'idées claires et distinctes**, même s'il en modifie sensiblement le sens.

B. L'infléchissement spinoziste des thèses cartésiennes

Vers le début de 1661, Spinoza est déjà connu comme quelqu'un qui excelle dans la philosophie cartésienne, à propos de laquelle il publie les *Principes de la philosophie de Descartes* en 1663.

Toutefois, si Spinoza s'appuie sur la philosophie cartésienne, il infléchit en profondeur certaines thèses de Descartes pour façonner sa propre philosophie. Alors que Descartes suspend l'existence du monde à la volonté d'un Dieu transcendant, Spinoza développe une ontologie « immanentiste »[1] : pour lui, **Dieu n'est pas autre chose que la nature elle-même**, qui produit une infinité d'effets selon une nécessité rigoureuse. Dieu n'a donc pas de volonté qui serait distincte de son entendement. Il n'est pas un législateur, et les lois divines ne sont pas autre chose que les lois naturelles elles-mêmes. « Par gouvernement de Dieu, j'entends l'ordre fixe et immuable de la Nature, ou l'enchaînement des causes naturelles.[2] »

Spinoza déploie à partir de là une conception de l'homme comme partie de la nature, soumis à une logique passionnelle rigoureusement déterminée et qu'il faut étudier dans sa dimension mécanique afin d'opérer une forme de libération. Cette théorie des passions, qu'il déploie dans la troisième partie de l'*Éthique*, est impliquée dans la compréhension des phénomènes liés à la recherche du pouvoir et à la crédulité populaire tels qu'ils sont décrits dans le *Traité théologico-politique*.

1. Doctrine qui affirme l'immanence de Dieu à la nature et nie sa transcendance.
2. Spinoza, *Traité théologico-politique*, GF, 1965, trad. et notes par Charles Appuhn. III, p. 71.

3. La philosophie politique de Hobbes

Thomas Hobbes (1588-1679) est un théoricien politique majeur du XVIIe siècle, dont Spinoza reprend des thèses fondamentales dans le *Traité théologico-politique*, tout en les infléchissant également selon les nécessités de ses propres analyses. L'œuvre politique majeure de Hobbes, *Léviathan*, a été publiée en Angleterre en 1651, et traduite du latin en néerlandais en 1667 par A. Van Berckel. Mais Spinoza l'a lue en latin très tôt.

La théorie du fondement de l'État telle qu'elle est exposée par Spinoza au chapitre XVI du *Traité théologico-politique* reprend fondamentalement la théorie du pacte social de Hobbes. Rappelons que cette théorie contractualiste du pouvoir politique – qui commence à se répandre aux XVIe et XVIIe siècles en Europe et aura une longue postérité, de Rousseau (1712-1778) à John Rawls[3] en passant par Kant (1724-1804) – consiste à déterminer la teneur d'un pouvoir politique légitime sur la base d'un pacte contracté entre les individus eux-mêmes. Cette théorie politique vise à s'opposer à des conceptions du pouvoir fondées sur l'idée d'une hiérarchie naturelle entre les hommes, hiérarchie qui justifierait la domination de certains hommes (les gouvernants) sur d'autres (les gouvernés).

Une théorie contractualiste du pouvoir politique implique de faire l'hypothèse d'un **état de nature**, c'est-à-dire d'une situation originelle (purement fictive) dans laquelle les hommes ne seraient encore soumis à aucun pouvoir politique. Cette situation permet au fond d'élaborer une anthropologie qui explique les raisons de faire société et la teneur du pacte social.

Chez Hobbes, l'état de nature est un état de guerre de tous contre tous, car les hommes y sont également intelligents, mais aussi avides et méfiants. **Dans l'état de nature, le droit d'un individu se confond avec sa puissance.** Autrement dit, pour Hobbes, les notions de justice et d'injustice n'ont aucun sens en dehors de la communauté politique (positivisme juridique). Tant qu'aucun pouvoir commun ne règne sur les hommes, chacun a le droit de faire tout ce qu'il peut physiquement faire. C'est cette théorie du droit souverain de nature que Spinoza reprend au début du chapitre XVI du *Traité théologico-politique*, en disant que « tout ce [...] qu'un individu considéré comme soumis au seul empire de la nature juge lui être utile, que ce soit sous la conduite de la droite Raison ou par la violence de ses passions, il lui est loisible de l'appéter en raison d'un droit de nature souverain et de s'en saisir par quelle voie que ce soit » (p. 68).

3. Philosophe américain célèbre pour sa réflexion sur la justice, il est l'auteur du livre *Theory of justice* (1971).

Mais puisque l'état de nature est aussi celui du droit du plus fort, et que les hommes préfèrent vivre dans la sécurité, ils décident de transférer tous leurs droits à un souverain qui devient alors détenteur de tous les pouvoirs. **C'est sur ce point que la pensée de Spinoza s'écarte de celle de Hobbes**, puisque, si le chapitre XVI reprend quasiment les termes du *Léviathan*, le chapitre XVII en revanche affirme que **ce transfert de droit ne peut être total**, et que tous les individus demeurent nécessairement détenteurs d'une part de leur droit naturel. Si le droit naturel se confond avec la puissance, cette puissance ne saurait être abolie par le pacte social. C'est pourquoi l'État reste toujours fragile, chez Spinoza, et pourquoi il a besoin d'institutions raisonnables et équilibrées.

Cette différence entre Hobbes et Spinoza à propos des termes du pacte social permet aussi à ce dernier de **fonder la légitimité de la liberté de penser des individus.** Alors que Hobbes veut surtout garantir la sécurité et insiste sur l'importance d'une suprématie du pouvoir politique sur le pouvoir religieux, Spinoza, tout en étant d'accord avec cette thèse, peut en outre rendre possible la liberté de pensée et la tolérance qui l'accompagne.

Conclusion

Le contexte culturel dans lequel s'inscrit Spinoza est très riche et complexe. Même si nous ne savons pas beaucoup de choses sur les événements de sa vie et sur ce qu'il a ressenti, puisque ses éditeurs posthumes ont détruit presque toutes les lettres qui présentaient un intérêt personnel et non philosophique, nous pouvons imaginer qu'il a été affecté par tous les événements et courants de pensée qu'il a pu rencontrer.

Toutefois, sa pensée ne saurait se réduire aux influences extérieures sur lesquelles elle a pu s'élaborer, et force est de reconnaître en Spinoza un penseur d'une puissance rare.

PARTIE 2

Les œuvres au programme

FICHE 10. Résumé des *Sept contre Thèbes* et des *Suppliantes*

À l'exception des *Perses*, toutes les tragédies que nous avons conservées d'Eschyle reposent sur un matériau mythique dont le contenu était fortement ancré dans la mémoire collective, grâce à la transmission orale, à la fréquence des rituels religieux et à son inscription visuelle dans tous les aspects, individuels et collectifs, de la vie grecque ; il avait également fait l'objet d'un premier traitement littéraire dans plusieurs épopées de l'époque archaïque. Il s'agit d'un matériau vivant, pour ainsi dire, puisqu'il est à la fois très stable dans ses composantes les plus importantes et très malléable par l'étendue des cycles dans lesquels le dramaturge peut puiser les épisodes de son choix, mais aussi par le nombre de variantes possibles, qu'elles soient déjà existantes ou que le dramaturge les crée de toutes pièces. Le caractère inéluctable du destin auquel sont soumis les personnages mythiques de la tragédie, et qu'ils ne connaissent pas, contrairement aux spectateurs, permet enfin de donner à la tragédie grecque sa dimension didactique propre : leur expérience, concentrée et entièrement soumise à une cohérence implacable, s'offre le temps de la représentation à une analyse immédiate, collective et redoublée par les émotions.

1. *Les Sept contre Thèbes*

La tragédie a été représentée en 467 av. J.-C. et était la troisième d'une tétralogie liée au cycle thébain et comprenant également, placée avant elle, *Laïos* et *Œdipe* ; les trois tragédies étaient complétées d'un drame satyrique intitulé *La Sphinge*. Cette tétralogie a permis à Eschyle de remporter la victoire, ce qui constituait une forme de revanche puisque l'année précédente, selon Plutarque[1], il aurait échoué de manière retentissante contre Sophocle, alors âgé seulement de 28 ans, pour des raisons plus politiques que théâtrales.

A. La malédiction des Labdacides

Les mythes consacrés à la famille maudite des Labdacides faisaient partie des plus importants de la culture grecque, et leurs ramifications sont

1. *Vies parallèles*, « Vie de Cimon », VIII, 7-8.

innombrables. Beaucoup de tragédies grecques y sont consacrées, dont *Œdipe-Roi* ou *Antigone* de Sophocle que nous avons également conservées intégralement.

Généalogie de la famille des Labdacides

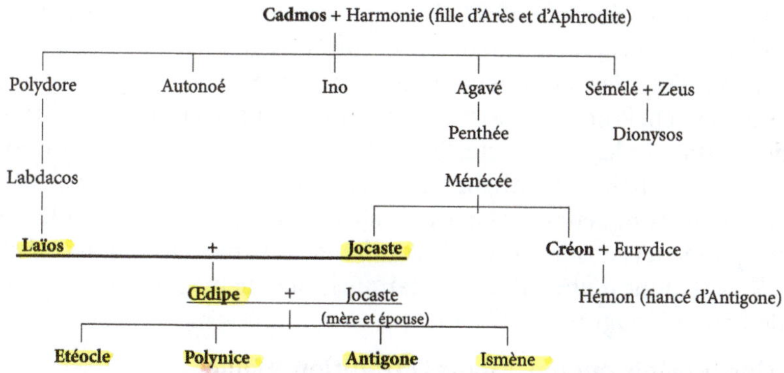

Les « Labdacides » tirent leur nom de Labdacos (le suffixe « -ide » signifie en grec « fils de »), petit-fils de Cadmos, le fondateur de Thèbes. On ne sait pas grand-chose de son règne ni de sa personne, mais son nom indique qu'il était boiteux. La malédiction attachée à cette famille commence lorsque son fils Laïos, alors qu'il se trouvait à Corinthe chez le roi Pélops auquel l'avait confié son père pour son éducation, viola le fils de Pélops, Chrysippe. Devenu roi de Thèbes quelques années plus tard et marié à Jocaste, il se rend à Delphes consulter Apollon car il ne parvient pas à devenir père. Par trois fois, le dieu lui ordonne de renoncer à l'espoir d'une dynastie, ce à quoi il ne parvient pas à se résoudre. Lorsque Jocaste donne naissance à Œdipe, il le fait toutefois exposer, mais celui-ci, recueilli par un serviteur, grandit à Corinthe, après avoir été adopté par le roi et la reine de cette cité.

B. D'Œdipe au *Sept contre Thèbes*

Accusé d'être un enfant illégitime, Œdipe se rend à son tour à Delphes et apprend le destin qui l'attend, celui de tuer son père et d'épouser sa propre mère. Il s'enfuit alors de Corinthe et, en chemin, rencontre Laïos qu'il n'a jamais vu et, après un différend, le tue. Parvenu à Thèbes, il délivre la cité de l'emprise de la Sphinge en résolvant une énigme, puis en devient roi en épousant Jocaste. Deux fils (Étéocle et Polynice) et deux filles (Antigone et Ismène) lui naissent de ce mariage et ils sont déjà grands quand la vérité du parricide et de l'inceste se fait jour grâce au devin Tirésias. Jocaste se pend et Œdipe se crève les yeux avant d'être enfermé par ses fils au fond du palais royal. Se sentant humilié de cet emprisonnement, et, selon certaines variantes, parce qu'on lui aurait servi, lors d'un sacrifice, une part de viande peu honorable, Œdipe maudit à son tour ses fils, qui ne pourront monter sur le trône qu'en s'affrontant armes à la main. À la mort d'Œdipe, Étéocle chasse de la cité Polynice, qui se réfugie à Argos, devient le gendre de son roi Adraste, avant de revenir pour tenter de s'emparer du trône avec l'aide de l'armée argienne.

La tragédie les *Sept contre Thèbes* commence précisément lorsque la ville de Thèbes, gouvernée par Étéocle, se voit assiégée par l'armée argienne conduite par Polynice. Le canevas tient en quelques mots : un messager rapporte que sept chefs argiens, dont Polynice lui-même, viennent d'être tirés au sort pour attaquer les sept portes de Thèbes. Étéocle décide de leur opposer six généraux thébains et d'affronter lui-même son frère. Tous les généraux thébains sont vainqueurs et tuent leur adversaire en combat singulier, sauf Étéocle qui meurt sous les coups de son frère en même temps que ce dernier le tue. Il s'agit donc d'une pièce qui marque le dénouement de la trilogie et de la malédiction inaugurée par Laïos.

C. Une tragédie qui puise dans la tradition épique

La tradition rapporte l'existence d'au moins deux épopées archaïques consacrées à ce mythe, l'une intitulée *Thébaïde*, et l'autre *Œdipodie*, auxquelles Eschyle a pu avoir accès. Ce cycle thébain était ancien, antérieur même à Homère qui y fait allusion dans l'*Iliade* (XXIII, v. 679) et dans l'*Odyssée* (XI, v. 271-280). Hésiode également, presque contemporain d'Homère, parle de « Thèbes aux sept portes » dans *Les Travaux et les Jours* et de la funeste « sphinge » dans la *Théogonie*. Le caractère épique de la pièce est de fait particulièrement prégnant, non seulement par la situation de siège dans laquelle se trouve la cité de Thèbes, mais aussi par des traits poétiques spécifiques, comme la scène des blasons qui reprend les codes du catalogue épique en décrivant et en glorifiant un par un les chefs qui vont s'affronter. En ce sens, elle est très différente de la tragédie des *Perses*, dans laquelle Eschyle relègue l'épopée à une tradition passéiste et barbare : le catalogue des chefs perses s'y oppose à l'action collective, anonyme et démocratique des Grecs, dont rend compte une écriture qui se veut innovante par son caractère spectaculaire et dramatique. Cela ne signifie pas pour autant que l'intrigue des *Sept contre Thèbes* soit rejetée entièrement vers le passé mythique, sans lien avec le présent, d'autant que souvent, chez Eschyle, la dernière tragédie de la tétralogie est celle qui établit un lien entre le passé mythique et le présent d'Athènes. Ainsi, le siège de Thèbes et l'effroi qu'il produit chez les femmes du chœur devaient sans aucun doute évoquer aux spectateurs athéniens le pillage et l'incendie de la cité d'Athènes pendant l'invasion perse, lorsque la ville, sur décision de Thémistocle, avait été vidée de ses forces les plus vives. Plus globalement, elle rattache les dissensions politiques qui agitent les grandes familles athéniennes à une lutte fratricide mythique.

2. *Les Suppliantes*

L'absence de didascalies au sens antique du terme rend impossible une datation sûre de cette tragédie comme elle rend incertains le titre, la place et le contenu des trois autres pièces qui furent représentées en même temps qu'elle (voir fiche 3, p. 19). Longtemps considérée comme la plus ancienne pièce conservée d'Eschyle, la publication d'un papyrus en 1952 a remis en cause cette datation et permis de situer la pièce en 464 ou 463 ; il nous apprend également qu'Eschyle a remporté à cette occasion la victoire, de nouveau contre Sophocle.

A. Les descendantes d'Io

Les Danaïdes, les « suppliantes » de la pièce, sont les descendantes d'Io, une prêtresse d'Héra originaire d'Argos qui entretint une relation amoureuse avec Zeus jusqu'à ce que l'épouse du roi des dieux soupçonne la vérité ; elle est alors métamorphosée en génisse et Héra, pour la tenir à l'écart de Zeus, lui assigne un gardien particulièrement efficace : le géant Argos, doté de cent yeux, ce qui lui permettait de pouvoir dormir en n'en fermant que la moitié. Zeus fait tuer Argos par l'intermédiaire d'Hermès, ce qui rend Héra folle de rage : pour se venger, elle envoie sur Io un taon chargé de la piquer sans répit. Affolée par l'insecte, Io commence une course folle qui, après lui avoir fait traverser diverses contrées et plusieurs mers, la mène en Égypte. Eschyle évoque longuement aussi le destin d'Io dans son *Prométhée enchaîné*, où, au troisième épisode de la pièce (v. 561-886), elle apparaît en personne pour raconter au chœur son histoire, avant que Prométhée n'en prophétise la fin. Le mythe d'Io tel qu'il apparaît dans cette tragédie contient à la fois des différences et des compléments par rapport à celui évoqué dans *Les Suppliantes* : on y apprend que c'est Zeus qui a métamorphosé la jeune femme en génisse (alors que dans d'autres variantes, c'est Héra qui en est responsable) et qu'elle lui voue, à cause de cela, un ressentiment qui est à l'opposé de l'adoration qu'ont les Danaïdes pour lui dans *Les Suppliantes*. Ses errances l'ont par ailleurs conduite jusqu'au royaume des Amazones, farouches ennemies des hommes, en passant par le Bosphore, « le passage de la vache » auquel elle a donné son nom. C'est dans cette tragédie également que nous apprenons qu'Io achève sa course à Canope, en Égypte, à l'embouchure du Nil où elle met au monde Épaphos, « l'enfant du toucher », d'où descendra la lignée d'Héraclès.

B. De l'hospitalité à la malédiction

Lorsque commence la tragédie, les cinquante filles de Danaos, qui refusent d'épouser leurs cinquante cousins, fils d'Égyptos, se sont enfuies d'Égypte pour se réfugier à Argos, pays de leur aïeule. Le roi de la cité,

Pélasgos, averti de leur arrivée, vient les interroger : elles se positionnent en suppliantes et lui demandent asile et protection contre leurs cousins. Il hésite dans la crainte de la guerre que cette protection déclenchera nécessairement avec les fils d'Égyptos. Alors qu'il s'apprête à les accueillir, l'arrivée d'un héraut égyptien annonçant qu'il doit s'emparer d'elles de force précipite la décision de Pélasgos, qui renvoie le héraut et accueille les jeunes femmes.

En réalité, l'épisode le plus connu du mythe se situe après l'intrigue de la pièce : les Danaïdes finissent par accepter d'épouser leurs cousins, mais cette acceptation n'est qu'une feinte : dès la nuit de noces, parfois, dans certaines versions, poussées par leur père, elles assassinent leurs époux, à l'exception de l'une d'entre elles, Hypermnestre, qui est tombée amoureuse de son cousin devenu époux, Lyncée. Dans des versions plus tardives du mythe que celle d'Eschyle (Platon, *Gorgias*, 493b et Xénophon, *Économique*, VII, 40), une fois arrivées aux Enfers, les Danaïdes sont condamnées à remplir éternellement d'eau des jarres percées – d'où l'expression moderne du « tonneau des Danaïdes » –, rejoignant Sisyphe, Tantale, et d'autres créatures vouées à un châtiment éternel.

C. La place des *Suppliantes* dans la trilogie

Il est possible que la trilogie à laquelle appartenait *Les Suppliantes* ait été constituée également d'une tragédie intitulée *Les Égyptiens* et d'une autre *Les Danaïdes*, et qu'elles aient été suivies d'un drame satyrique : *Amymonè*, du nom de l'une des 50 Danaïdes. Dans ce dernier, Poséidon délivrait la jeune femme, partie chercher de l'eau hors des murs d'Argos, des poursuites d'un satyre, s'unissait à elle et lui révélait les sources de Lerne. Deux reconstitutions ont été proposées pour l'ensemble de la trilogie : la première met *Les Suppliantes* en premier, puis *Les Égyptiens*, dans lesquels Eschyle aurait mis en scène la victoire des fils d'Égyptos sur Pélasgos. Le meurtre des époux ayant lieu entre les deux dernières pièces, la troisième, *Les Danaïdes*, aurait été consacrée à leur procès, Danaos devenant roi, et Hypermnestre, la seule à n'avoir pas tué son époux, offrant un modèle de réconciliation. Cet *happy end* servait peut-être la célébration de la fête athénienne des Thesmophories : de cette tragédie, on a en effet conservé quelques vers prononcés par Aphrodite, dans lesquels la déesse célèbre la loi universelle qui préside aux unions, humaines et divines. Comme dans l'Orestie, la trilogie aurait ainsi abouti au dépassement des conflits pour instaurer un ordre nouveau. Une seconde reconstitution de la trilogie place les *Égyptiens* en première pièce : un oracle annonce à Danaos qu'il va périr de la main d'un de ses gendres, d'où le conflit avec Égyptos et la fuite, ce qui expliquerait, dans *Les Suppliantes*, le silence et l'ambiguïté concernant le véritable motif de haine que les Danaïdes vouent à leurs cousins. La dernière tragédie se situerait alors après la victoire des Égyptiens, Danaos devenant roi d'Argos et poussant ses filles à accomplir le meurtre conjugal après avoir prétendu accepter une union. Hypermnestre, menacée d'un procès, aurait été sauvée par son époux Lyncée, qui décide alors de faire exécuter Danaos et prend le trône d'Argos. Le discours d'Aphrodite dont on a conservé les quelques vers servait à la défense des meurtrières, manipulées par leur père.

D. Un mythe au sens ambigu chez Eschyle

L'histoire de Danaos et de ses filles était extrêmement célèbre en Grèce et était constituée d'éléments très divers, liés à la fois à la civilisation dorienne et à l'Égypte, avec laquelle la Grèce fut en contact dès le VIIIe siècle. Elle avait fait, entre autres, l'objet d'une épopée au VIe siècle, intitulée *Danaïs*, que nous avons perdue, mais était également très répandue dans les légendes locales et populaires. Eschyle n'est pas le premier à avoir utilisé ce matériau mythique et épique dans une tragédie puisque l'on sait que Phrynicos, son premier grand rival, avait lui aussi composé deux tragédies sur le sujet, l'une intitulée *Les Égyptiens*, et l'autre *Les Danaïdes*. Outre leur titre, nous avons conservé un passage dans lequel Égyptos vient à Argos avec ses fils.

Bien que le choix de ce mythe ne soit pas spécifique à Eschyle, donc, le sens qu'il a pu prendre au moment où il fit représenter sa tragédie demeure encore aujourd'hui assez énigmatique, et notamment la question du refus viscéral des Danaïdes d'épouser leurs cousins, dont les motifs sont extrêmement ambigus. Il est en effet possible d'interpréter ce geste comme une mise en scène destinée à éloigner la peur antique de l'inceste, ou bien, puisque à Athènes le mariage entre membres, même assez proches, d'une même famille, dans le cas notamment d'une épiclère, n'était pas considéré comme incestueux, comme une illustration du rejet et du dépassement d'une forme primitive et violente du mariage fondée sur le rapt, et dont le rituel réel à Athènes, mais aussi dans d'autres cités, notamment à Sparte, gardait certaines traces. Ainsi, partant de ce conflit primitif et l'exacerbant, puisque le chœur des jeunes femmes étend sa haine envers ses cousins à une haine contre tous les hommes, on peut également interpréter leur comportement comme une dénonciation des manifestations féminines de l'hybris et du danger qu'il représente au sein de la cité : leur rejet du mariage et de la sexualité est en effet comparable au comportement de certaines victimes châtiées dans d'autres mythes ou tragédies par Aphrodite, comme Hippolyte dans le mythe de Phèdre, les Amazones, ou encore Atalante.

FICHE 11. Structure des *Sept contre Thèbes* et des *Suppliantes*

Une tragédie grecque repose sur une sorte de canevas fixe, lequel est constitué d'une alternance entre des moments chantés et des dialogues parlés ; dans cette alternance, la musique, en tout cas au début de l'histoire du genre, prime : le premier cadre, originellement mais surtout qualitativement, en termes de structuration, est en effet celui que forment les deux principaux chants du chœur, la *parodos* (qui marque son entrée dans l'*orchestra*) et l'*exodos* (qui marque sa sortie). Entre ces deux moments interviennent quatre ou cinq *stasima*, c'est-à-dire des « chants arrêtés », où le chœur reste dans l'*orchestra* pour chanter et danser. La tragédie est donc d'abord, chronologiquement et logiquement, un spectacle choral. C'est dans un second temps, entre les *stasima*, qu'il faut envisager l'insertion des « épisodes », les scènes parlées et jouées par les acteurs, parfois entre eux uniquement, et parfois de concert avec le chœur.

Les frontières entre ces deux éléments constitutifs du spectacle tragique ne sont pas hermétiques, puisque, à l'intérieur de ce système relativement fixe, le poète peut insérer deux éléments mobiles et plus mixtes : les monodies (de *monos* : un seul et *odê* : le chant ; le terme désigne un passage lyrique chanté par un acteur au cours d'un épisode) et le *kommos*, un chant de deuil collectif qui, étymologiquement (*koptô* signifie « frapper »), suggère que les chanteurs se frappaient la poitrine. Il peut être chanté par le chœur et un ou plusieurs acteurs. C'est un chant censé être bouleversant de douleur et qui marque le paroxysme du pathétique. Il était exécuté sur le mode musical appelé lydien, très aigu, et qui produisait une musique stridente. Techniquement, le *kommos* repose sur un renversement puisque les acteurs chantent les strophes et les choreutes chantent des monodies. Mais il peut arriver aussi qu'ils se partagent les strophes, comme à la fin des *Perses*. Le *kommos* est véritablement l'acmé de la tragédie et correspond généralement au nœud de l'action. Cette part de variabilité dans la structuration de la pièce que sont les monodies mais surtout le *kommos*, outre le choix des modes musicaux, donne à la pièce toute son originalité : la tragédie grecque est ainsi un mélange subtil de contraintes formelles et de créativité dans l'agencement et dans l'insertion de la musique.

1. *Les Sept contre Thèbes*

A. Structure

- Prologue (v. 1-77). Sur une place de l'acropole, ornée au fond de statues des dieux, le roi Étéocle s'adresse aux citoyens de Thèbes et, après un rappel du siège dont fait l'objet la cité, annonce le mauvais présage dont Tirésias l'a informé : une attaque argienne de grande envergure est imminente.
- *Parodos* (v. 78-180). Le chœur des femmes thébaines entre en scène, laissant éclater l'angoisse que lui procure cette nouvelle (v. 78-107). Puis dans un hymne circulaire, il prie les divinités de la ville de leur apporter protection face à la menace que fait peser sur la cité le siège et l'attaque imminente des chefs argiens.
- Premier épisode (v. 181-286). Étéocle et le chœur entrent en conflit : tandis que le roi exhorte les femmes à cesser de semer la panique sur la ville par leur réaction, le chœur continue d'exprimer sous forme de chant sa terreur et la légitimité de ses prières.
- Premier *stasimon* (v. 287-368). Chant de désespoir du chœur qui expose que l'opposition entre les hommes et les femmes opérée par Étéocle ne tient pas face à la violence de la guerre.
- Deuxième épisode (v. 369-719). « Scène des blasons » : un messager arrive sur scène et rapporte à Étéocle et au chœur que l'armée argienne, après un tirage au sort, a placé sept de ses chefs aux sept portes de Thèbes. À la description, porte par porte, que le messager fait de ces héros, Étéocle répond par son propre catalogue des généraux thébains qu'il va placer pour défendre chacune. La septième et dernière sera attaquée par Polynice, son propre frère, et c'est lui qui la défendra.
- Deuxième *stasimon* (v. 720-791). Le chœur inscrit la guerre à venir dans l'histoire mythique de Thèbes et prophétise les conséquences tragiques de cette guerre.
- Troisième épisode (v. 792-821). Le messager rapporte très brièvement la victoire de Thèbes à toutes les portes, sauf la dernière, qui a été le théâtre du double massacre des deux frères.
- Troisième *stasimon* : *kommos* (v. 822-860). Thrène (chant funèbre) du chœur en l'honneur d'Étéocle et de Polynice, dont les deux cadavres sont apportés sur scène.
- *Exodos* (v. 861-1004). (*Sans doute inauthentique.*) Le chœur reprend le thrène entamé ; un héraut proclame l'inégalité des funérailles qui ont été décidées pour les deux frères. Antigone, qui est apparue sur scène avec sa sœur Ismène, annonce son intention de procurer à Polynice aussi les rites funéraires sacrés. Le chœur se lamente sur ces nouveaux maux à venir.

B. Une structure jouant sur l'opposition et l'isolement du chœur

La singularité structurelle de cette tragédie est l'opposition radicale qui y est faite entre les séquences dialoguées ou parlées, d'une part, et les scènes musicales, d'autre part. On n'y trouve en effet aucune monodie, le chant appartenant donc entièrement dans cette tragédie au chœur et l'isolant. Cette absence renforce les oppositions qui sont mises en œuvre, notamment celle entre Étéocle, roi de Thèbes, inflexible, qui refuse de manière absolue de céder aux émotions, et le féminin collectif, populaire, angoissé, qu'incarne le chœur – des oppositions qui, toutes annoncent et soulignent le fratricide. Elles sont également mises en exergue par la scène centrale qu'est le double catalogue épique que forment en s'opposant Étéocle et le messager dans la scène dite « des blasons » (v. 369-719). Cette radicalité des oppositions est renforcée enfin par le *kommos* ou ce qui en tient lieu : si, comme dans *Les Perses*, il est situé à la fin de la pièce et en constitue en quelque sorte le point d'orgue, il n'est pas traditionnel puisque, au lieu de réunir un acteur et le chœur, le chœur se divise en deux parties et les seuls acteurs présents sur scène sont les deux cadavres des frères morts.

2. *Les Suppliantes*

A. Structure

- Prologue (v. 1-40). L'action se situe aux portes de la cité d'Argos, la *skènè* figurant un tertre duquel on voit aussi bien à l'intérieur de la cité que ce qui se passe sur le rivage avoisinant. Le chœur des Danaïdes accompagnées de leurs servantes entre directement dans l'*orchestra*, et expose leur situation : elles ont quitté l'Égypte avec leur père Danaos pour fuir un mariage avec leurs cousins, les fils d'Égyptos.
- *Parodos* (v. 41-175). Elles se mettent à chanter leur propre chant funèbre tout en suppliant Zeus de les protéger. Elles inscrivent leur histoire dans celle de leur ancêtre Io et se comparent à Philomèle violée puis mutilée par Térée.
- Premier épisode (v. 176-523).
  - v. 176-233 : Danaos, leur père, les prépare à leur rencontre avec le roi d'Argos, en faisant preuve de prudence et de persuasion, mais aussi en respectant scrupuleusement les rites religieux de la supplication et en priant tous les dieux dont les statues sont présentes.
  - v. 234-323 : le roi arrive sur son char. L'échange d'informations sur l'identité de chacun est l'occasion de dépeindre et d'opposer la cité d'Argos à l'Égypte originelle des Danaïdes, mais aussi de rappeler les principaux épisodes des amours de Zeus et d'Io, puis de son errance douloureuse.

- v. 324-523 : Les Danaïdes exposent les motifs de leur exil. Le roi, qui craint une guerre contre les fils d'Égyptos, est réticent. L'opposition monte en tension : aux arguments parlés du roi (conséquences de la guerre pour les citoyens d'Argos, légalité du mariage, nécessité de prendre en compte la volonté des citoyens), correspondent chants du chœur qui insistent sur la nécessité religieuse de respecter le rite de la supplication. Elles finissent par menacer de se suicider si elles ne sont pas protégées. Le roi accepte que Danaos aille plaider la cause de ses filles dans la cité d'Argos et essaye de persuader le peuple de les accueillir.

- Premier *stasimon* (v. 524-599). Prière à Zeus : les Danaïdes demandent protection au roi des dieux en évoquant leur parenté avec Io.
- Deuxième épisode (v. 600-624). Danaos, de retour, annonce à ses filles que le peuple argien accepte de les accueillir comme métèques.
- Deuxième *stasimon* (v. 625-709). Prière pour la prospérité et le bonheur des Argiens.
- Troisième épisode (v. 710-775). Danaos aperçoit l'arrivée des navires égyptiens. Malgré les tentatives de Danaos pour les apaiser, les Danaïdes laissent éclater leur angoisse dans des tirades chantées. Danaos décide de retourner dans la cité chercher de l'aide.
- Troisième *stasimon* (v. 778-824). Chant d'angoisse du chœur face à l'arrivée imminente de ses cousins.
- *Quatrième épisode* (v. 825-1017)
  - *kommos* (v. 825-880) : un héraut envoyé par les fils d'Égyptos arrive sur scène pour ramener de force les jeunes femmes aux navires. Les Danaïdes tentent de se défendre en lançant des malédictions contre le héraut et leurs cousins.
  - (v. 881-951) : le roi d'Argos arrive sur scène et, après avoir affronté verbalement le héraut, déclare officiellement la guerre aux fils d'Égyptos.
  - (v. 952-979) : après le départ du héraut, il accueille officiellement les Danaïdes et leur père dans la cité.
  - (v. 980-1017) : Danaos exhorte ses filles à un comportement exemplaire quand elles auront pénétré la cité : gratitude, modestie, sens de l'honneur.
- *Exodos* (v. 1018-1074). Le chœur se divise en deux entre les Danaïdes et leurs servantes : à la prière que font les Danaïdes en l'honneur de la cité d'Argos, leurs servantes répondent par un rappel des pouvoirs d'Aphrodite et finissent par les exhorter à accepter le mariage avec leurs cousins.

B. Un chœur atypique

Le trait formel le plus marquant de cette tragédie est le rôle primordial joué par le chœur, qui est le personnage principal de la pièce et s'affranchit dès lors de son rôle traditionnel d'intermédiaire pour devenir un personnage à part entière du drame. Les Danaïdes étant traditionnellement cinquante, ce seraient cent jeunes femmes qui auraient fui l'Égypte pour débarquer à Argos, Danaos autorisant chacune d'entre elles à venir accompagnée de sa plus proche servante (voir la didascalie interne au v. 978-979). Il est possible qu'Eschyle et son chorège aient poussé l'audace jusqu'à augmenter le nombre de choreutes, traditionnellement fixé à douze citoyens, ce qui aurait contribué au succès et à la victoire de la trilogie. Le caractère spectaculaire de ce chœur était d'ailleurs sans doute renforcé par les costumes égyptiens. Cette variation qui peut sembler mineure change pourtant considérablement l'économie de la tragédie, parce qu'elle bouleverse l'équilibre attendu entre les parties chantées et les parties dialoguées. Elle a comme premier effet l'absence de prologue au sens strict du terme : la pièce commence par une sorte de longue *parodos* (v. 1-175), qui est aussi un thrène, qui, en fusionnant une musique de funérailles et le rituel de supplication, permet moins d'installer la fiction, fonction traditionnelle du prologue, qu'il ne fait planer sur toute la pièce une atmosphère singulière, empreinte de pathétique et de solennité. Le *kommos*, d'autre part, est situé à un moment crucial de l'action (v. 825-880), quand les Égyptiens débarquent et envoient un héraut pour ramener de force les Danaïdes aux navires, tandis que Danaos part chercher du secours. Ainsi, tandis que traditionnellement le *kommos* est un moment où le chœur compatit de manière spectaculaire avec le personnage principal, c'est lui-même qui subit le malheur tragique et son chant s'écarte du pathétique traditionnellement dévolu à cette partie de la tragédie : il ne s'agit pas en effet d'un chant de deuil exacerbé, mais d'un chant violent et agressif, partagé avec le héraut égyptien, dans lequel s'opposent malédictions et menaces. Enfin, l'*exodos* également est atypique : soudainement, les cinquante servantes des Danaïdes forment un demi-chœur, se mettent à chanter (v. 1035) en s'opposant à la volonté de leurs maîtresses de fuir le mariage avec leurs cousins et en les exhortant à plus de modération. Elles annoncent peut-être la pièce suivante, mais on notera que cette distance est aussi une distance formelle, puisque les servantes prennent ainsi le rôle traditionnel du chœur, dont l'une des fonctions est d'incarner une sagesse populaire modérée, rejetant de manière abrupte les Danaïdes vers un passé dépassé, dans une distance soudaine et radicale avec le présent du spectacle. Quoi qu'il en soit, comme dans *Les Sept contre Thèbes*, le conflit et l'opposition exacerbée parcourent toute la pièce.

FICHE 12. Thèmes dans *Les Sept contre Thèbes* et *Les Suppliantes*

1. Les dieux et les hommes

A. La proximité des hommes et des dieux

Par son caractère mythique, la tragédie grecque, et particulièrement celle d'Eschyle, évoque un monde dans lequel la proximité entre les hommes et les dieux est extrêmement forte. Ainsi, non seulement les dieux interviennent dans la destinée des hommes, mais toutes les actions humaines, notamment les conflits, se répercutent dans le monde des dieux.

Parmi les divinités présentes, la prédominance revient à Zeus : son nom ouvre la tragédie des *Suppliantes* et apparaît dès le neuvième vers de celle des *Sept contre Thèbes*, dans laquelle la malédiction dynastique dont sont victimes les Labdacides constitue un écho humain à celle que le roi des dieux lui-même a subie, à la suite des imprécations de son grand-père Ouranos. Zeus est, plus encore que tous les autres dieux, le garant de l'ordre du monde contre les désordres que les fautes humaines y introduisent. Dans les *Suppliantes*, il apparaît comme une figure tutélaire, assez différente de celle que l'on trouve par exemple dans le *Prométhée enchaîné*. Dans le récit qu'elles font du mythe de leur ancêtre Io dans le premier *stasimon*, les Danaïdes passent en effet sous silence de manière significative la responsabilité de Zeus dans les malheurs de leur ancêtre, un silence d'autant plus étonnant qu'elles refusent elles-mêmes tout contact charnel avec leur cousin. C'est à Zeus également que s'en remettent les femmes thébaines dans les *Sept contre Thèbes* lorsqu'elles sont prises de panique face à la menace de la guerre.

B. Prières et sacrifices

Tous les personnages font preuve d'un devoir de piété qui, dans la religion grecque, prend la forme non d'une croyance inébranlable en la bienveillance des dieux, mais d'une nécessaire orthopraxie[1] pour obtenir ou préserver leur protection et ne pas attirer leur colère. Ainsi, le premier geste d'Étéocle, dès le prologue, quand le messager vient de lui apprendre l'attaque

1. Observance des rites.

imminente des chefs argiens, est-il de prier les dieux pour la sauvegarde de Thèbes. Malgré la fréquence de ces prières dans les deux pièces, on n'y voit pas à l'œuvre, comme dans d'autres, de rituels spécifiques, à l'exception du rite de supplication qui ouvre *Les Suppliantes*.

Les devins, qui parmi les hommes entretiennent des rapports privilégiés avec les dieux et font traditionnellement partie du personnel tragique, sont représentés dans nos deux pièces de manière indirecte par Amphiaraos, l'un des sept chefs qui vont attaquer Thèbes et qui sont décrits par le messager. Devin « à la double malédiction », selon le sens de son nom, il est le seul des sept chefs argiens à connaître son destin, et également le seul dont le bouclier ne possède aucun blason : car, dit-il, il « ne veut pas paraître un héros, il veut l'être » (p. 161), ce qui lui confère une forme de supériorité statutaire et morale sur les six autres.

Outre les prières, les tragédies (elles-mêmes offrandes propitiatoires à Dionysos) mettent en scène des sacrifices. Mais, par un de ces renversements propres au monde tragique, chez Eschyle en particulier, le sacrifice est toujours interrompu ou corrompu. À l'inverse, tout meurtre y est décrit comme un sacrifice, ce dont témoigne le suicide projeté des suppliantes, qui est dépeint comme un sacrifice humain proche de celui subi par Iphigénie. De fait, la norme, dans la tragédie, n'est toujours posée que pour être transgressée, et mérite de ce fait une punition divine.

C. Le destin tragique

L'impuissance des êtres humains face à la volonté des dieux prend la forme dans la tragédie du destin. Comme le rappelle Étéocle : « aux malheurs que les dieux envoient nul ne saurait échapper » (p. 165). À ce caractère inéluctable de la punition divine s'ajoute son caractère dynastique, le temps de la justice divine dépassant celui de la vie humaine. Ainsi, toute la trilogie dans laquelle s'inscrit *Les Sept contre Thèbes* découle de la désobéissance de Laïos et en illustre les conséquences : les malheurs qui atteignent Étéocle et Polynice ne sont pas seulement liés à la malédiction d'Œdipe, ils sont le résultat des fautes de son père, dont il est à la fois victime et perpétuateur, et derrière les malheurs qui s'abattent sur l'ensemble des Labdacides, c'est la vengeance d'Apollon qui poursuit, dans la lignée de Laïos, une famille qui vit malgré sa volonté.

Or le destin, dans le cadre de la représentation tragique, est dramatisé puisque les spectateurs, contrairement aux personnages, savent d'avance ce qui va leur arriver, ce qui confère, par le biais de l'ironie tragique, le caractère émotionnel et pathétique propre à ce genre. Ainsi, dans la scène centrale des *Sept contre Thèbes*, celle de la description des guerriers, chaque blason argien symbolise à la fois l'*hybris* de son possesseur et annonce sa mort, à l'image de la Nuit représentée sur le bouclier de Tydée. Le caractère particulièrement pathétique des actions d'Étéocle vient du fait que c'est en remplissant son devoir qu'il accomplit malgré lui la malédiction. Chaque décision qu'il prend est à la fois la décision la plus juste moralement et celle qui le mène inéluctablement à la mort. Ce pathétique est renforcé par le fait que, de manière exceptionnelle, Étéocle n'ignore pas son destin tragique. Il laisse éclater son émotion. Mais, il reprend le contrôle sur lui-même et redevient le roi responsable qu'il est dans toute la pièce, en acceptant ce destin. C'est peut-être paradoxalement dans cet excès de maîtrise de lui-même que se situe sa faute, ce que suggère la réaction du chœur qui l'assimile à de la folie et cherche à le dissuader d'affronter son propre frère : les rôles se sont inversés par rapport au début de la pièce et c'est le chœur qui est désormais dans la juste mesure.

D. *Hybris* et mesure

En effet, malgré les apparences, les humains ne sont jamais les simples victimes innocentes des peines divines dont ils sont frappés. Si les dieux interviennent parfois pour veiller à l'accomplissement des oracles, ils ont surtout pour rôle de châtier l'*hybris*, que l'on peut définir comme un orgueil qui incite les hommes à dépasser les limites que les dieux ont assignées à la condition humaine.

La singularité des tragédies d'Eschyle est l'ambiguïté de la faute commise par les héros : s'il reprend des sujets qui exemplifient les interdits humains majeurs comme l'inceste ou encore le meurtre, la culpabilité du héros tragique n'est jamais entière ni explicable par des motifs univoques. À l'instar d'Étéocle, le comportement des Danaïdes reste suspendu jusqu'à la fin de la pièce à une double question : pourquoi refusent-elles d'épouser leurs cousins ? leur haine porte-t-elle seulement sur eux ou sur les hommes en général ? Lorsque le roi Pélasgos, au moment où il les rencontre sur le rivage, leur pose légitimement la question, l'ambiguïté de leurs propos suggère qu'Eschyle a volontairement laissé cette double question sans réponse, créant ainsi une ambivalence indépassable et riche de significations.

2. La cité

La tragédie grecque offre un détour temporaire vers l'ailleurs et le passé du mythe pour permettre à l'ensemble de la communauté athénienne présente dans le théâtre de Dionysos de penser son propre corps civique et social. Les actions représentées sur scène n'ont pas pour effet de faire réfléchir le spectateur à son propre comportement individuel : une lecture psychologisante des héros tragiques est par essence anachronique, puisque l'homme grec envisage toujours ses comportements et sa manière d'être selon leur conformité avec les lois et les coutumes de la Cité. Les notions de sujet ou encore de conscience sont bien plus tardives. L'opposition constitutive à la tragédie entre le chœur et les acteurs est de ce point de vue significative et interroge en son sein la complémentarité et les tensions qui peuvent exister entre l'individu, son intérêt personnel et le corps civique, la *polis*.

A. La figure du bon roi

Éloigné à première vue des institutions démocratiques athéniennes, le système politique représenté dans les tragédies est monarchique, mais la figure du roi n'y est pas forcément tyrannique : certes, l'opposition est forte entre Étéocle et le chœur, mais tout comme Pélasgos, le roi de Thèbes est un bon roi, qui prend ses décisions dans l'intérêt de la cité avant tout. On notera que tous deux le font au sacrifice même de leur vie, puisque le second trouvera la mort dans la guerre à venir contre les fils d'Égyptos. La métaphore du pilote qu'utilise Étéocle dans le prologue est filée tout au long de la pièce pour réaffirmer la justice de son pouvoir. La piété même de ces deux rois est de nature politique : la première réaction d'Étéocle, à la fin du prologue, après l'annonce de l'attaque imminente des sept chefs argiens, est en effet de prier les dieux pour la survie de Thèbes. De même, si Pélasgos hésite à accueillir les Danaïdes et ainsi à provoquer une guerre inéluctable contre les fils d'Égyptos qui risquerait de ruiner la cité d'Argos, bafouer la protection que Zeus accorde aux suppliantes serait prendre le risque d'attirer sa colère contre la cité tout entière. Face à la demande d'asile des Danaïdes, il refuse donc de prendre la décision seul et préfère en référer à l'Assemblée du peuple : « quel que soit mon pouvoir, je ne saurais rien faire sans le peuple » (p. 65).

B. La guerre et le conflit

Que ce soit à l'échelle individuelle ou à l'échelle collective, les rapports humains dans les deux tragédies sont mis sous le signe de la tension et du conflit. Toutes deux se déroulent sur fond de guerre, et cette menace extérieure est redoublée par des conflits internes qui agitent aussi bien les membres de la cité que les membres d'une même famille. Les luttes internes ont des répercussions sur l'ensemble des membres de la cité, dans un lien indéfectible entre l'*oikos*, le foyer, et la *polis*. Ainsi, le crime commun de Laïos, d'Œdipe et de Polynice est d'avoir sacrifié leur cité à leur passion, là où la faute d'Étéocle est, au contraire, de se dévouer totalement à elle. Cet entremêlement entre communauté familiale et communauté civique s'incarne dans le réseau métaphorique du vaisseau menacé par tempête qui sert tout d'abord à décrire la cité de Thèbes assiégée, puis progressivement s'applique à la famille des Labdacides emportée sur des fleuves infernaux. La cité de Thèbes est quant à elle comparée à plusieurs reprises à une figure maternelle, aussi bien dans l'appel qu'Étéocle adresse, dans le prologue, aux vieillards et aux adolescents ou que lorsque Amphiaraos condamne Polynice.

Ces deux pièces présentent plusieurs images de la guerre : à la vision héroïque d'Étéocle et qu'incarne de manière spectaculaire la scène dite « des blasons » s'oppose une vision beaucoup plus pathétique, celle des femmes du chœur dans le premier *stasimon*. La première, proche de la vision épique, fait de la guerre un espace qui ouvre à la glorification individuelle et à la puissance ; la seconde rappelle le sacrifice commun des habitants des cités touchées, pour qui les enjeux et les motifs de la guerre sont hors de portée. On notera le caractère particulièrement spectaculaire de cette description : cette peinture, toute en sons et en images, reproduit le caractère chaotique et violent de la guerre, en reposant sur le mètre lyrique le plus expressif, le dochmiaque, et a dû rencontrer un public d'autant plus réceptif que, pour les citoyens qui le composent en majorité, la guerre était une réalité bien actuelle. L'espace de la tragédie permet la coexistence de ces deux visions de la guerre sans que l'une l'emporte sur l'autre.

Eschyle ne précise pas l'origine de la querelle entre Étéocle et Polynice : on peut penser qu'elle était suffisamment connue des spectateurs, ou encore qu'elle était développée dans l'une des deux autres tragédies de la trilogie, mais cet élément suggère également l'idée que les conséquences des conflits constituent aux yeux d'Eschyle une matière tragique plus intéressante que les conflits eux-mêmes. Si, pour des raisons techniques évidentes, la guerre se passe toujours en dehors de la scène, le combat entre les deux frères n'est rapporté que de manière très succincte par le messager et le seul conflit qui est représenté sur scène est celui qui oppose Étéocle et le chœur dans le premier épisode. Ainsi, la scène permet de dramatiser, de civiliser la violence des conflits, même si les spectateurs grecs sont moins sensibles que nous à la bienséance scénique : si la violence des fils d'Égyptos est sublimée par le dialogue qui oppose leur héraut et les Danaïdes, cette scène, où les gestes sont très explicites, reste d'une rare violence, difficilement supportable aujourd'hui. De la même manière, l'exposition des corps des deux frères morts dans le dernier *stasimon* des *Sept contre Thèbes* doit se lire comme une visualisation pathétique des conséquences du fratricide et le début d'un nouvel ordre politique civilisateur, grâce au thrène, le chant funèbre que prononce le chœur à ce moment-là.

C. Hommes et femmes

Parmi les tensions et les conflits qui agitent les personnages des deux tragédies, une attention particulière doit être portée à celles qui régissent les relations entre hommes et les femmes. Il est courant de dire que, dans l'Athènes classique, la séparation des sexes était poussée à un paroxysme rarement égalé, mais cette ségrégation et cette opposition conflictuelle sont représentées avec une intensité que l'on ne voit pas dans d'autres pièces. Tout oppose Étéocle et le chœur des femmes thébaines : leur condition sociale, leur nombre, leur statut social, les sentiments qui les animent. Leur opposition se propage d'ailleurs dans toute la pièce, Eschyle utilisant pour ce faire toutes les modalités poétiques possibles qui permettent, dans une tragédie grecque, de construire des scènes où dialoguent ensemble un acteur et le chœur. Étéocle ne se contente pas d'exiger des femmes thébaines qu'elles lui obéissent, il rêve d'un monde sans femmes, qu'il restreint au cliché, répandu dans la pensée grecque, d'un sexe incapable de maîtriser ou de modérer ses instincts et ses sentiments. Mais ce sens outré de la virilité comme maîtrise de soi, et qu'il s'applique de manière radicale en refusant absolument de céder aux pleurs malgré sa situation, est laissé à l'interprétation des spectateurs qui peuvent y voir un comportement soit admirable, soit hybristique. De la même manière, le refus des Danaïdes d'épouser leurs cousins se mue en une haine viscérale qu'elles vouent à l'ensemble des hommes, dans une posture proche de celle des Amazones, et qui possède la même ambiguïté interprétative que celle d'Étéocle : d'une certaine manière c'est l'excès de *sophrosynè*, cette modestie virginale qui est la qualité féminine par excellence, qui devient cause de leur *hybris*, et qui explique que, dans l'*exodos*, la voix de leurs servantes finit par s'élever pour rappeler les dangers qu'il y a à offenser Aphrodite.

Mais si le conflit qui oppose Étéocle aux femmes thébaines laisse place à un conflit de plus grande envergure, l'ambiguïté des Danaïdes et leurs liens avec l'univers masculin constituent le ressort tragique même des *Suppliantes*, ce que souligne de prime abord leur rôle comme personnage de tragédie, un trait formel remarquable, par l'innovation qu'il constitue et qui a dû interpeller les spectateurs athéniens par son audace, puisqu'il donne à ce collectif féminin un rôle de premier plan. Or, dès le prologue et la *parodos*, leur ambiguïté est mise en valeur. D'une part, en inscrivant leur retour à Argos dans l'ordre cosmique par le rappel de leur parenté avec Io à l'errance de laquelle elles mettent fin, en quelque sorte, elles suscitent, ainsi que par le rappel de leur situation, une forme d'empathie et d'admiration. Mais, d'autre part, lorsqu'elles attirent l'attention sur les rameaux de suppliantes qu'elles tiennent, elles dévoilent une autre réalité : le mot qu'elles utilisent en grec est en effet « *encheiridiois* », littéralement : « ce qu'on tient dans la main », un mot qui désigne couramment en grec un poignard ! Ainsi, dès la première scène, notamment pour le spectateur grec qui a en tête le futur meurtre des fils d'Égyptos pendant leur nuit de noces, est posée l'ambiguïté de ces jeunes femmes dont l'apparence fragile et faible cache des desseins plus noirs, selon un motif topique là encore de la représentation grecque du féminin. D'autant que les Danaïdes incarnent également une altérité propre à la féminité dans la pensée grecque : elles ne sont pas seulement des *parthenoi*, des jeunes femmes sauvages que le mariage a pour rôle de dompter, mais elles sont aussi des étrangères, des barbares.

FICHE 13. Résumé du *Temps de l'innocence*

Dans les années 1870, l'avenir de Newland Archer semble tout tracé. Jeune avocat raffiné et élégant, issu d'une grande famille new-yorkaise, il vit dans les beaux quartiers de la ville. Il voyage en Europe, visite les musées, se rend régulièrement à l'Opéra ou au théâtre, fréquente les clubs huppés et part en villégiature à Newport, la très chic ville de front de mer où séjourne la haute société new-yorkaise, dans le Rhode Island. Il vient de se fiancer avec la jeune, riche et athlétique May Welland. Aucun obstacle ne s'oppose à ce mariage qui permettra aux grandes familles Archer, Welland et Mingott de renforcer leur influence respective au sein de la haute société new-yorkaise. Mais le retour aussi inattendu qu'inconvenant de la comtesse Olenska vient troubler la petite communauté new-yorkaise. Cousine de May Welland et petite-fille de la matriarche Catherine Manson Mingott, elle bouscule par son apparente désinvolture les conventions du petit microcosme de cette société bien installée. Son crime ? Avoir quitté l'Europe pour fuir son mari polonais, le comte Olenski, dont elle souhaite se séparer. Toujours soucieux de répondre aux attentes de son milieu social qu'il n'a jamais remis en question, Newland Archer entrevoit une autre vie possible auprès d'Ellen Olenska, dont la singularité déstabilise ses repères traditionnels et le plonge dans une crise existentielle inédite. En s'éprenant de cette jeune femme énigmatique, cultivée, franche et indépendante, Newland Archer découvre la vacuité de son existence au sein d'une société rétrograde, fondée sur un système d'alliances endogamique, où seule l'étiquette fonde une philosophie sociale peu soucieuse de la morale, mais faisant loi.

1. LIVRE I : Le temps des illusions

A. Chapitres 1 à 8

a) Comme à l'Opéra (chapitres 1 et 2)

L'Académie de musique de New York donne une représentation de *Faust*, le célèbre opéra de Gounod. **Newland Archer** rejoint son cercle de connaissances dans la loge où se retrouvent les hommes appartenant à la haute société new-yorkaise. Il échange entre autres avec **Lawrence Lefferts**, qui s'est autoproclamé l'arbitre du « bon ton », et **Sillerton Jackson**, un vieux mondain maîtrisant parfaitement le réseau complexe de liens familiaux de New York, ses scandales et ses secrets. De là, il observe la loge de sa future épouse, May Welland, sans que celle-ci le remarque. Il est fier d'épouser une jeune femme belle, naïve et encore ignorante, pense-t-il, des réalités de la vie. Soudainement, la présence inattendue de la **comtesse Olenska,** remarquée par Lawrence Lefferts, provoque l'émoi général des hommes. Les rumeurs de divorce circulant sur la cousine de May pourraient entacher la famille de sa future épouse. Newland Archer décide alors d'officialiser prématurément ses fiançailles lors du bal annuel qui suit la représentation, organisé par **Regina Beaufort**, épouse du puissant banquier **Julius Beaufort**.

b) Les premiers doutes (chapitres 3 à 5)

Les deux jeunes gens inaugurent les traditionnelles visites des fiançailles auprès des membres de la famille, chez la matriarche du clan, **Catherine Manson Mingott, grand-mère** de **May Welland** et d'**Ellen Olenska**. Celle-ci est au centre des conversations de la société new-yorkaise. Convié à dîner chez **Mrs. Archer**, où Newland vit encore avec sa sœur **Janey**, Sillerton Jackson condamne le comportement de la comtesse qui s'affiche en public avec Julius Beaufort, un homme marié aux origines obscures et notoirement volage. Ces propos irritent Newland Archer, qui réagit plus vivement que les convenances ne l'autorisent et critique l'étroitesse d'esprit de la société new-yorkaise. Il se surprend même à souhaiter que les femmes soient aussi libres que les hommes. Il est troublé de toute évidence par la jeune comtesse et il en vient à s'interroger sur le bien-fondé de son mariage. Fasciné par l'audace et la franchise d'Ellen Olenska, qui ne semble pas s'encombrer des conventions édictées par la société new-yorkaise, il finit même par douter de l'innocence de sa fiancée, soupçonnant sa naïveté d'être en réalité un artifice social. Son agitation intérieure est telle que May lui apparaît comme une étrangère.

c) Sauver la comtesse Olenska (chapitres 6 à 8)

Les fréquentations d'Ellen Olenska importunent de plus en plus la société new-yorkaise sans que la jeune femme en prenne la mesure. Les **Lovell Mingott** décident d'organiser un dîner pour faciliter son intégration au sein de la communauté. Mais la plupart des familles conviées déclinent l'invitation de manière à peine voilée. Pour venir en aide à la jeune femme, Newland Archer demande à sa mère, Mrs. Archer, de solliciter l'intervention de sa cousine Louisa, épouse de **Henry Van der Luyden** dont la famille occupe le sommet de la hiérarchie sociale en raison de sa lignée aristocratique. Le vieux couple décide de convier Ellen, qui fait « presque » partie de la famille, à un dîner en présence du **duc de St. Austrey,** un aristocrate anglais de passage. Le tout New York s'empresse alors d'honorer l'invitation pour se ranger à la

LE TEMPS DE L'INNOCENCE - WHARTON

décision des puissants Van der Luyden. Mais Ellen ne sait toujours pas se conformer au protocole social : elle arrive en retard et elle entame, contrairement à l'étiquette de préséance, une conversation avec le duc qu'elle avait déjà rencontré en Europe. Newland Archer, qui lui témoigne de la gentillesse, devient le confident de la comtesse. Elle souhaite devenir une New-Yorkaise comme les autres. Elle l'invite à venir chez elle.

B. Chapitres 9 à 14

a) Les charmes de la bohème (chapitre 9)

Newland Archer poursuit ses visites avec May, mais il se sent comme pris au piège du cérémonial très ritualisé des fiançailles. Il découvre l'univers bohème où évolue Ellen Olenska, qui réside dans un quartier populaire de la ville où elle côtoie artistes et écrivains. Lui-même amateur des beaux-arts et lecteur assidu, il est séduit par ce milieu tenu volontairement en marge par la communauté new-yorkaise. Il prodigue à la comtesse des conseils qui lui permettraient de mieux s'intégrer à la société de New York, dont elle se sent confusément étrangère. Mais loin d'admirer cette communauté élitiste, elle la considère plus mesquine et étroite d'esprit que puissante, ce qui déstabilise un peu plus les convictions de Newland Archer qui sent ses repères vaciller auprès de cette jeune femme aussi indépendante que réfléchie. L'arrivée du duc de St. Austrey vient interrompre ce moment d'intimité. Il est accompagné de **Mrs. Lemuel Struthers**, une riche veuve extravertie qui les invite à sa soirée musicale qu'elle organise tous les dimanches. Archer décline poliment l'invitation et prend congé. Devant cette effervescence d'une vie artiste moins routinière, Newland envisage désormais avec anxiété sa future vie maritale conventionnelle et répétitive. Alors qu'il se rend chez le fleuriste pour envoyer le bouquet de muguets qu'il offre quotidiennement à May, il est pris d'une impulsion et fait livrer anonymement des roses jaunes à Ellen.

b) Incorrigible Ellen (chapitre 10)

La mère de Newland Archer est contrariée que la comtesse ait assisté à la fête jugée décadente de Mrs. Lemuel Struthers, en compagnie du duc de St. Austrey et de Julius Beaufort. Le comportement jugé trop européen et dissipé de la comtesse redevient le sujet de toutes les conversations. Janey reproche à son frère de ne pas avoir mis en garde Ellen Olenska contre ce nouvel impair qui relance les doutes **du clan Archer-Welland-Van der Luyden**. Newland Archer porte un regard de plus en plus critique sur son milieu qu'il juge arbitraire. Il ne parvient plus à garder ses pensées pour lui et il fait part ouvertement de son impatience à sa mère et à sa sœur, dont il juge les réactions excessives.

c) Éviter le scandale d'un divorce (chapitre 11 à 14)

Comme avocat associé du prestigieux cabinet Letterblair, Lamson and Low, Newland Acher est chargé contre son gré de s'occuper de l'affaire du divorce d'Ellen Olenska à la demande de la grand-mère, Mrs. Manson Mingott, souhaitant un avis juridique sur la situation qui embarrasse le clan. Il prend connaissance d'une lettre de menace du comte Olenski qui accuse Ellen d'adultère et qui le fait douter de sa loyauté. **Maître Letterblair** plaide pour éviter le divorce et, devant les réticences de Newland Archer, il lui rappelle qu'en épousant May il appartiendra à cette famille qui sera inévitablement éclaboussée par le scandale. Mise en garde contre son projet de divorcer du comte qui risquerait d'entacher sa réputation et de compromettre sa famille, Ellen se voit contrainte d'y renoncer. Elle regrette désormais sa vie passée en Europe, où elle côtoyait librement artistes et intellectuels. May s'absente avec ses parents qu'elle accompagne comme tous les ans dans leur séjour d'hiver à Saint-Augustin, en Floride. Elle envoie une lettre à son fiancé l'exhortant à veiller sur sa cousine dont elle comprend intuitivement la solitude au sein d'une société qui se méfie d'elle. Mais les préjugés misogynes de Newland ne lui permettent pas de saisir la clairvoyance de May, qu'il considère trop innocente pour comprendre quoi que ce soit de l'existence ni de la personnalité d'Ellen.

C. Chapitres 15 à 18

a) Ellen, cet irrésistible objet du désir (chapitre 15)

Ellen part à son tour quelques jours. Elle est accueillie par les Van der Luyden dans leur domaine de Skuytercliff, où elle fuit comme eux la communauté oppressante de New York. La présence de Julius Beaufort rend Newland Archer jaloux et il la rejoint en acceptant l'invitation de **Reggie Chivers.** Il convainc Ellen d'abandonner tout à fait la procédure de divorce. La jeune femme lui fait découvrir la pittoresque et charmante maison du vieux « Patroon », dont les Van der Luyden ont hérité et qui est attenante à leur froide demeure. Mais l'arrivée impromptue de Julius Beaufort interrompt leur tête-à-tête et les prive de ce nouveau moment d'intimité. Considérant le banquier comme un rival, Newland ressent des sentiments de plus en plus vifs à l'égard d'Ellen.

b) Le double visage de May (chapitre 16)

Il rejoint May en Floride et demande à Mrs. Welland d'avancer la date du mariage. Elle n'accède pas à sa requête, mais elle remercie son futur gendre d'avoir pu éviter la procédure de divorce. Le clan veut protéger May, redoutant qu'elle comprenne que cette démarche juridique soit possible alors qu'elle n'est pas admise dans leur milieu. Mais Newland Archer découvre une jeune femme bien plus avisée que lui et sa famille ne le pense : May lui propose de mettre fin aux fiançailles, s'il aime une autre femme.

c) Le piège se resserre (chapitres 17 et 18)

De retour à New York, Newland Archer apprend qu'Ellen Olenska a pris l'initiative de rendre visite à sa mère pendant son séjour en Floride. Il demande à Mrs. Manson Mingott de persuader les Welland d'avancer la date du mariage. La matriarche est consciente de la singularité de sa petite-fille, qui lui ressemble dans son incapacité à se conformer aux codes établis. Mais, contrairement à elle, Ellen est socialement morte puisqu'elle ne pourra plus jamais avoir de mari, seul garant pour une femme d'être reconnue au sein de la société new-yorkaise. Chez Ellen, Newland Archer retrouve son ami **Ned Winsett** – un intellectuel, journaliste à ses heures, qui a renoncé à devenir écrivain – et fait la connaissance de la **marquise Medora Manson** accompagnée de son ami le Dr. Agathon Carver, un spiritualiste, fondateur de la communauté de « La vallée de l'amour », qui prétend pouvoir parler aux morts. En dépit de la vie peu conventionnelle que lui permet son veuvage, la tante d'Ellen désapprouve elle aussi toute idée de divorce. Elle ne comprend pas pourquoi sa nièce a renoncé à la vie luxueuse que lui offrait le comte Olenski et demande à Newland Archer d'intercéder pour qu'elle retourne en Europe. Selon elle, sa nièce n'a pas d'autre choix que de rejoindre son mari ou de se contenter d'amours clandestines déshonorantes avec des hommes mariés. Newland Archer réagit vivement, préférant voir Ellen morte. La tante l'interprète comme un signe qu'il désire avoir une liaison avec sa nièce. Ellen arrive et Medora Manson laisse les deux jeunes gens seuls. Acculé, Newland Archer déclare son amour à Ellen. Mais alors qu'il se dit prêt à renoncer à son mariage, Ellen reçoit un télégramme de sa cousine lui annonçant que la cérémonie se déroulera finalement peu après Pâques.

2. LIVRE II : Les illusions perdues

A. Chapitres 19 à 20

a) Des noces d'Opéra (chapitre 19)

Quatre semaines plus tard, Newland Archer se conforme à toutes les formalités de la cérémonie des noces. Résigné, il assiste à son mariage comme à une première à l'Opéra. Il ressent physiquement une forme d'aliénation et éprouve un sentiment d'inquiétante étrangeté, comme s'il était absent au monde. Lors des festivités, il comprend qu'il a passé son existence à appliquer à la lettre les usages et les manières de son clan, à se soumettre à l'implacable divinité du « Bon-ton ». Lucide, il devra se contraindre toute sa vie à jouer cette parodie d'existence. Tout ce qui lui semblait fondamental jusqu'ici lui apparaît enfantin. Il regarde May comme une étrangère et regrette son manque d'imagination qui ne lui permettra jamais, selon lui, de développer une individualité propre.

b) Une lune de miel désenchantée (chapitre 20)

Ironie du sort, les jeunes mariés convolent pour leur lune de miel dans la maison du « Patroon » à Skuytercliff. Ils voyagent trois mois en Europe, comme la tradition le préconise. May ne prend aucun plaisir à voyager. Seules l'intéressent les occasions de pratiquer du sport, d'aller au théâtre ou dans les magasins. Face au peu d'enthousiasme de son épouse, Newland Archer renonce à visiter l'Italie. Il réalise qu'elle est conforme à ce que l'on doit attendre d'une épouse qui n'a pas conscience de son absence de liberté. À Londres, il dîne chez **Mme Carfry** et sa sœur avec lesquelles sa mère et Janey se sont exceptionnellement liées d'amitié, la communauté new-yorkaise rejetant l'idée de faire connaissance avec qui que ce soit à l'étranger. En dehors de son cercle new-yorkais, May perd tous ses repères et peine à soutenir une conversation. Elle se montre incapable de s'adapter dans un lieu nouveau où les normes sociales de sa communauté ne s'appliquent pas. Au cours de cette soirée, Newland Archer fait la connaissance d'un intellectuel français, **M. Rivière**, qui ne parvient pas à vivre de sa plume et envisage de chercher du travail à New York. Newland admire sa liberté morale. Il propose à May de l'inviter à dîner le lendemain mais elle refuse, le jugeant trop commun. Il y renonce et prend la mesure de sa vie future auprès de May, une femme « de bien » qui adopte invariablement le point de vue de sa communauté.

B. Chapitres 21 à 25

a) Newport ou les apparences du bonheur conjugal (chapitres 21 et 22)

De retour à New York, Newland s'installe dans une routine confortable. Il finit par penser que son amour pour Ellen Olenska n'était finalement qu'une fantaisie passagère. Comme chaque été, il passe ses vacances à **Newport**, la très chic ville balnéaire où se retrouve la riche communauté new-yorkaise. Il se sent de nouveau étranger à lui-même. La maison des Beaufort accueille la compétition annuelle du club de tir à l'arc, à laquelle May participe. Newland Archer y rencontre **Medora Manson** qui lui apprend qu'Ellen traverse une période difficile, subissant de nouveau les pressions de son mari.

Il ne l'a pas revue depuis un an et demi. Le couple rend visite à la grand-mère de May, **Mrs. Manson Minggot.** Ellen est partie se promener mais Newland, chargé d'aller la chercher, renonce à l'aborder quand il l'aperçoit assise au bord de la jetée. Elle lui apparaît comme une vision onirique du passé. À Newport, Newland Archer change de manière imperceptible, toute son existence lui semble de nouveau irréelle et il remet en question sa propre identité. Son obsession pour Ellen est ravivée. Le professeur **Emerson Sillerton** et sa femme, **Amy**, organisent une fête en l'honneur des **Blenkers**, une famille bohème qui vit en marge de la communauté policée et héberge Ellen. Mrs. Welland accepte l'invitation avec dédain par obligation sociale. La communauté tolère le professeur parce qu'il est riche et que son épouse est issue de l'aristocratie, mais elle ne comprend pas qu'il s'adonne à l'archéologie plutôt que de fréquenter les milieux mondains de New York. Prétextant l'achat d'un cheval, Newland Archer se rend chez les Blenkers, mais Ellen est déjà repartie pour Boston.

b) Revoir la femme aimée (chapitres 23 et 24)

Ne doutant pas de duper facilement sa naïve épouse, il lui ment une seconde fois pour rejoindre Ellen à **Boston.** Il voit dans ces retrouvailles un signe du destin et croit de nouveau possible de se libérer des contraintes de son milieu. Ellen s'est installée à **Washington,** où elle a trouvé une communauté progressiste et plus ouverte d'esprit que celle de New York, qui obéit aveuglément aux traditions. Elle admet avoir sacrifié ses désirs en s'engageant à ne pas faire de mal à May. Elle n'envisage pas pour autant de repartir en Europe, même si cela signifie renoncer à son aisance financière.

c) Les manigances familiales (chapitre 25)

De retour à New York, Newland Archer croise **M. Rivière.** Il découvre alors que celui-ci avait fait la connaissance d'Ellen en Europe, le comte Olenski l'ayant chargé de convaincre sa femme de ne pas le quitter. Mais il avait pris conscience du traitement injuste infligé à Ellen et décidé de se désengager de sa mission pour l'aider à se libérer de son mari. Lors de cet échange, Newland comprend que May et sa famille l'ont tenu à l'écart de ces nouvelles négociations.

C. Chapitres 26 à 31

a) Deux ans ont passé (chapitre 26)

La famille et quelques amis se retrouvent **au dîner de Thanksgiving** organisé par **Mrs. Archer.** Celle-ci déplore l'influence des étrangers, qui contribuent à la décadence de la société new-yorkaise. Les convives évoquent les rumeurs autour des spéculations imprudentes du banquier Julius Beaufort, ce qui contribue également à la dégradation générale. On regrette la popularité indécente de **Mrs Struthers**, chez qui le tout New York se rend désormais. Ayant finalement refusé de divorcer, Ellen est désapprouvée par le clan familial, même si les **Mingott** préfèrent ne pas exprimer directement leur opinion par solidarité. En privé, **Mr. Jackson** sous-entend auprès de Newland Archer que la comtesse est soutenue financièrement par Beaufort et qu'elle serait dans l'embarras s'il venait à faire faillite. Il décide de se rendre à Washington sous un nouveau prétexte. May n'est pas dupe et lui fait comprendre qu'il ne peut se libérer du soupçon qui se forme autour de lui qu'en persuadant Ellen de retourner chez son mari.

b) La faillite des Beaufort rebat les cartes (chapitres 27 et 28)

Le lendemain, la banque de Julius Beaufort est au bord de la faillite. **Regina Beaufort** demande de l'aide auprès de **Mrs. Catherine Manson Mingott**, qui fait un malaise vasculaire. La famille étouffe cet incident avec la complicité du médecin qui le minimise en prétextant une simple indigestion. Regina Beaufort devra supporter seule la honte de son mari. Newland Archer renonce à se rendre à Washington : la famille a convoqué Ellen par télégramme.

c) Le moindre espoir est-il encore permis ? (chapitres 29 à 31)

Alors que Newland vient la chercher à la gare, Ellen regrette sa présence et tente de lui ouvrir les yeux. Mais lui continue d'entretenir l'illusion d'une aventure possible avec elle. La froideur de la jeune femme le déconcerte et il rentre seul, à pied. Il se sent comme mort. La semaine passe et personne ne prononce le prénom d'Ellen autour de lui. Rétablie, Mrs. Manson Mingott souhaite le voir. Même si la matriarche n'ignore pas ce qu'il ressent pour sa petite-fille, elle lui demande de plaider pour qu'elle vive désormais auprès d'elle à New York. L'espoir renaît d'entretenir une liaison avec Ellen.

D. Chapitres 32 à 33

a) Faust rattrapé par son destin (chapitre 32)

Newland Archer assiste à une nouvelle représentation de *Faust*. Comme le veut la coutume, May porte sa robe de mariée. Il retrouve la jeune femme innocente avec laquelle il s'était fiancé. Se souvenant de sa générosité lorsqu'elle lui avait proposé de rompre leurs fiançailles s'il aimait une autre femme, il décide de se montrer franc en lui avouant son amour pour Ellen. Il pense ainsi pouvoir se libérer du contrat marital qui le lie à elle. Alors qu'il est sur le point de se confier, May l'interrompt et l'informe qu'il avait été décidé, dans la matinée, qu'Ellen retournerait en Europe avec sa grand-mère, mais vivrait séparément de son mari. Elle aurait pris cette décision la veille, après leur discussion chez leur grand-mère, Mrs. Manson Mingott.

b) L'amour sacrifié (chapitre 33)

Avec l'aide de **Mrs. Archer**, May organise son premier grand dîner qui consacrera les adieux officiels d'Ellen. Elle part pour l'Europe le lendemain. Toute la haute société de New York y est conviée. Ellen est assise à droite de Newland Archer, une place d'honneur qui aurait dû être normalement réservée à **Louisa Van der Luyden**. Il prend alors conscience qu'il assiste à un rituel : celui de l'exclusion d'un membre de la tribu. Ceux qui l'ont autrefois snobée et désavouée reçoivent Ellen avec gentillesse et chaleur pour mieux la sacrifier sous les apparences d'une réhabilitation et d'un pardon. May triomphe. En dépit des avertissements de la communauté, Newland Archer souhaite toujours la quitter. Il est sur le point de le lui dire, mais elle lui annonce qu'elle est enceinte et qu'Ellen le sait déjà.

E. Chapitre 34

a) Le bilan d'une vie

Vingt-six ans ont passé. Newland Archer réfléchit à sa vie et revient sur son parcours. Ami du gouverneur Theodore Roosevelt, il a siégé pendant un an à l'Assemblée départementale de New York. Il a écrit des articles dans des revues progressistes et il a participé à des actions philanthropiques et artistiques locales. S'il a été « un bon citoyen », il sait qu'il a manqué la « fleur de la vie » en ayant renoncé à l'amour de sa vie. May est décédée depuis deux ans. Leurs trois enfants, **Dallas, Mary et Bill** ont grandi. Le nouveau monde dans lequel ils évoluent n'est plus celui que Newland a connu : la société ne valorise plus le conformisme aux lois édictées par la communauté et les clans, mais l'individualité et l'engagement civique. Il admet ironiquement qu'il est un homme « démodé ».

b) Le temps perdu de l'innocence

Le fils aîné, **Dallas** va épouser la populaire **Fanny Beaufort**, fille de **Julius Beaufort et de Fanny Ring**, son ancienne maîtresse. Devenu architecte, il vit à Chicago. Il demande à son père de l'accompagner à Paris pour son travail. Une fois arrivé, il lui annonce qu'il a contacté Ellen, sa fiancée s'étant liée d'amitié avec elle. Alors que rien ne l'empêche de la revoir, Newland devient indécis et laisse Dallas se rendre seul dans l'appartement d'Ellen. Il reste longuement assis sur un banc. Pénétré de la vision intérieure de la femme qu'il a toujours aimée, il craint de la perdre tout à fait en la revoyant, et il finit par rentrer à son hôtel.

FICHE 14. Structure du *Temps de l'innocence*

1. Un roman dialogique

Les propriétés dialogiques[1] du roman de Wharton donnent une représentation partielle et contradictoire de l'individu au sein de la société new-yorkaise. De fait, si la narratrice retranscrit essentiellement les pensées et les sentiments de Newland Archer, elle rapporte également les échanges dialogués des autres personnages tout en décrivant le milieu dans lequel ils évoluent, sans qu'il soit toujours aisé de définir s'il s'agit d'un regard externe ou interne. Aussi le lecteur n'a-t-il jamais accès directement aux réflexions personnelles de May ni à l'intériorité d'Ellen ou de tout autre personnage sinon à travers les propos qu'ils tiennent.

A. Une voix narrative complexe

Le récit est régulièrement décentré, le narrateur mettant constamment à distance les propos du personnage principal : soit par le regard ironique que celui-ci pose sur la communauté à laquelle il appartient et dont il s'écarte peu à peu en critiquant les principes arbitraires qui la régissent ; soit par une mise en évidence des incohérences du personnage lui-même, lorsque le narrateur confronte son opinion personnelle aux faits. Il souligne ainsi l'innocence de Newland Archer, dont la lucidité intermittente reste conditionnée par les préjugés de sa caste sociale. Aussi, lorsque Mr. Sillerton Jackson, vieux mondain proche de Mrs. Archer, fait des insinuations médisantes sur la réputation de la comtesse Olenska, Newland Archer rétorque un peu trop vivement que « les femmes devraient être libres, aussi libres » que les hommes le sont (5, p. 59). Lorsqu'il est de nouveau seul dans son cabinet privé, cette exclamation, dont la spontanéité l'a surpris autant que son interlocuteur, le plonge dans une réflexion ambiguë sur le statut de la femme au sein de la société new-yorkaise. De fait, cette prise de conscience révèle *in fine* la fragilité des convictions du personnage réalisant que cette liberté, qu'il défend, « jamais il ne l'accorderait à sa femme, si un jour elle venait à la revendiquer » (6, p. 61).

1. Au XXe siècle, la notion de dialogisme est devenue un concept discursif théorisé par Mikhaïl Bakhtine (1895-1975) dans son ouvrage *Problèmes de la poétique de Dostoïevski* (1929). Selon l'auteur, le dialogisme se définit comme l'interaction entre le discours du narrateur et le discours des personnages qui interviennent dans son récit de manière indirecte. Il instaure ainsi une forme de polyphonie entre différents discours rassemblés sous la voix unique du narrateur.

Mais lorsque la voix du narrateur se mêle aux réflexions intimes de Newland Archer, son commentaire vient souligner l'hypocrisie sociale et infléchit subtilement son propos sur la liberté des femmes. Ainsi ce dispositif discursif de la double énonciation narrative permet-il à Wharton de préciser ironiquement : « Les femmes "bien élevées", si lésées qu'elles fussent dans tous leurs droits, ne revendiqueraient jamais le genre de liberté auquel il faisait allusion ; et les hommes se trouvaient – dans la chaleur de l'argumentation – d'autant plus disposés à la leur accorder » (*ibid.*). Le lecteur découvre les contradictions de Newland Archer, l'accès à ses pensées intimes ainsi commenté mettant en évidence le tiraillement de l'individu aux prises avec ses préjugés et le modèle de société dans lequel il évolue et dont il ne parvient pas à se déprendre.

De fait, une multiplicité de voix et de points de vue contradictoires sur les femmes, le mariage, le divorce, l'étiquette et l'ordre moral se juxtapose, contribuant à fragmenter un peu plus la vision de la société new-yorkaise et à rendre ambigu son discours dominant.

B. Les dilemmes intimes d'un personnage faustien

Dans *Le Temps de l'innocence*, le récit dominant se révèle être un produit de l'innocence masculine, exposée à des représentations féminines conditionnées par la vieille société new-yorkaise. Pour illustrer cette lutte intérieure qui agite le protagoniste, la narration met l'accent sur les processus dialogiques qui structurent sa réflexion intime. Le récit progresse en partie à travers ce dialogue entre la culture dominante que Newland Archer a intériorisée et ses opinions personnelles, qu'il exprime de plus en plus ouvertement, affectant ainsi son image de soi au sein de cette même communauté. Son clan finit par l'écarter partiellement de ses prises de décision quant à l'avenir de la comtesse Olenska en son sein. Or, ses incohérences entre la critique de sa caste sociale et ses opinions sur les femmes sont une caractéristique essentielle du héros tout au long du récit, qui le rend également suspect aux yeux du lecteur. L'idée qu'il serait différent est en effet mise à mal par le fait que sa description des autres hommes de la communauté new-yorkaise correspond parfaitement à la sienne.

Le roman s'ouvre significativement sur une scène à l'Opéra dont la symbolique imprègne l'ensemble du roman. Newland Archer assiste à une représentation de *Faust*, pièce créée par Charles Gounod (1818-1893), inspiré de la célèbre œuvre théâtrale du dramaturge romantique allemand Johann Wolfgang von Goethe (1749-1832). L'histoire se déroule au XVIe siècle en Allemagne : le docteur Faust est un vieillard lassé de l'existence et sur le point de se suicider quand il invoque le diable, qui apparaît sous les traits de Méphistophélès ; il lui demande de retrouver sa jeunesse ; celui-ci accède à sa requête s'il signe une déclaration où il s'engage à le servir dans l'autre monde ; Faust accepte et demande à Méphistophélès de l'aider à séduire Marguerite, une jeune paysanne, qui incarne sur scène l'innocence et dont le destin tragique sauvera *in extremis* l'âme de Faust rongé par le remords. Alors que Newland compare l'innocence de sa fiancée May – caressant le bouquet de muguets qu'il lui a offert – à celle de Marguerite – effeuillant sur la scène une fleur pendant que Faust lui fait la cour –, il n'a pas conscience qu'il est sur le point de sceller lui aussi son destin à celui de May et de sa famille. Or, en signant le pacte matrimonial, il prête également un serment d'allégeance à la vieille société new-yorkaise conservatrice et traditionaliste. Il renonce ainsi à des idéaux plus élevés pouvant donner un sens à son existence, « la fleur de la vie » qui lui manquera toujours. (34, p. 307). Néanmoins, Newland Archer atteint paradoxalement une forme d'indépendance à la fin du roman en prenant conscience de sa dépendance et en la reconnaissant. À 57 ans, il semble en effet admettre que les valeurs et les rituels du vieux New York font partie intégrante de son identité, et qu'il ne peut s'y soustraire : « Archer honorait ce passé dont il portait le deuil : après tout, il y avait du bon dans les anciennes traditions » (*ibid.*).

C. Les conciliabules de la société new-yorkaise

Le récit du *Temps de l'innocence* est scandé par les nombreuses scènes de rencontre entre les principaux personnages, que ce soit à l'Opéra, au théâtre, dans les cercles et les clubs de fumeurs, ou encore lors des visites plus ou moins formelles chez les uns et les autres. La société new-yorkaise ressemble ainsi à un aréopage d'initiés où une minorité dominante, représentant quelques grandes familles de la haute société new-yorkaise, édicte un code de conduite qu'il convient de suivre à la lettre, sous peine d'être exclu de la communauté. Ce sont principalement les Van der Luyden, les Mingott, les Welland, les Archer, les Dagonnet et les Chivers qui portent les valeurs quasi claniques de la communauté new-yorkaise. En haut de cette société pyramidale, fortement hiérarchisée, le puissant couple Van der Luyden représente une des trois grandes familles issues d'une lignée aristocratique. Aux yeux de Newland Archer, il symbolise le froid glacial de cette vieille société, comme « pris dans les glaciers, qui gardent miraculeusement les couleurs de la vie » (7, p. 69). Les Van der Luyden sont régulièrement sollicités pour conclure de la conduite à suivre. Ils tirent ainsi les ficelles en organisant un dîner où ils convient Ellen Olenska, manière implicite d'envoyer des instructions codées au reste de la société : en la soutenant, ils obligent le reste de la société à suivre leur exemple.

Toujours aux aguets, la société new-yorkaise s'observe constamment, au bal annuel de Regina Beaufort, en voiture dans les grandes avenues de la ville ou les allées des parcs, dans tous les espaces publics et privés où les New-Yorkais se croisent à toute heure de la journée et en soirée. En ouverture du roman, les loges de l'Opéra sont une préfiguration significative de cette organisation sociale : on distingue d'un côté celles des hommes de celles des femmes, de l'autre celles des grandes familles avec leurs membres représentatifs. Au lever du rideau de la pièce de *Faust*, les lorgnettes des spectateurs sont ainsi tournées vers la loge « de la vieille Mrs. Manson Mingott, qu'une monstrueuse obésité empêchait depuis longtemps de se rendre à l'Opéra, mais qui s'y faisait toujours représenter, les jours de première, par quelques personnes de sa famille » (3, p. 23). Lawrence Lefferts, l'arbitre du « bon ton », s'exclame le premier en découvrant la comtesse Olenska dans la loge de la matriarche Catherine Manson Mingott et passe ses jumelles à Mr. Sillerton Jackson, l'expert en parenté et alliance des grandes familles new-yorkaises. Son verdict est implacable : « je n'aurais jamais cru que les Mingott oseraient cela » (3, p. 28).

Le lecteur est plus ou moins témoin de ces conversations, où chacun y va de son petit commentaire sur ce qui est approprié, commun, inconvenant, audacieux ou encore scandaleux, tel un réseau de petits tribunaux du « bon ton », où l'on condamne le moindre comportement en société qui dérogerait à la règle commune. Après le banquier parvenu Julius Beaufort, c'est au tour d'Ellen Olenska d'être soumise aux critiques incessantes de la communauté lors des dîners privés où la haute société se retrouve régulièrement. Outre sa volonté affirmée de divorcer, on lui reproche de s'afficher en public avec des parvenus, des artistes et des écrivains, ou pire des personnes « communes » comme Mrs. Lemuel Struthers, une riche veuve extravertie qui organise une soirée musicale tous les dimanches chez elle.

2. Une composition dramatique en trois actes

A. Une temporalité efficacement orchestrée

Cette impression d'une société où les individus sont soumis en permanence au regard critique de la communauté est accentuée par la temporalité du roman, le rythme de la narration alternant entre de longues scènes dialoguées et des sommaires plus courts.

Le déroulement de l'intrigue se concentre sur quelques semaines dans le **livre I.** Les quatre premiers chapitres du roman sont consacrés à la soirée passée à l'Opéra, prolongée par le bal chez Regina Beaufort dont nous avons peu d'éléments rapportés, sinon le départ prématuré d'Ellen Olenska. Puis les chapitres **5 et 6** relatent le dîner où Mrs. Archer a convié Mr. Jackson le lendemain soir, en présence de Newland et de sa sœur Janey. Quelques jours se passent ensuite, où les jeunes fiancés ouvrent le cérémonial des visites dans les grandes familles new-yorkaises, comme la tradition l'exige. Cette période est ponctuée du dîner manqué des Mingott en l'honneur d'Ellen Olenska, puis de la visite de Mrs. Archer pour laver l'affront à l'encontre de la famille d'Ellen, la société new-yorkaise ayant décliné l'invitation. Le chapitre **7** décrit plus longuement la réunion qui se déroule chez les Van der Luyden, suivie de la scène du dîner, le lendemain soir, où le couple convie Ellen pour entériner son intégration au sein de la communauté new-yorkaise (**8**). Le jour suivant Newland Archer converse longuement avec Ellen qui l'a invité chez elle (**9**). Le dimanche, puis le lundi suivant occupent le chapitre **10,** où Newland Archer est aux prises avec sa mère et sa sœur qui attendent la venue de Mr. Van der Luyden pour échanger sur la nouvelle crise provoquée par les fréquentations publiques d'Ellen. Le chapitre **11** opère un raccourci temporel de quinze jours : Newland Archer est chargé par maître Letterblair de convaincre Ellen Olenska de ne pas divorcer. Il se rend chez elle et s'ensuit une nouvelle longue conversation qui amène la jeune femme à renoncer à toute séparation officielle. Se passent alors dix jours, et l'on retrouve Newland Archer au théâtre, où il aperçoit Ellen dans une loge avec les Beaufort. May est partie en Floride avec ses parents (**13 et 14**). Trois jours plus tard, il apprend qu'Ellen est également partie se reposer dans le domaine des Van der Luydens, à Skuytercliff. Il la rejoint au chapitre **15**. C'est la troisième longue conversation qu'ils ont, et il la convainc tout à fait de ne pas divorcer. Le chapitre **16** rapporte en contrepoint, peu de jours après, son échange avec Mrs. Welland, qui souhaite écarter May des conversations abordant l'affaire Ellen Olenska. Les chapitres **17 et 18** se déroulent chez Ellen de retour de Skuytercliff. La conversation de Newland Archer avec Medora Manson, la tante d'Ellen, pousse celui-ci à déclarer son amour à la jeune femme, mais le télégramme de May annonçant la date anticipée de son mariage rompt toute velléité de la part de Newland Archer. Le piège s'est refermé sur lui.

L'intrigue du **livre II** est plus graduée dans le temps, puisqu'elle s'étend sur un peu plus de deux ans, avec cette même alternance entre sommaires et scènes dialoguées. Nous retrouvons Newland Archer quatre mois plus tard, lors de la cérémonie du mariage (**19**), puis le récit opère un saut dans le temps d'un an et demi (**26**). Tout s'accélère alors de nouveau autour de la faillite de Julius Beaufort et de l'accident vasculaire de Mrs. Manson Mingott (**27 à 30**) jusqu'au dîner final, apothéose de May qui consacrera l'exclusion définitive d'Ellen de la communauté new-yorkaise (**33**). Wharton décrit la cérémonie de mariage où Newland Archer perd tout contact avec la réalité ; en revanche, elle ne s'attarde pas sur le repas de noces (**19**). Il lui importe davantage de rapporter les trois échanges entre Ellen et Newland à Boston (**23 à 25**), dans « l'élégant coupé bleu de May » à la sortie de la gare Jersey City (**29**) puis au musée (**31**). Ces trois scènes qui ralentissent le rythme du récit – comme des temps suspendus où les deux protagonistes échappent momentanément à l'emprise de la communauté – contrastent avec l'ellipse narrative la plus spectaculaire du roman, au chapitre **34**. Vingt-neuf ans après la scène inaugurale à l'Opéra, le lecteur retrouve Newland Archer, dans sa bibliothèque, son sanctuaire. Âgé de 57 ans, veuf et père de trois enfants, il revient sur son parcours : socialement honorable mais privé de ce qui fait « la fleur de la vie », l'amour.

B. Une trame narrative lacunaire

Le repas de noces (**19**) semble escamoté comme pour signifier la résignation de Newland Archer, étranger à l'événement qui scellera définitivement sa vie à celle de May. Le parti pris narratif – l'intrigue est perçue du point de vue du protagoniste commenté par le narrateur – ne permet pas au lecteur d'avoir accès à de nombreuses scènes comme celles où le clan Archer-Welland-Mingott trame les tentatives d'éviction d'Ellen, avec la complicité des Van der Luyden. De même, il n'est informé que par les rumeurs rapportées sur la vie que celle-ci mène hors du cercle de la haute société new-yorkaise. Le lecteur est amené à combler ces trous en imaginant les moments qu'elle passe, entre autres, chez les Beaufort et Mrs. Lemuel Struthers, où elle côtoie les artistes et les écrivains résolument tenus à l'écart du vieux New York, à de rares exceptions près. Il ne sait rien non plus sur la rencontre entre Ellen et Mrs. Archer, ni celle – plus déterminante – où Mrs. Manson Mingott décide, avec ses deux petites-filles, de son départ définitif en Europe. Wharton traduit par ces non-dits le processus de marginalisation sociale – les angles morts de la société new-yorkaise qui refuse de voir ce qui lui déplaît, ne correspond pas à ses normes sociales –, tout en ménageant les effets de surprise et les rebondissements, jusqu'au coup de théâtre final. Mais plus significativement, elle souligne l'aveuglement de Newland Archer subissant dans la sidération les décisions autoritaires et coercitives de cette communauté qui assoit son pouvoir en complotant en secret.

C. Un épilogue en trompe-l'œil ?

Le dernier chapitre constitue l'acte trois de ce qui s'apparente à une intrigue de théâtre ou d'opéra, comme nous invitent à la lire les analogies récurrentes avec le spectacle. Wharton expose les conséquences de la résolution du triangle amoureux tout en traçant l'esquisse d'un ordre nouveau qui a balayé l'ancien. Celui-là s'exprime à travers une nouvelle voix indépendante, celle de Dallas, qui rejoint les voix de la vieille société new-yorkaise, celle d'Ellen dialoguant avec Newland. Néanmoins, le jeune homme reste incrédule quand son père lui dit de partir devant, sans lui garantir qu'il se rendra effectivement dans l'appartement parisien d'Ellen. Ces deux générations ne peuvent ainsi se comprendre. Une partie de Newland Archer aspire à retrouver Ellen, mais il y renonce tout à fait, semble-t-il. Plusieurs interprétations sont envisageables. On peut en effet comprendre que, loin d'être passif, il évite les retrouvailles pour préserver sa compréhension du passé. Comme une relique, il préfère ne pas altérer ses souvenirs d'Ellen, aussi inexacts soient-ils. Au début du chapitre, Newland s'était en effet rendu compte que les parties les plus vivantes de sa vie avaient toujours été ses expériences intimes privées, nourries de ses propres désirs et fantasmes. Ainsi reste-t-il fidèle à lui-même.

Il est intéressant de noter que cette dernière partie se caractérise par de longs passages au discours indirect libre. La voix du narrateur, peu ironique, semble ainsi fusionnée avec celle de Newland Archer – vingt-six ans d'expérience l'ont rendu plus mature – pour qu'elles adressent ensemble certaines critiques à la jeune génération, sans doute un peu trop individualiste et sûre d'elle dans ses initiatives : « Rien ne pouvait donner plus exactement la mesure du chemin que le monde avait parcouru. On était trop absorbé par les réformes et les mouvements sociaux, par les engouements et les modes du jour, pour s'inquiéter beaucoup du passé des voisins » (34, p. 311).

3. Des objets et des espaces symboliques

Les lieux où se déplacent les protagonistes, comme les objets, participent symboliquement des jeux d'influence et de pouvoir entre les individus au sein de la communauté ou entre les communautés. De fait, les conversations des membres de la haute société new-yorkaise sonnent souvent creux, les ragots et autres rumeurs prenant le pas sur l'échange qui finit par tourner court, relayés par des silences de connivence souvent réprobateurs. En contrepoint, tout « parle » : les objets, les vêtements, les décors, les lieux d'habitation, les comportements.

A. Les codes sociaux du vêtement

La société new-yorkaise accorde une grande importance aux tenues vestimentaires et à leurs accessoires. Ainsi « ne jamais paraître dans le monde sans une fleur à la boutonnière, de préférence un gardénia » (1, p. 23) est une convention que Newland Archer respecte à la lettre. Lawrence Lefferts fait autorité sur le « bon ton » qu'il convient d'adopter au sein de la communauté, du port ou non de la cravate noire, du choix entre les escarpins ou les souliers « Oxford ». Medora Manson est régulièrement jugée sur ses tenues extravagantes. On lui reprocha « d'en prendre à son aise avec les rites du deuil américain, si stricts à cette époque [...], le voile de crêpe qu'elle portait pour le deuil de son frère était de plusieurs centimètres plus court que celui de ses belles-sœurs » (8, p. 76). Cela explique, selon Mrs. Archer, les tenues souvent inappropriées de sa nièce, la comtesse Olenska, et qui font souvent l'objet des conversations mondaines. Aussi, lors du dîner chez les Van der Luyden, la communauté est-elle déçue par la simplicité de sa tenue, et « de ne pas trouver ce dernier cri d'élégance que New York appréciait par-dessus tout » selon Janey, la sœur de Newland Archer. « New York s'attendait à quelque chose de beaucoup plus sensationnel » (8, p. 77-78).

B. La voiture à la croisée des influences et des pouvoirs

Dans ce monde des apparences où l'avoir se confond avec l'être, les objets fonctionnent ainsi comme un marqueur culturel, l'élément d'un code chargé de définir et de valider un statut social et identitaire. La voiture notamment – signe ostentatoire de richesse et d'appartenance à la haute société – est un espace à la fois clos et ouvert où l'individu peut s'exposer aux regards de la communauté. Wharton se plaît à en décliner toutes les catégories possibles : du coupé « Brown » à la « grande calèche à huit ressorts dans laquelle Mrs. Van der Luyden prenait l'air en toutes saisons [...] vue à la porte de la vieille Mrs. Mingott » (7, p. 74), en passant par « le petit coupé jaune canari attelé de deux cobs noirs » (10, p. 100) de Julius Beaufort dans lequel Ellen Olenska a été aperçue, déclenchant une nouvelle crise dans le clan Archer-Welland-Mingott. L'influence d'une famille se mesure à la « file de voitures » qui stationnent devant une maison où l'on organise un dîner, même si Mrs. Archer déplore que posséder sa propre voiture ne soit plus un critère « pour situer quelqu'un » (12, p. 116-117). Elle est aussi un espace symbolique du rapport de force entre les individus. Après sa victoire au tir à l'arc, c'est May qui prend les rênes de « leur petit phaéton, cadeau de mariage de Mrs. Welland » (21, p. 212), Newland assis à côté d'elle, pour rendre visite à Mrs. Manson Mingott et Ellen. Wharton suggère ainsi ironiquement que May garde le contrôle de la situation.

C. La maison, un espace de pouvoir individuel et collectif

La maison définit également celui qui l'habite et la place qu'il occupe au sein de la communauté new-yorkaise. Pour asseoir son autorité tout en affirmant sa différence, Catherine Manson Mingott a fait construire, « dans le quartier lointain de Central Park, une grande maison en pierre de taille blanches, alors que la pierre brune n'était pas moins de rigueur que la redingote de l'après-midi » (2, p. 30). Cette maison « qui prétendait imiter les hôtels de l'aristocratie parisienne était là, signe visible de son courage » (*ibid.*). La maison des Beaufort est une des rares demeures de New York possédant une salle de bal. Elle « constituait une incontestable supériorité et rachetait ce que le passé de Beaufort pouvait avoir de regrettable » (3, p. 36). Le puissant couple des Van der Luyden partage son temps entre ses domaines de Trevana, dans le Maryland, et de Skuytercliff, sur l'Hudson. Quant à Ellen, elle se démarque de la vieille société new-yorkaise en logeant dans un quartier populaire excentré, fréquenté par les artistes et les écrivains tenus pour des marginaux par les grandes familles.

La maison est aussi un espace où se jouent des rapports de force entre les générations. Les Welland choisissent pour les futurs époux une maison de la Trente-Neuvième Rue dans un quartier « un peu éloigné, mais la maison toute neuve, était construite en pierres d'un jaune verdâtre que les jeunes architectes commençaient à employer pour réagir contre les pierres brunes dont le ton uniforme faisait de New York une vaste glace au chocolat » (9, p. 86). Devant leur insistance, Newland « sentait que son sort était fixé » (p. 87). Il craint que May ne la décore dans le même style pompeux de la maison de ses parents.

FICHE 15. Thèmes dans *Le Temps de l'innocence*

1. Le pouvoir de la communauté et de son idéologie sur l'individu

A. Une structure sociale fortement hiérarchisée

La pyramide est une référence récurrente chez Mrs. Archer et son fils. Elle représente le modèle de société défendu par les quelques grandes familles qui dominent la communauté new-yorkaise. « Dans la jeunesse de Newland Archer, la société de New York pouvait être comparée à une petite pyramide solide et glissante où aucune fissure apparente ne s'était encore produite » (6, p. 65). De fait, la mère de Newland Archer est obsédée par la moindre faille qui pourrait survenir dans cette hiérarchie sociale figée, que menacent notamment les étrangers venus d'Europe et des « nouveaux riches » (1, p. 21) aux origines parfois obscures, comme le banquier Julius Beaufort. Cette peur du changement est même devenue un sujet de conservation obsessionnel, comme l'« oracle annuel » du Thanksgiving Day : « secondée par Mr. Jackson et Miss Sophy, elle notait chaque craquement nouveau à la surface de la société, chaque plante intruse qui cherchait à pousser entre les carrés réguliers des gros légumes mondains » (26, p. 246). La charge satirique de Wharton témoigne ici des derniers moments d'une vieille société qui s'accroche encore à des codes qui n'ont plus cours. En raison de leurs origines aristocratiques et des ramifications générationnelles de leur famille à New York, les Van der Luyden, pourtant peu présents, ont établi les normes de comportement et de jugement qui régissent toute la communauté. Pour le clan Archer-Welland-Mingott, ils apparaissent toujours comme le dernier pilier pouvant résister aux évolutions pourtant inéluctables. De fait, à l'instar du portrait de Louisa, qui les dépeint « pris dans les glaciers, qui gardent miraculeusement les couleurs de la vie » (7, p. 69), le monde que le couple incarne appartient déjà au passé. Un quart de siècle plus tard, Newland Archer, évoquant « le chemin que le monde avait parcouru » (34, p. 311) constate les transformations de la société moderne. Il compare celle-ci à un « grand kaléidoscope où tous les atomes sociaux roulaient sur le même plan » (*ibid.*). Cette image traduit une réalité sociale plus dynamique et changeante, qui s'oppose à l'immobilité pyramidale de la vieille société new-yorkaise de la fin du XIXe siècle.

B. Éducation, discipline et mimétisme

Néanmoins, l'émancipation ne se mesure vraiment qu'à l'échelle d'une nouvelle génération. L'éducation conditionne fortement les mentalités, les individus étant soumis à une discipline des corps et des esprits. Pour la plupart des membres de la communauté, les usages et les conventions sont devenus si naturels qu'ils communiquent avec peu de mots. La société new-yorkaise se caractérise en effet par ses silences et ses sous-entendus de connivence. Évoquer à haute voix ses vrais sentiments est considéré comme une transgression majeure. Wharton note ainsi avec ironie le mimétisme entre Janey et sa mère : « L'habitude de vivre ensemble dans une étroite intimité leur avait donné le même vocabulaire, l'habitude de commencer leurs phrases par "Maman trouve", ou "Janey est d'avis", selon que l'une ou l'autre désirait émettre une opinion personnelle » (5, p. 52). La famille, et au-delà la communauté, exerce une emprise insidieuse sur les individus, et plus spécifiquement sur les femmes. La jeune fille « centre de ce système de mystification soigneusement élaboré » est tenue loin des « "réalités de la vie" » (6, p. 62). Remettant en question le bien-fondé de son mariage, Newland Archer commence à douter de May, « cette pureté factice, si adroitement fabriquée par la conspiration des mères, des tantes et des grands-mères, jusqu'aux lointaines aïeules puritaines ». (6, p. 63). Dans son roman, Wharton met effectivement en lumière l'acceptation tacite du pouvoir conjugué du patriarcat et d'un matriarcat, paradoxalement complice, qui le sert et opprime la femme dès l'enfance. La prise de conscience de Newland Archer reste, elle, relative. Il concède que « s'il avait eu la même éducation qu'elle, ils n'eussent pas été plus préparés à affronter les épreuves et les vicissitudes de la vie que deux nouveau-nés » (*ibid.*), et il se plaît à l'idée de façonner May selon son idéal féminin. De fait, « rien ne lui était plus agréable chez sa fiancée que la volonté de porter à la dernière limite ce principe fondamental de leur éducation à tous deux : l'obligation rituelle d'ignorer ce qui est déplaisant » (3, p. 43).

C. Le langage, expression formelle de l'idéologie dominante

L'intériorisation des usages et des conventions inculquées se traduit également dans la manière de s'exprimer des personnages. Dans *Le Temps de l'innocence*, la voix narrative, multiple et hybride, fusionne avec les discours idéologiques et les systèmes de croyance. La langue de la société new-yorkaise se traduit ainsi par un usage spécifique du langage qui fonde un idiolecte[1] commun. Certains mots sont récurrents dans le discours de tous les

1. « Le langage d'une communauté linguistique, c'est-à-dire d'un groupe de personnes interprétant de la même façon tous les énoncés linguistiques » (Roland Barthes, « Éléments de sémiologie », 1964, *in Dictionnaire général des sciences humaines*, THINES-LEMPEREUR, 1975).

personnages de manière indifférenciée mais significative, comme « oser », « pénible », « désagréable », « commun », « romanesque », « excentrique », « bohème ». Ils imposent aux individus une grille de lecture du réel qui forge une opinion publique figée. L'emploi de l'adjectif « pauvre » est un leitmotiv symptomatique du statut de la femme victimisée au sein de la société new-yorkaise dès que sa situation déroge à la règle édictée (« la pauvre Medora », « la pauvre Ellen », « la pauvre Regina », etc.). Les changements dans l'intonation, une manière d'appuyer sur une syllabe définissent l'état d'esprit ou la manière de penser de l'individu, tout en indiquant comment il s'inscrit dans l'idéologie dominante. Le désamour grandissant de Newland pour May transparaît ainsi dans ses échanges avec elle. Un épisode est particulièrement révélateur du délitement du couple, lors du voyage de noces à Londres, où Newland propose à May d'inviter à dîner M. Rivière. Elle refuse catégoriquement, le trouvant insignifiant. Il « détestait sa manière de prononcer : "intellectuel" et "commun". Il se surprenait à souligner de plus en plus à ses propres yeux certaines façons de May qui le choquaient. En somme, elle avait toujours eu le même point de vue : celle du monde qui les entourait, celui qu'Archer lui-même avait accepté jusque-là, le seul que pût avoir une femme "bien". » (20, p. 205). May est hors de son élément à Londres, où les normes sociales de New York ne s'appliquent pas. Elle est forcée de faire face à l'incertitude, ce que les coutumes sociales de New York évitent soigneusement en fournissant un code pour guider les individus dans chaque situation de la vie. Cette fragilité devient évidente lors de la conversation du dîner chez les sœurs Carfry. Il est en effet difficile pour les non-New-Yorkais de la comprendre, presque comme si elle parlait une langue étrangère.

2. La tyrannie du conformisme

La vieille société de New York est ainsi gouvernée par des règles strictes, régissant presque tous les domaines de la vie de ses membres, qui ont le devoir de suivre les protocoles immuables. Mais ces codes émanent essentiellement d'un clan familial élargi, qui édicte ses propres lois et devoirs au prix d'une certaine hypocrisie sociale.

A. La famille comme principe unificateur d'une communauté tribale

Même si les Van der Luyden incarnent le contrôle social, Newland Archer n'accepte leur autorité que par sens du devoir. Eux-mêmes semblent souffrir de ce pouvoir que la société de New York leur accorde du fait de leur seule naissance. Cela transparaît dans la gestuelle de Henry Van der Luyden – « il retira son gant […] et lissa son haut-de-forme avec un peu d'embarras »

(10, p. 104) – chez les Archer, qui le sollicitent une nouvelle fois pour trouver une solution aux comportements inappropriés d'Ellen. De fait, ils doivent eux aussi se soumettre aux mêmes impératifs de la vieille société new-yorkaise et se résigner au rôle qui leur est assigné. Ainsi le « sort les obligeait à rester les arbitres sociaux de leur petit monde, la dernière cour d'appel du protocole mondain, alors qu'ils eussent préféré vivre dans la simplicité et la réclusion, entretenant leurs beaux jardins de Skuytercliff » (7, p. 71). Tous les New-Yorkais respectables, que ce soit en haut ou en bas de la pyramide, sont donc asservis par les mêmes règles, qui exigent la conformité, le devoir et le silence des désirs personnels. Ignorer son devoir, c'est porter le déshonneur non seulement sur soi-même, mais sur toute sa famille. De même, on s'attend à ce que Regina porte le déshonneur de son mari comme le sien et que le mari et la femme reconnaissent leur honte en s'excluant de la communauté.

Les familles doivent tout faire pour maintenir leurs membres en conformité avec lois de la communauté tout en présentant un front uni lorsque l'un des leurs transgresse les codes, c'est-à-dire provoque un scandale. Les Archer et les Welland s'unissent ainsi, même s'ils n'approuvent pas le comportement d'Ellen, pour la protéger contre les autres familles qui ont décliné l'invitation au dîner des Lovell Mingot (6). Ce mode de fonctionnement des grandes familles leur confère une dimension primitive et tribale qui trouve sa pleine expression dans le dernier dîner organisé par May en l'honneur du départ définitif d'Ellen en Europe. En dépit de son raffinement excessif, la réception s'apparente à une cérémonie sacrificielle. Aveuglée par ses vieilles obsessions, l'autorité de toute évidence défaillante de la communauté new-yorkaise masque cette réalité taboue en permettant à « toute la tribu » (33, p. 300) de May d'exercer son agressivité sur l'un de ses membres. Cette violence rituelle – « sans effusion de sang » (p. 301) – se fait au détriment d'une victime expiatoire qui paie pour les manquements d'une société sclérosée et ne contrôlant finalement rien, sinon par la force coercitive des conventions qu'elle impose à tous. Impuissant, Newland Archer assiste, « avec un étrange sentiment de détachement » (p. 300), au sacrifice de la femme qu'il aime. Toutes les convives sont complices, mais elles font semblant de ne rien voir, étant « entendu que personne ne savait rien, n'avait jamais rien soupçonné » (*ibid.*). Cette dénégation du réel trouve son apogée quand un étrange ballet de femmes s'organise autour de May et de sa victime en formant un cercle autour d'elles. En maîtresse de cérémonie, May triomphe, froide et méthodique.

B. Aveuglement ou soumission volontaire ?

Dans *Le Temps de l'innocence*, certains protagonistes oscillent entre révolte et conformité, mais leur prise de conscience n'est pas immédiate. Ellen Olenska s'exclame ainsi avoir « horreur d'être différente » (12, p. 122).

Il lui faudra plusieurs alertes pour finir par comprendre qu'elle n'est pas acceptée par la communauté, y compris au sein de son clan. Ayant passé la majeure partie de sa vie en Europe, elle n'a pas intériorisé les usages de New York. Son anticonformisme n'est pas celui d'une originale. Elle ne cherche pas non plus à défier l'ordre établi. Elle en ignore tout simplement les codes. Cet aveuglement est largement partagé par tous les personnages du roman, à l'exception de Ned Winsett et de M. Rivière. Le couple conjugal en est un exemple singulièrement édifiant. Alors que Mrs. Archer demande au Van der Luyden d'intervenir en faveur d'Ellen, après délibération, un silence s'instaure entre eux : « Le mari et la femme se regardèrent encore. Leurs yeux pâles s'interrogèrent dans une consultation prolongée ; puis le visage de Mrs. Van der Luyden s'éclaira d'un léger sourire. Elle avait compris, et elle approuvait » (7, p. 73). Ce silence qui s'instaure au sein des couples est particulièrement révélateur du conformisme de la société new-yorkaise patriarcale, annihilant les individus qui ne s'expriment plus que d'une seule voix ou se taisent. Dallas, le fils aîné de Newland et de May, résume ainsi la relation de ses parents : « Vous ne vous êtes jamais rien demandé l'un à l'autre, n'est-ce pas ? Et vous ne vous êtes jamais rien dit. [...] un duo de sourds-muets » (34, p. 314).

C. L'hypocrisie sociale

Wharton dénonce l'hypocrisie des conventions qu'impose la société en demandant aux individus de s'abstenir de dire ce qu'ils pensent vraiment. Newland et May connaissent tous les deux la vraie raison pour laquelle Ellen n'est pas allée au bal des Beaufort, mais ils continuent de faire semblant en supposant qu'elle n'avait pas de robe appropriée. La tension qui sous-tend les relations entre les individus dans la société new-yorkaise réside dans l'écart qui existe entre ce que les personnages savent être la réalité et ce qu'ils font semblant d'exprimer par convenance. Mrs. Archer et sa fille savent tout sur l'histoire louche de Julius Beaufort, mais elles évitent d'en parler ouvertement. Les Beaufort sont en effet acceptés et même courtisés tant que le scandale n'est pas visible au public. Au pire Mrs. Archer concède-t-elle que Julius Beaufort est un homme « vulgaire » (5, p. 53). Ellen, enfin, reprochera à sa famille ce silence imposé : « Oh ! je sais, je sais. Elles veulent m'aider, mais à condition de ne rien entendre qui leur déplaise. [...] La solitude, c'est de vivre parmi tous ces gens aimables qui ne vous demandent que de dissimuler vos pensées. » (9, p. 92-93.) Lauwrence Leffers incarne la violence symbolique de cette hypocrisie bien partagée : « devenu le grand prêtre du bon ton, il avait si bien façonné sa femme à sa convenance que, malgré les liaisons affichées, elle se plaignait en souriant du "puritanisme de Lawrence", et baissait pudiquement les yeux quand on faisait allusion devant elle aux deux ménages de

Julius Beaufort » (6, p. 62). Mais pour Newland Archer, les hommes sont « encouragés dans cette manière de voir par leurs mères, leurs tantes et leurs autres parentes : toutes pensaient comme Mrs. Archer que, dans ces affaires-là, les hommes apportent sans doute de la légèreté, mais qu'en somme la vraie faute vient toujours de la femme » (11, p. 111).

Aussi les règles de la société new-yorkaises prévalent-elles sur les lois. Même si le divorce est légal, il n'est pas admis par la communauté. Les préceptes moraux sont à géométrie variable si bien que « Mrs. Archer, qui aimait à mettre en axiomes sa philosophie sociale, disait : "Nous avons tous quelques chéris dans la racaille." Encore qu'elle fût osée, la phrase était juste, et plus d'un membre de cette société exclusive en avouait secrètement la vérité. » (3, p. 36.)

3. La difficulté de se faire une place

Le Temps de l'innocence présente une dimension sociologique dans la mesure où Wharton interroge la possibilité d'une existence de l'individu au sein de la collectivité qui tend à l'aliéner. Paradoxalement, l'individu ne peut véritablement se définir qu'en société.

A. Identité individuelle et collective

Le mélange des voix prises en charge par le narrateur avec celle du protagoniste tend particulièrement à rendre poreuse la frontière entre l'individuel et le collectif. La dimension dialogique du roman met surtout en évidence les sentiments conflictuels qui animent Newland Archer à l'égard de son milieu social. Son observation souvent distanciée de la société new-yorkaise révèle dans le même temps un esprit très individualiste. Il pense ainsi se distinguer des autres hommes de sa communauté : « il avait plus lu, plus pensé, et plus voyagé que la plupart des hommes de son clan [...] mais [...] par une habitude de solidarité masculine, Newland Archer acceptait leur code en fait de morale » (1, p. 25-26). Ellen est traversée par les mêmes contradictions : elle affirme vouloir « tout oublier, redevenir une parfaite Américaine » (8, p. 81), tout en revendiquant son « besoin d'être libre » (9, p. 91). Cette difficulté à concilier son identité individuelle avec celle de la communauté conduit à des stratégies de repli : la fuite pour Ellen (à Boston, à Washington puis, sans possibilité de retour, à Paris) et les Van der Luyden (dans leur domaine de Skuytercliff) ; l'isolement dans la bibliothèque pour Newland ; le silence pour May, qui finit par révéler en toute franchise ne rien ignorer de ce qui se murmure en coulisse (16).

On pourrait également ajouter le corps humain, lui-même appelé à produire un langage singulier pour signifier la difficulté de construire son identité dans une société où « l'individu [...] est presque toujours sacrifié à l'intérêt collectif » (12, p. 126). L'obésité de Catherine Manson Mingott, mentionnée dès les premières pages du roman, l'empêche d'aller voir des spectacles et même d'assister à la cérémonie des noces de sa petite-fille May, au grand soulagement de la famille que l'« exhibition de sa monstrueuse personne » (19, p. 190) désolait sans qu'elle l'exprime ouvertement. Or, ce corps débordant d'une femme qui se définit par son audace poussée jusqu'aux limites du convenable s'apparente à un pied de nez ironique envoyé à la société empesée et corsetée de New York. Mr. Welland, le père de May, est également un homme au corps souffreteux, atteint de maladies imaginaires insidieusement entretenues par sa femme. Son hypocondrie contraste avec la pleine santé de sa fille, qui voue une passion aux activités sportives. Chez les Welland, ce sont les femmes qui détiennent le pouvoir. Homme « de nature douce et silencieuse, [Mr. Welland] n'avait pas d'opinions personnelles » (13, p. 132). Se sentant comme « déjà mort », Newland finit par faire le terrible constat que « May mûrissait tranquillement, exacte reproduction de sa mère ; mystérieusement, et par suite du même développement, elle tendait à faire de lui un second Mr. Welland. » (30, p. 275).

B. Solitude de l'individu au sein de la communauté

Aussi, une certaine solitude accable progressivement la plupart des personnages. Le lecteur suit l'évolution spectaculaire de Newland Archer en quelques semaines, des fiançailles jusqu'à la cérémonie du mariage. Alors qu'il est parfaitement intégré à la société new-yorkaise, sa rencontre avec Ellen le fait vaciller dans ses repères. Il est alors déchiré entre les deux femmes incarnant les deux voies qui s'offrent à lui : celle du mariage conventionnel sans désir qui l'intègre tout à fait dans la communauté new-yorkaise, ou celle de l'amour et de la marginalisation sociale assumée. Sa difficulté croissante à se conformer aux exigences de la société conduit finalement Newland à mettre en place une vie parallèle où il exprime plus librement ses désirs et ses pensées cachées. Ellen fait partie de cette vie secrète où « il lui avait érigé un sanctuaire qui bientôt était devenu le seul théâtre de sa vie réelle ; là aboutissaient toutes ses idées, toutes ses pensées » (26, p. 251). En dehors de ce monde, il « se heurtait contre les préjugés et les points de vue traditionnels comme un homme absorbé se heurte contre le mobilier de sa chambre. Il était absent. Il s'étonnait parfois que les personnes qui l'entouraient pussent s'imaginer qu'il fût encore là. » (*Ibid.*). Après son mariage, il se sent comme mort à lui-même, semblant avoir perdu tout contact avec la réalité qui l'entoure.

C. Les marges

Le protagoniste, Newland Archer, est déchiré entre les exigences du vieux New York et son désir de s'exprimer. Il croise deux personnalités qui n'appartiennent pas à son milieu et qu'il admire pourtant secrètement, le journaliste Ned Winsett et le jeune français M. Rivière. Il est intéressant de noter que ces deux hommes, honnêtes, francs et indépendants, ont renoncé à devenir écrivains. Il s'agit sans doute d'un désir également refoulé de Newland Archer, qui commande de nombreux livres à Londres – Herbert Spencer, Edmond de Goncourt, ainsi que des poètes comme Dante Gabriel Rossetti (15) – et fait de sa bibliothèque un sanctuaire où aucun enfant n'a accès, ni même May. On apprend à la fin du roman que le protagoniste écrira tout au plus des articles dans des revues progressistes. Certains membres de la société new-yorkaise comme Medora Manson ou Mrs. Blenker ont bien tenté de fonder un « "salon littéraire" » conviant des artistes, des musiciens et des « "gens qui écrivent" », mais ces « échantillons épars de l'humanité n'avaient jamais essayé de s'amalgamer avec la société » (12, p. 116). Mrs. Archer reste nostalgique des auteurs new-yorkais du début du XIXe siècle « comme Washington Irving, Fitz Greene Haleck », des « gentlemen » qu'elle comprend, contrairement aux « inconnus qui leur avaient succédé [...] leur origine, leur tenue, leurs tignasses incultes, leurs relations avec les acteurs et les chanteurs empêchaient de les classifier d'après le critérium du vieux New York. » (12, p. 116). Le motif du livre est ainsi récurrent dans le roman, faisant écho au monde de la littérature que fréquente Ellen, mais se tenant ou tenu à l'écart du vieux New York. C'est d'ailleurs un élément d'incompréhension latente entre Newland et May, qui le trouve « original » (10, p. 98). À la question « ne pourrions-nous pas être un peu nous-mêmes, May ? », elle lui répond en riant : « nous ne pouvons pas agir comme des amoureux de roman » (*ibid.*).

Cette marginalité est incarnée par certains membres emblématiques de la communauté new-yorkaise comme Medora Manson, les Blenker – fréquentant les artistes et jugés bohèmes –, ou encore les Sillerton. La haute société de New York se montre plus circonspecte avec ceux qui entrent dans la catégorie des « extravagants » ou des « excentriques », sans que leur appartenance à la communauté soit pour autant contestée. Si l'on accepte l'invitation du professeur Emerson Sillerton, « une épine au flanc de la société de Newport, une épine dont on ne pouvait se débarrasser, parce qu'il sortait d'une souche vénérable et vénérée » et dont, qui plus est, « la fortune et la situation sociale étaient excellentes » (22, p. 218). Mais la communauté ne comprend pas pourquoi « se faire archéologue, ni même professeur » (*ibid.*), et encore moins pourquoi « habiter Newport l'hiver au lieu d'avoir une maison à New York » (p. 218-219).

FICHE 16. Résumé des chapitres 16 à 20 du *Traité théologico-politique*

Alors que les chapitres 1 à 15 ont permis de séparer la philosophie de la théologie et de justifier la liberté de philosopher, les suivants se demandent jusqu'où doit s'étendre, dans l'État le meilleur, la **liberté individuelle de penser et de dire ce que l'on pense.**

1. Chapitre XVI (p. 63-93)

Le chapitre 16 établit les **fondements de l'État démocratique** en distinguant les **droits respectifs des citoyens et du souverain.**

A. Le pacte fondateur de la communauté politique (p. 65-81)

À l'état de nature, le droit des individus se confond avec leur puissance. Puisque tous les êtres de la nature sont déterminés à exister et à se comporter d'une certaine manière, et que la nature a un droit souverain sur tout ce qui est en son pouvoir, alors les individus ont le droit de faire tout ce dont ils sont physiquement capables, qu'il s'agisse des hommes ou de tout autre être naturel, et d'hommes raisonnables ou bien d'imbéciles, de déments, etc.

Il s'ensuit que selon le droit[1] de nature, rien n'est interdit (ni mal), pas même les conflits et la haine. Mais les hommes préfèrent vivre en sécurité et en paix. Pour cela, ils ont dû s'unir en un corps, c'est-à-dire faire société.

Mais c'est difficile, car cela nécessite de décider d'être raisonnable, de ne pas faire de mal aux autres et de respecter le droit d'autrui. Comment cela peut-il se réaliser à partir du principe du droit de nature d'après lequel on peut faire tout ce qu'on veut ?

Cette promesse de s'unir ne peut être faite que par crainte d'un mal plus grand ou dans l'espoir d'un bien plus grand. Mais, selon le droit de nature, les hommes peuvent légitimement rompre cette promesse s'ils le jugent plus **utile** pour eux. C'est pourquoi il est nécessaire d'instaurer un **pouvoir souverain** susceptible de **contraindre** tous les pouvoirs individuels par la force, et de donner à ce pouvoir le droit souverain, qui sera alors limité par sa propre puissance.

1. Par « droit », il faut entendre « loi » dans le texte.

Les individus transfèrent la puissance qui leur appartient à la société tout entière. La **démocratie** est alors l'union des hommes en un tout qui a un droit souverain collectif sur tout ce qui est en son pouvoir. Le souverain détient tous les droits, et les citoyens sont tenus de lui obéir.

Obéir au souverain est conforme à la raison tant qu'il assure la sécurité, même si ses commandements sont absurdes, puisque la raison commande de choisir le moindre mal. Mais le souverain a intérêt à commander des choses raisonnables s'il veut conserver sa puissance, et donc son droit. De plus, dans un État démocratique où règne la majorité, l'absurde est moins à craindre.

Demander aux citoyens une obéissance absolue ne fait pas d'eux des esclaves s'ils obéissent en vue de leur utilité propre. Ils sont alors sujets, non esclaves, quelle que soit la forme du gouvernement : monarchique, aristocratique ou démocratique.

B. Quelques définitions qui découlent du pacte (p. 81-85)

Le **droit civil privé** est la liberté qu'a l'individu de se conserver dans son état, conformément à la volonté du souverain (et non plus conformément au droit de nature).

Si un citoyen est contraint par un autre à subir un dommage contrairement au droit civil, il y a **violation du droit**. Elle ne peut se concevoir que dans l'état de société.

La **justice** est une disposition constante à attribuer à chacun ce qui lui revient d'après le droit civil, et l'**injustice** à lui enlever ce qui lui revient d'après le droit civil.

Des **confédérés** sont des hommes de deux cités qui s'engagent par contrat à ne pas se faire de mal les uns aux autres, mais au contraire à s'assister. Ce type de contrat est facilement trahi.

On appelle « **ennemi** » celui qui vit hors de la cité et ne reconnaît pas le gouvernement institué par elle, ni comme sujet, ni comme confédéré.

Un sujet ou un citoyen commet un **crime de lèse-majesté** quand il tente de s'emparer du droit du souverain pour une raison quelconque, qu'il y réussisse ou non.

C. Objections et réponses (p. 85-93)

Il n'est pas contraire au droit divin révélé[2] de dire que l'individu qui, dans l'état de nature, vit exclusivement en suivant ses désirs et sans aucune forme de raison, vit conformément au droit de la nature.

2. Le droit divin révélé est la loi divine telle qu'elle est révélée aux hommes dans la Bible.

En effet, le droit de nature est antérieur au droit de la religion. Les hommes ne pouvaient pas connaître la loi religieuse avant qu'elle ne soit révélée. Si la prescription de la religion valait à l'état de nature, la révélation aurait été inutile.

Les souverains conservent leur droit naturel, et pourtant ils sont soumis au droit divin révélé. Mais ils n'y sont soumis que **s'ils le veulent bien**, de même qu'ils ne prennent des décisions raisonnables que s'ils le veulent bien, puisque ce sont les souverains qui décrètent le droit civil.

Si le souverain commande quelque chose contre la religion, alors il faut obéir au souverain, parce qu'obéir au souverain, c'est toujours obéir à Dieu qui veut l'unité de l'État, alors que les opinions religieuses, dans leur diversité, sont sources de dissensions.

Il est possible de faire alliance avec des États qui n'ont pas la même religion que nous.

2. Chapitre XVII (p. 95-141)

A. L'unité et la paix de l'État toujours précaires (p. 97-106)

Même si les citoyens doivent une totale obéissance au souverain, son pouvoir est limité car en réalité les individus, lors du pacte, ne peuvent transférer la totalité de leur droit. Les hommes existent et agissent en vertu d'un **droit de nature qui échappe en partie au pouvoir du souverain**. Les citoyens sont toujours des ennemis potentiels de l'État.

Cela dit, la puissance du souverain peut aller très loin s'il est capable de commander aux âmes des citoyens, c'est-à-dire d'influencer leur pensée.

La conservation de l'État dépend de la bonne volonté des citoyens. Mais **les hommes sont sujets à des passions qui menacent l'État** : chacun pense être seul à tout savoir et veut tout régler selon sa complexion, juge en fonction de ses intérêts propres, méprise ses semblables, ne supporte pas d'être dirigé par ces derniers, et désire qu'il leur arrive du mal.

B. Les institutions au secours de l'unité de l'État : l'exemple hébraïque (p. 106-141)

a) Préserver l'unité de l'État (p. 106-122)

Pour compenser ces passions, il faut s'appuyer sur les institutions.

Dans la République romaine, on voit que – pour renforcer leur pouvoir – les monarques se font passer pour des dieux.

Chez les Hébreux, Moïse – désigné comme roi – élabore des institutions dans lesquelles le pouvoir religieux et le pouvoir politique sont distincts, mais en même temps se limitent réciproquement.

Ainsi, les membres de la tribu de Lévi sont désignés comme chefs religieux. La succession se fait de père en fils. Leur fonction est **l'interprétation des lois divines**. Mais ils sont tous tenus à l'écart de tout commandement politique. De plus, le grand pontife[1] ne peut pas s'adresser à Dieu quand il le veut, mais seulement à la demande du commandant des troupes ou d'un conseil politique. Enfin, les lois interprétées par les chefs religieux ne peuvent avoir valeur de commandements que si elles sont validées par les chefs politiques.

Le chef militaire et les conseils peuvent consulter Dieu quand ils le veulent, mais les réponses ne peuvent venir que du grand pontife. Le droit de commandement du chef suprême de l'armée procède du droit de Moïse, et non du droit du pontife.

Moïse n'a donc donné l'autorité à personne. Il n'a fait que désigner des administrateurs, non des dominateurs.

Un pouvoir ainsi distribué comporte une action modératrice tant sur les gouvernants que sur les gouvernés.

b) L'action modératrice sur les gouvernants (p. 122-126)

- Limitation du pouvoir religieux : l'interprétation des lois est attribuée à une catégorie de la population (les Lévites) qui n'a pas de pouvoir politique ni de biens matériels. Le pouvoir religieux ne peut donc pas devenir prétexte à rechercher une gloire personnelle qui porterait atteinte à l'unité de l'État.
- Limitation du pouvoir politique : on l'empêche d'inventer des lois indépendamment des prescriptions des Lévites. Pour cela, tous les sept ans, les Lévites réunissent le peuple et lui enseignent les lois directement. Le peuple ne peut pas être manipulé par les gouvernants.

  De plus, le prince n'a pas de noblesse. Son autorité ne vient que de son âge et de sa vertu. Il ne peut donc pas exiger une dévotion excessive.

  Enfin, les chefs militaires ne peuvent pas préférer l'état de guerre à la paix ni opprimer le peuple au moyen de l'armée, car l'armée est composée par des citoyens, et le recours aux mercenaires est interdit.

1. Chef religieux.

c) L'action modératrice sur les gouvernés (p. 126-133)

Il faut susciter en eux un amour inconditionnel de la patrie, tel qu'il rende impossible l'idée même de la trahir. De fait, les Hébreux ont une grande dévotion pour leur patrie, car ils croient (ils ont la foi) que leur royaume est le royaume de Dieu même.

De plus, ils sont isolés des autres peuples par la singularité de leurs mœurs et de leurs lois, et leur haine de l'étranger.

En outre, le droit de propriété est égal pour tous : la part de terre et de champs possédée par chacun est égale à celle du chef. La pratique de la charité exclut la pauvreté.

Enfin, la pratique constante de l'obéissance contribue à une discipline très forte. Non seulement les jours de fêtes sont autorisés, mais ils sont même prescrits.

d) L'échec de l'État hébreu (p. 133-141)

Pourtant, malgré la qualité de ces institutions, le peuple hébreu a fini par se perdre du fait d'une volonté de Dieu, en colère contre son peuple qui s'est livré à l'adoration d'une statue d'un veau en or.

3. Chapitre XVIII (p. 143-161)

Puisqu'il a sombré, l'État hébreu ne peut plus être pris pour modèle, d'autant qu'une telle forme d'État n'est pas compatible avec le désir d'échanger avec les autres peuples. Mais, si on ne peut pas l'imiter en tout, des leçons politiques peuvent être tirées de son histoire.

D'abord, l'existence même d'un pouvoir politique n'est pas contradictoire avec le règne de Dieu sur la terre, puisque les Hébreux eux-mêmes s'étaient dotés d'une constitution politique, comme on vient de le voir.

Ensuite, dans l'État hébreu, les ministres du culte n'étaient pas qualifiés pour juger les citoyens ni pour excommunier.

Voici quelques points à souligner concernant l'histoire des Hébreux :

1. C'est l'autonomisation du pouvoir religieux vis-à-vis du pouvoir politique qui constitue l'origine de l'anéantissement de l'État. C'est ce qui s'est passé lors du deuxième empire de l'État hébreu.
2. Les prophètes, de simples particuliers, irritèrent les hommes plus qu'ils ne les corrigèrent. Les rois, même pieux, jugèrent souvent les prophètes intolérables. Cela engendra des guerres civiles, dommageables à l'État comme à la religion.

3. Le fait de changer de mode de gouvernement a conduit les Hébreux à la multiplication des guerres civiles.

On en déduit quelques règles en vue de maintenir l'unité et la paix de l'État :

1. Les ministres du culte ne peuvent avoir le droit de décréter quoi que ce soit concernant les affaires de l'État.
2. Il est nécessaire d'accorder la liberté d'opinion puisque les opinions sont du droit de l'individu, et afin d'éviter les querelles d'opinions.
3. Il revient exclusivement au pouvoir politique de décider en matière politique et en matière religieuse.
4. Il faut éviter le plus possible de changer de régime politique, car cela est très difficile et produit des guerres civiles.

4. Chapitre XIX (p. 163-186)

La religion consiste essentiellement dans la pratique de la justice et de la charité[1]. Or, cette pratique n'acquiert force de droit que par le moyen du pouvoir politique, c'est-à-dire de la loi. Il en résulte que la religion ne peut s'établir que par le moyen du pouvoir politique.

Puisque le droit divin dépend du seul décret du souverain, il revient aussi au souverain de l'interpréter. En effet, **le culte religieux extérieur et toutes les formes extérieures de la piété doivent se régler sur la paix de l'État**. Ainsi, toute pratique qui peut mettre en danger la paix de l'État est aussi contraire à la religion, en tant que religion extérieure.

Si quelqu'un me prend ma tunique, je ne dois en plus lui donner mon manteau – comme le prescrit l'Évangile – que si ce n'est pas dangereux pour la paix de l'État. Manlius Torquatus, homme politique romain du IVe siècle avant notre ère, fit exécuter son fils pour avoir enfreint une loi militaire promulguée par lui.

Or, puisqu'il revient au souverain de déterminer ce qu'exigent le salut de tout le peuple et la sécurité de l'État, c'est aussi à lui qu'il revient de déterminer quelles sont les obligations en matière de piété à l'égard du prochain.

- **Cela est utile à l'État**, car le droit de régler les choses sacrées est prestigieux pour le peuple, et donc, avoir cette autorité c'est régner sur les âmes. C'est pourquoi ravir cette autorité au souverain, c'est diviser l'État et cette division ne peut manquer de faire naître des discussions et des luttes impossibles à apaiser.

1. Voir *ibid.*, chap. XIV, p. 241 : « toute la loi consiste en ce seul commandement : aimer son prochain ».

- **Cela est utile à la religion.** En effet, les Prophètes, simples particuliers, ne purent corriger les hommes bien que doués d'une vertu divine. Et de plus, quand les rois s'écartent de la religion, tout le peuple s'en écarte avec eux.

Si ceux qui ont le pouvoir dans l'État veulent être impies, qui sera en droit de défendre la piété ? Même les ecclésiastiques peuvent être impies, et donc leur contrôle n'est pas une garantie de piété. Si les gouvernants veulent suivre leurs passions, toutes choses iront mal, qu'ils aient ou non le droit sur les choses sacrées. Mais, le plus grand danger vient de la revendication que peuvent faire les particuliers. C'est pourquoi il vaut mieux confier le pouvoir religieux au gouvernement.

Dans la religion chrétienne, les discussions ne cessent pas à propos de ce droit, car elle n'a pas été enseignée primitivement par des rois, mais par des particuliers qui se réunissaient en Églises privées contre la volonté du gouvernement. Puis les ecclésiastiques l'ont enseignée aux empereurs eux-mêmes. Il fut alors facile pour ces docteurs et interprètes et pasteurs de l'Église d'être reconnus comme vicaires de Dieu. Les ecclésiastiques ont ensuite pris des mesures habiles pour que, plus tard, les rois chrétiens ne puissent pas s'emparer de cette autorité.

5. Chapitre XX (p. 187-208)

Puisqu'il est plus difficile de commander aux âmes qu'aux langues – on peut interdire aux hommes de parler, mais pas de penser –, le droit naturel de faire de sa raison un libre usage ne peut pas être transféré, l'âme d'un homme ne peut pas appartenir entièrement à un autre[1]. Donc un gouvernement qui prétend prescrire à chacun ce qu'il doit admettre comme vrai ou rejeter comme faux est violent.

Mais si personne ne peut renoncer à la liberté de juger, il sera tout aussi difficile de lui interdire de s'exprimer. En effet, les hommes ne savent pas se taire. Donc il faut également autoriser la liberté individuelle de dire et d'enseigner ce qu'on pense. Pourtant, les paroles sont comparables aux actions dans leur capacité à léser la majesté du souverain. Le problème se pose alors de savoir **dans quelle mesure précise** cette liberté de parole peut et doit être concédée sans danger pour la paix de l'État.

La fin de l'État n'est pas la domination, mais bien la liberté (d'après le chapitre XVI). Pour former l'État, il est nécessaire que tout le pouvoir de décréter appartienne soit à tous collectivement (démocratie), soit à

1. Voir début du chapitre XVII.

quelques-uns (aristocratie), soit à un seul (monarchie). **Les individus renoncent seulement à leur droit d'agir selon leur libre décret.** La liberté d'avoir des opinions, de juger et de parler est entière, mais à certaines conditions :

- ne pas aller au-delà de la simple parole ou de l'enseignement ;
- défendre son opinion par la raison seule, et non par la ruse, la colère ou la haine ;
- ne pas chercher à changer quoi que ce soit dans l'État de sa propre autorité.

Agir contre son jugement, ce n'est pas mettre en danger la justice et la piété, puisque la justice dépend uniquement du décret du souverain.

Il y a néanmoins des opinions séditieuses, ce sont celles qu'on ne peut défendre sans lever le pacte par lequel l'individu a renoncé à son droit d'agir selon son propre jugement. Penser ainsi, c'est être séditieux, non pas à cause du jugement lui-même, mais à cause des **actions** impliquées par ce jugement.

Puisque la fidélité envers l'État, comme la fidélité envers Dieu, se reconnaît aux œuvres seules (et pas aux opinions), l'État le meilleur concède aux individus la même liberté que ce que la foi peut lui laisser. Cette liberté peut avoir des **inconvénients**, mais il est impossible qu'une institution n'ait aucun inconvénient. Il y a des choses qu'on ne peut pas interdire, il faut donc les permettre. Les inconvénients qu'elles engendrent ne sont pas au-dessus de l'autorité des magistrats. Cette liberté est également utile pour l'avancement des sciences et des arts.

La liberté de jugement et d'opinion peut être opprimée, il est possible d'interdire (ou de tenter d'interdire) toute forme d'expression. Mais on n'empêchera pas les hommes de penser. Par conséquent, les hommes auraient des opinions en désaccord avec leur langage, ce qui impliquerait la perte de la bonne foi.

De plus, il n'est pas possible en fait d'interdire l'expression des opinions, car cela suscitera la résistance. Enfin, les lois qui condamnent les opinions sont inutiles, car ceux qui sont d'accord avec les opinions condamnées ne peuvent pas obéir à ces lois. D'un autre côté, elles vont rendre orgueilleux ceux qui sont d'accord avec elles, à tel point que les magistrats ne pourront plus les abroger. Beaucoup de schismes dans l'Église sont nés de ce que les magistrats ont voulu mettre fin par des lois aux controverses des docteurs.

Les lois qui condamnent les opinions ont été souvent instituées pour faire des concessions à la colère de certains hommes, qui sont incapables de supporter les hommes de caractère, et qui peuvent faire tourner en rage la dévotion de la foule séditieuse et l'exciter contre ceux qu'ils lui désignent.

La ville d'Amsterdam est un exemple de cité où des hommes professant ouvertement des opinions différentes peuvent être mis aisément dans l'impossibilité de se nuire les uns aux autres.

Les vrais schismatiques sont ceux qui condamnent les écrits des autres et excitent contre les auteurs le vulgaire turbulent.

Résumé des thèses principales

1. Il est impossible d'enlever aux hommes la liberté de dire ce qu'ils pensent.

2. Cette liberté peut être reconnue à l'individu sans danger pour le droit et l'autorité du souverain, à certaines conditions.

3. L'individu peut posséder cette liberté sans danger pour la paix de l'État et elle n'engendre pas d'inconvénients dont la réduction ne soit aisée.

4. La jouissance de cette liberté donnée à l'individu est sans danger pour la piété.

5. Les lois établies sur les matières d'ordre spéculatif sont inutiles.

6. Cette liberté non seulement peut être accordée, mais doit l'être pour la conservation de la paix de l'État, la piété et le droit.

Au contraire, la répression de cette liberté fabrique des martyres d'hommes honnêtes, et incite à la miséricorde envers eux plus qu'elle n'inspire d'effroi.

Le texte se termine par une adresse quelque peu ironique aux autorités. En effet, juste après avoir dit qu'il soumet de grand cœur tout ce qu'il a dit au jugement des autorités de sa patrie, il ajoute : « si j'ai dit quoi que ce soit qu'elles jugent contraire aux lois du pays ou nuisible au salut commun, je veux que cela soit comme n'ayant pas été dit. » (XX, § 18, p. 208). Or, il sait très bien que ce qu'il a dit est favorable au salut commun, et par ailleurs il sait aussi que c'est rarement le salut commun qui préside aux décrets des autorités concernant ce qui doit être publié ou interdit.

FICHE 17. Structure du *Traité théologico-politique*

1. Le titre

Le terme « théologique » signifie étymologiquement « discours » (*logos*) « sur Dieu » (*theos*), ou plus généralement sur la religion. L'étymologie du terme « politique » est « la cité » (*polis*), et renvoie au gouvernement d'une société.

Parler de « théologico-politique », c'est désigner le problème du rapport entre pouvoir religieux et pouvoir politique. Lequel des deux doit dominer l'autre ? Pour Spinoza, l'autonomie du pouvoir religieux représente un danger pour la communauté politique car il la divise, mais aussi pour la liberté individuelle car il tend à imposer une orthodoxie et à ne pas tolérer la diversité des opinions.

Le *Traité théologico-politique* vise à défendre la liberté de penser et de s'exprimer contre la mainmise des autorités religieuses sur les croyances individuelles, à partir d'une redéfinition de la foi et d'une soumission du théologique au politique.

2. La structure d'ensemble

A. La préface

La superstition – une crédulité irrationnelle qui provient du fait que les hommes oscillent sans cesse entre crainte et espoir parce qu'ils désirent des biens incertains – règne en maître. Elle conduit à interpréter les événements comme des signes, à croire aux prodiges, aux miracles et à la divination.

Or, elle est un moyen très efficace de gouverner la multitude, très utile en particulier dans un régime monarchique dont l'intérêt majeur est de tromper les hommes et de colorer de religion la crainte qui doit les maîtriser. Mais elle n'est pas adaptée au gouvernement d'une libre république, où le jugement individuel ne doit pas être asservi aux préjugés ni subir aucune contrainte.

L'ouvrage défend donc la thèse selon laquelle la liberté de penser peut être accordée sans danger pour la piété et la paix de l'État, et qu'elle leur est même nécessaire.

Il faut donc combattre les préjugés qui ont transformé la religion – censée consister dans la pratique de la justice et de la charité – en une lutte pour la gloire personnelle qui conduit à enseigner au peuple des croyances aux noms desquelles on se combat dans la haine et la violence.

B. Le plan général

Dans la première partie de l'ouvrage (chapitres I à XV), Spinoza passe les textes bibliques au crible de la raison pour renverser certains préjugés à leur propos.

Puis il propose une théorie du pouvoir politique susceptible de garantir à la fois l'unité de l'État et la liberté individuelle (chapitres XVI à XX).

C. Les chapitres I à XV

- **Chapitre I, « De la prophétie » :** l'âme humaine est naturellement capable de connaître Dieu. L'examen des termes bibliques et du contexte culturel permet d'affirmer que la prophétie n'est pas une forme de pensée supérieure.
- **Chapitre II, « Des prophètes » :** les révélations de Dieu ont été adaptées à la compréhension et aux opinions des prophètes. Leur compréhension des choses divines étant limitée, personne n'est donc tenu de les croire, et chacun peut croire librement comme il lui plaît.
- **Chapitre III, « De la vocation des Hébreux » :** on ne peut pas dire que le peuple juif soit le peuple élu de Dieu. D'après les textes, Dieu est propice à l'égard de toutes les nations.
- **Chapitre IV, « De la loi divine » :** la loi divine ne consiste pas en un commandement, mais en la nécessité de la nature. L'Écriture elle-même recommande la lumière naturelle de l'esprit.
- **Chapitre V, « Les cérémonies » :** les cérémonies du culte qu'on trouve dans l'Ancien Testament ont été instituées pour les Hébreux seulement et adaptées à leur État en vue de les rendre obéissants. Elles ne s'étendent pas au-delà et ne doivent pas être pratiquées si l'on est seul ou dans un État où cette religion est interdite.

  Le seul signe valable de la foi consiste dans la charité, la joie, la paix, l'égalité d'âme, la bonté, la bonne foi, la douceur, l'innocence, la possession de soi, quel que soit le moyen par lequel ces vertus ont été acquises.
- **Chapitre VI, « Des miracles » :** ce qu'on appelle « miracles » ne concerne pas des phénomènes qui contredisent l'œuvre de la nature et qui nous montreraient par là l'existence de Dieu. Ce sont simplement

des phénomènes naturels qui dépassent la compréhension humaine ou qui sont crus la dépasser.

- **Chapitre VII, « De l'interprétation de l'Écriture » :** la règle universelle à instituer dans l'interprétation de l'Écriture est de ne lui attribuer d'autres enseignements que ceux que l'enquête historique nous aura clairement montrés qu'elle a donnés.
- **Chapitres VIII à XI, examen approfondi des textes bibliques :** les livres de l'Ancien Testament ont été écrits par plusieurs personnes. Les épîtres du Nouveau Testament n'ont pas été écrites comme des révélations divines, mais sont le produit du jugement propre et naturel de leurs auteurs.
- **Chapitre XII : en quel sens l'Écriture est sacrée :** la parole de Dieu et la vraie religion sont écrites dans le cœur humain. L'Écriture n'est pas en soi un objet sacré, mais seulement lorsqu'elle pousse les hommes à la dévotion envers Dieu.
- **Chapitre XIII** : l'Écriture n'enseigne pas la nature divine telle qu'elle est, mais seulement ce que les hommes sont capables de comprendre. Elle vise principalement à la pratique de la justice et de la charité.
- **Chapitre XIV** : la foi ne consiste pas dans le fait d'avoir telle ou telle croyance à propos de Dieu, mais dans le fait de pratiquer la justice et la charité. Persécuter des hommes est contraire à la foi, même quand il s'agit de leurs opinions religieuses. La foi reconnaît à chacun la liberté de philosopher.
- **Chapitre XV** : la philosophie doit être séparée de la théologie et ne peut pas être à son service.

3. La structure des textes au programme

A. La structure globale

Spinoza commence par établir – suivant en cela les principes de Hobbes dans le *Léviathan* (1651) – que l'État est une création humaine motivée par la recherche de la sécurité. Les individus ayant par nature le droit de faire tout ce qu'ils ont la puissance de faire, ils décident de transférer ce droit à la collectivité pour gagner la sécurité et la paix. Ainsi, le souverain devient détenteur de tous les pouvoirs (chapitre XVI).

Toutefois, ce pouvoir rencontre des limites indépassables parce qu'en réalité les individus ne peuvent pas renoncer à toute leur puissance d'agir. Dès lors, le pouvoir politique est toujours menacé de l'intérieur par ses membres eux-mêmes, et l'unité de l'État est compromise. Spinoza étudie alors les conditions institutionnelles de la pérennité de l'État, en prenant l'exemple de l'État hébraïque (chapitres XVII et XVIII).

Il en conclut qu'il revient au pouvoir politique de statuer en matière de religion, et que le pouvoir religieux doit lui être soumis (chapitre XIX).

Puis il montre que, pour maintenir ce droit le mieux possible et assurer la sûreté de l'État, il faut laisser chacun libre de penser ce qu'il veut et de dire ce qu'il pense (chapitre XX).

B. La structure détaillée

a) Chapitre XVI

Il vise à établir les fondements de l'État démocratique. Spinoza détermine d'un côté la teneur du droit naturel et du droit civil de l'individu, et de l'autre côté l'étendue du pouvoir du souverain.

Introduction – La question traitée à présent : jusqu'où doit s'étendre, dans l'État le meilleur, la liberté laissée à l'individu de penser et de dire ce qu'il pense (§ 1).

I. Les fondements et le droit de l'État (§ 2-11)

a. Le droit de nature (§ 2-4). Le droit de nature se confond avec la puissance de l'individu

b. Le besoin de faire société et le problème de sa mise en œuvre (§ 5-7)

c. Les termes du pacte (§ 8-11)

II. Quelques définitions consécutives au pacte (§ 11-18)

Le droit civil, la violation du droit, justice et injustice, confédérés, ennemi, crime de lèse-majesté.

III. Solution de difficultés concernant le rapport entre pouvoir religieux et pouvoir politique (§ 19)

a. Le droit de nature ne contredit pas le droit divin révélé.

b. Le souverain n'est tenu de respecter le droit divin révélé que par son propre jugement mais n'y a pas d'obligation absolue.

c. En cas de conflit entre les commandements religieux et les commandements politiques, il faut obéir au politique.

b) Chapitre XVII

I. Le problème de l'unité et de la stabilité de la communauté politique (§ 1-6)

II. Description des institutions politiques hébraïques (§ 7-15)

a. La constitution de l'État (§ 7-10)

b. L'administration de l'État (§ 11-15)

III. Effets de ces institutions sur les rapports entre gouvernants et gouvernés (§ 16-25)

a. Limitation du pouvoir des gouvernants (§ 17-22)

b. Contenir le peuple et l'inciter à l'obéissance (§ 23-25)

IV. Les causes de la chute de l'État hébreu (§ 26-29)

V. Conclusion (§ 30)

c) Chapitre XVIII

Introduction : l'État des Hébreux ne peut plus être pris pour modèle dans son ensemble, mais il peut être imité sur certains points, qui méritent remarques (§ 1-2).

a. Le pouvoir politique n'est pas contraire au règne de Dieu.

b. Les ministres du culte n'étaient pas qualifiés pour juger les citoyens ni pour excommunier.

I. Autres points dignes de remarque concernant l'histoire des Hébreux (§ 2-5)

a. C'est l'autonomisation du pouvoir religieux vis-à-vis du pouvoir politique qui constitue l'origine de l'anéantissement de l'État. C'est ce qui s'est passé lors du deuxième empire de l'État hébreu.

b. Les prophètes, de simples particuliers, irritèrent les hommes plus qu'ils ne les corrigèrent. Les rois, même pieux, jugèrent souvent les prophètes intolérables. Cela engendra des guerres civiles, dommageables à l'État comme à la religion.

c. Le fait de changer de mode de gouvernement a conduit les Hébreux à la multiplication des guerres civiles.

II. Conclusions politiques à en tirer (§ 5-7)

1. Les ministres du culte ne peuvent avoir le droit de décréter quoi que ce soit concernant les affaires de l'État.
2. Il est nécessaire d'accorder la liberté d'opinion puisque les opinions sont du droit de l'individu et afin d'éviter les querelles d'opinions.
3. Il revient exclusivement au pouvoir politique de décider en matière politique et en matière religieuse.
4. Il faut éviter le plus possible de changer de régime politique, car cela est très difficile et produit des guerres civiles.

d) Chapitre XIX

I. La religion n'acquiert force de commandement que par le pouvoir politique (§ 1-9).

Argumentation 1 : la religion consiste dans la pratique de la justice et de la charité. Or, cette pratique n'acquiert force de droit que par le moyen du pouvoir politique. Donc la foi ne peut s'établir que par le moyen du pouvoir politique.

Argumentation 2 : au chapitre IV, il a été vu que la loi divine n'est pas un commandement, mais une nécessité de nature. Pour acquérir force de commandement, elle doit donc être appuyée par le pouvoir politique.

Cela est confirmé par l'expérience : c'est seulement là où vivent des hommes justes que se révèle la justice divine, car autrement la chance est la même pour le juste et l'injuste.

II. Par conséquent, il revient au souverain d'être l'interprète du droit divin (§ 10-12)

a. Démonstration (§ 10-11) : la piété et l'impiété sont relatives à la conservation et à la paix de l'État, puisque sans État elles disparaissent.

Deux exemples :

- Dans l'Évangile, il est dit qu'à celui qui prend à quelqu'un sa tunique, il faut donner aussi son manteau. En effet, mais seulement si cela n'est pas nuisible à l'État.
- Manlius Torquatus est un homme politique romain célèbre pour avoir puni son fils alors qu'il avait enfreint la loi.

Or, il revient au souverain de déterminer ce qu'exigent la conservation et la paix de l'État. Donc, il revient au souverain de déterminer quelles sont les obligations en matière de piété à l'égard du prochain.

b. Confirmation par la pratique et par l'histoire des Hébreux (§ 12) : si un homme est déclaré ennemi par le souverain, personne n'a le droit de lui porter secours. Chez les Hébreux, même si chacun doit aimer son prochain comme soi-même, il fallait dénoncer celui qui avait enfreint la loi.

c. Confirmation par l'histoire des Hébreux (§ 12) : l'histoire des Hébreux montre que la piété a toujours été relative, chez eux, à la paix de l'État. Il n'y a qu'un contre-exemple, ce sont les disciples du Christ. Mais c'est un cas exceptionnel et non une règle qui vaut pour tous.

d. Utilité de ce principe pour l'État (p. 179) : le droit de régler les choses sacrées est prestigieux pour le peuple, et donc avoir cette autorité c'est régner sur les âmes. C'est pourquoi ravir cette autorité au souverain, c'est diviser l'État et cette division ne peut manquer de faire naître des discussions et des luttes impossibles à apaiser.

e. Utilité de ce principe pour la religion (p. 180) : les prophètes, simples particuliers, ne purent corriger les hommes bien que doués d'une vertu divine. Et de plus, quand les rois s'écartent de la religion, tout le peuple s'en écarte avec eux.

f. Objection (p. 181) : Si ceux qui ont le pouvoir dans l'État veulent être impies, qui sera en droit de défendre la piété ?

g. Réponse (p. 181) : c'est un danger, mais le plus grand danger vient de la revendication que peuvent faire les particuliers. C'est pourquoi il vaut mieux confier le pouvoir religieux au gouvernement.

IV. Raison pour laquelle, dans un État chrétien, les discussions sont permanentes au sujet du rapport entre pouvoir politique et pouvoir religieux (p. 182).

e) Chapitre XX

I. Le problème de la liberté d'expression (§ 1-5)

a. (§ 1-2) Personne ne peut abandonner son droit naturel de faire de sa raison un libre usage et de juger de toutes choses.

b. (§ 3) Le souverain, même s'il a théoriquement un droit absolu de commandement, a en fait intérêt à respecter cette liberté de jugement s'il veut pouvoir régner longtemps.

c. (§ 4) Étant donné cette liberté de jugement, il est impossible d'interdire la libre expression et de contraindre les hommes à ne dire que ce qu'on veut qu'ils disent.

d. (§ 5) Et pourtant, cette liberté d'expression peut léser le pouvoir du souverain. Il faut donc déterminer l'étendue et les limites de la liberté d'expression.

II. Solution du problème (§ 6-10)

L'État est institué en vue de la liberté : pour libérer l'individu de la crainte, lui permettre de vivre en sécurité et de conserver son droit d'exister et d'agir.

Pour cela, les individus renoncent au droit d'agir comme ils le souhaitent, mais pas au droit de penser et de parler librement. – mais à condition de s'exprimer sans haine, au moyen de raisonnements et sans entreprendre d'actions.

On n'agit jamais contre sa raison si l'on obéit au souverain. Confirmation par la pratique.

Il y a néanmoins des opinions séditieuses. Par exemple, le pouvoir politique ne doit pas statuer sur les questions religieuses.

Conclusion : l'État le meilleur accorde la liberté de penser, même si elle a des inconvénients, parce qu'il faut permettre ce qu'on ne peut pas interdire.

III. Pourquoi il ne faut pas légiférer sur les opinions. Raisons à partir des conséquences (§ 11-15)

a. (§ 11-14) Légiférer sur les opinions :

- conduira au développement de la mauvaise foi ;
- suscitera de la résistance ;
- est inutile car ceux qui ne sont pas d'accord avec les opinions autorisées ne pourront pas y adhérer ;
- rendra orgueilleux ceux qui sont d'accord avec les opinions autorisées, qui deviendront alors plus puissants ;
- est une concession trop grande à ceux qui ne supportent pas les hommes de caractère et veulent exciter contre eux la rage de la foule.

b. (§ 15) La ville d'Amsterdam est citée en exemple comme ville de la liberté d'opinion.

IV. Résumé des thèses principales (§ 16).

V. Conclusion. L'auteur soumet par avance son ouvrage au jugement des autorités (§ 17-18)

FICHE 18. Individu et communauté dans le *Traité théologico-politique*

D'emblée, le *Traité théologico-politique* se présente comme une défense de l'individu contre une forme de mainmise de la communauté. Dans une lettre à Oldenburg (lettre 30 de 1665), Spinoza décrit en ces termes le projet du texte qu'il est en train d'écrire : « défendre par tous les moyens la liberté de pensée et de parole que l'autorité trop grande laissée aux pasteurs et leur jalousie menacent de supprimer dans ce pays ».

Le problème est très précis, et clairement situé dans un contexte socio-politique historiquement déterminé, si bien que le texte ne rencontre pas toutes les problématiques impliquées dans la question des rapports de l'individu et de la communauté. Toutefois, pour le résoudre, Spinoza est amené à traiter des questions telles que la nature de la communauté politique et ses finalités, les obstacles qu'elle doit vaincre pour exister, les dangers que peuvent susciter les communautés restreintes au sein de la communauté totale, et enfin l'ampleur de l'autonomie qui peut être octroyée aux individus.

La ligne tracée par sa pensée se glisse entre deux écueils tout aussi dommageables : l'un consiste à vouloir la communauté au prix de l'anéantissement des individus qui la composent, alors réduits au simple statut d'atomes indifférenciés ; l'autre ferait de l'individu un tel absolu que la communauté ne pourrait pas exister, ce qui mènerait à des conflits qui rendraient paradoxalement impossible l'existence effective des individus qui la composent.

Pour Spinoza dans le *Traité théologico-politique*, l'individu ne peut se déployer qu'au sein d'une communauté politique, et la communauté politique ne peut exister à son tour que si elle laisse une place aux différences individuelles.

1. La communauté politique

A. Le besoin de la communauté politique…

a) … contre le règne des individus

La communauté politique est d'abord une simple **nécessité** en vue de la survie. Elle est fondée pour faire cesser le règne de l'individu entendu comme une puissance aveugle et déraisonnable. En effet, dans l'état de nature[1], puisque le droit se confond avec la puissance, les individus sont toujours à la fois menaçants et menacés.

C'est pour empêcher les conflits que la communauté politique est instituée : « pour libérer l'individu de la crainte, pour qu'il vive autant que possible en sécurité, c'est-à-dire conserve, aussi bien qu'il se pourra, son droit naturel d'exister et d'agir » (XX, p. 193).

Pour mieux vivre, les hommes doivent s'entraider et cultiver la raison plutôt que de ne suivre que leurs passions. La communauté relève donc d'abord d'une forme de nécessité vitale.

b) ... pour le bonheur

Mais d'autre part et surtout, elle est une **fin en soi** en tant qu'elle est condition d'une vie plus heureuse et plus parfaite. « L'homme qui est conduit par la Raison est plus libre dans la Cité où il vit selon le décret commun que dans la solitude où il n'obéit qu'à lui-même[2]. » La vie politique apparaît bien comme un élément à part entière du bonheur et du déploiement de la liberté entendue au sens spinoziste, c'est-à-dire comme le fait de vivre selon la nécessité de sa nature propre, sans être contraint par des causes extérieures.

B. Les résistances à la communauté politique

a) Les passions antipolitiques : l'individu contre la communauté

Toutefois, même si le sens profond de l'institution de la communauté politique n'est autre que le passage d'une vie selon les passions à une vie selon la raison, ce passage est loin de ressembler à une conversion radicale. De fait, les gouvernants comme les gouvernés sont tous des hommes, c'est-à-dire des êtres qui, parce qu'ils poursuivent des biens qu'ils ne sont jamais tout à fait sûrs d'obtenir, oscillent sans cesse entre l'**espoir** et la **crainte.**

Or, parmi ces passions qui nous meuvent sans cesse, certaines sont communautaires, tandis que **d'autres nous poussent au contraire à nous faire valoir individuellement contre la communauté.** Ainsi, nous jugeons les choses non en fonction de l'intérêt commun, mais en fonction de notre intérêt propre ; nous méprisons nos semblables et ne supportons pas d'être dirigés par eux, mais voulons tout régler selon notre complexion propre.

Parmi ces passions « antipolitiques », Spinoza insiste notamment sur la réticence vis-à-vis du travail au profit de la **recherche du plaisir**, ainsi que sur le **désir du luxe** et le **désir de la gloire individuelle** : « aussi bien les

1. L'état de nature est une situation fictive où les hommes ne seraient soumis à aucune loi.
2. Baruch Spinoza, *Éthique*. IV, 73, p. 281.

gouvernants que ceux qui sont gouvernés sont tous des hommes, c'est-à-dire des êtres enclins à abandonner le travail pour chercher le plaisir » (XVII, p. 102).

Le désir de la gloire représente un danger particulier parce qu'il se manifeste notamment dans le zèle des ecclésiastiques à inventer sans cesse des dogmes religieux nouveaux, susceptibles de fasciner les foules afin de les attirer à eux et de les détourner de l'obéissance au souverain légitime.

La constitution de la communauté politique est donc bien, comme le dit Spinoza, « une œuvre laborieuse » (XVII, p. 103) qui s'accomplit notamment grâce à la maîtrise politique des tendances individualistes.

b) Le communautarisme, dissensions et discordes, le risque de guerre civile

Un autre danger réside dans la prolifération de croyances religieuses toujours nouvelles, associée à l'obsession de l'orthodoxie qui veut que chaque camp impose comme vérité ce à quoi il croit. Cela contribue à engendrer des communautés restreintes, des **factions** qui mettent en danger l'unité et la paix de la communauté politique. Spinoza n'a pas de mots assez durs contre ces « controverses » et autres « schismes » (XX, p. 200) qui déchirent la communauté politique quand le pouvoir religieux devient trop puissant, tout en mettant en danger les individus qui se retrouveraient dans le camp des vaincus.

c) Les figures individuelles qui fragilisent la communauté

Dans ce contexte, certaines figures individuelles apparaissent comme des menaces pour l'unité de la communauté politique. Ainsi en est-il du hors-la-loi, dont la figure se dessine en filigrane dans l'insistance de Spinoza sur l'impératif de l'obéissance rigoureuse aux lois politiques. Dès le chapitre XVI, la formulation du pacte stipule que « chacun sera tenu d'obéir, soit librement, soit par crainte du dernier supplice » (p. 75). Enfreindre la loi constitue en soi une atteinte très grave à la communauté politique.

Mais c'est au chapitre XIX, où il est question de la hiérarchie entre le pouvoir politique et le pouvoir religieux, que Spinoza défend l'exigence absolue de soumettre les actions individuelles à la règle de la conservation et de la paix de l'État. Ainsi, même la morale doit être subordonnée à la politique, au point qu'il serait impie d'aider un pauvre si cela devait fragiliser l'État. Le fils de Manlius Torquatus, homme politique romain, est alors évoqué (p. 174) comme figure du hors-la-loi puni justement, au mépris des liens familiaux eux-mêmes. Les sentiments individuels, fondés sur l'appartenance à cette communauté prépolitique qu'est la famille, doivent céder le pas face à la majesté de l'État.

À cet égard, le prophète constitue une autre forme de danger, puisqu'il est considéré par le peuple comme un esprit supérieur auquel Dieu se dévoilerait directement, le faisant messager de ses attentes. Le traité consacre les deux premiers chapitres à reconstituer le statut véritable des prophéties et des prophètes, en montrant que, d'après l'Écriture elle-même, ceux-ci ne sont pas dotés de pouvoirs surnaturels mais ne sont au fond que des hommes ordinaires.

Même si certains prophètes peuvent être reconnus comme authentiques, voire utiles dans l'éducation du peuple à la pratique de la justice et de la charité, le danger du prophète en tant que tel tient à la fascination qu'il exerce sur lui. En effet, le peuple est toujours prompt à se laisser berner par de fausses lumières, à se battre pour son propre esclavage.

C. Vaincre les résistances et faire exister la communauté politique

a) Le pacte social

C'est d'abord le pacte social qui constitue le fondement de la communauté politique. Il consiste dans un transfert de droit de l'individu vers la société tout entière, tout au moins dans un régime de type démocratique. Il contient dans sa formulation même la double exigence de la reconnaissance des individus, dont il est issu, et d'une forme d'abolition de la volonté individuelle au profit de la communauté politique.

Ce pacte initial est donc la norme à laquelle doivent être rapportées, pour les apaiser, les tensions entre les individus et la communauté politique. Il est un roc sur lequel bâtir, un repère auquel se fier pour venir à bout des résistances dont il a été question plus haut.

b) L'intelligence du souverain, l'équilibre mécanique des institutions et la figure de Moïse

Mais le pacte initial ne suffit pas à faire exister la communauté politique dans le temps, où se manifestent des résistances qui procèdent de la nature humaine elle-même. Or, comme tous les êtres de la nature, l'être humain existe et agit en vertu de la nécessité de la nature. Il ne saurait être question pour lui de décider d'être autrement, de se comporter différemment. Ce n'est donc pas par la contrainte que l'on peut infléchir les comportements des individus humains, mais plutôt en jouant sur des mécanismes. En d'autres termes, c'est **par le jeu des institutions qu'il est possible de compenser les passions naturelles de l'homme qui tendent à disloquer la communauté politique.**

Le bon souverain n'est donc pas celui qui exerce à l'envi son droit absolu sur toutes choses, mais celui qui suit suffisamment la raison pour être en mesure de façonner des institutions politiques qui, d'elles-mêmes, pourront contrebalancer les tendances naturelles des individus à fragiliser la communauté politique. C'est ce qu'a fait **Moïse, figure individuelle du chef politique avisé.** En effet, Moïse instaure des lois telles que les deux pouvoirs – le pouvoir politique et le pouvoir religieux – s'équilibrent l'un l'autre. Chez les Hébreux de l'Ancien Testament, les prêtres n'ont aucun pouvoir de commandement, et le pouvoir politique doit cependant s'appuyer sur eux pour connaître les lois. Ainsi les chefs politiques ne peuvent-ils pas faire les lois qu'ils désirent, et les chefs religieux ne peuvent-ils pas ordonner quoi que ce soit.

Moïse est un chef politique exemplaire en ce qu'il organise le pouvoir de telle sorte que les gouvernants ne puissent pas opprimer le peuple et que les gouvernés ne puissent pas facilement désirer se rebeller.

2. La communauté contre l'individu

A. L'exigence d'obéissance absolue : une menace pour la liberté individuelle ?

Et pourtant, l'exigence d'obéissance absolue dont il est question surtout au chapitre XIX n'est-elle pas excessive quant au pouvoir de la communauté vis-à-vis de l'individu ? Lorsque Spinoza cherche à justifier la liberté de penser et de parler au chapitre XX, il le fait en opposant la pensée à l'action : « tous conviennent d'agir par un commun décret, mais non de juger et de raisonner en commun » (p. 203). Mais précisément, il parle bien d'agir par un commun décret. Cela revient-il à dénier aux individus toute initiative individuelle ?

En réalité ce n'est pas le cas, même si Spinoza ne s'attarde pas ici sur cette question. Ce qu'il veut dire, c'est que, dans l'État, **tous sont tenus d'obéir aux lois.** Mais en dehors de cette obligation, chacun peut faire ce qu'il veut. On peut même au contraire faire l'hypothèse que l'obéissance aux lois est en réalité la condition d'actions vraiment individuelles et libres, parce que les lois nous libèrent de la tyrannie des autres individus. Les lois accroissent donc la liberté d'action plus qu'elles ne la limitent, et dire qu'il faut obéir au souverain ne signifie donc pas que les individus ne font qu'obéir. L'obéissance aux lois est simplement la condition nécessaire de la liberté politique.

B. La mainmise du pouvoir religieux sur la pensée individuelle

En revanche, il en va autrement de la mainmise du pouvoir religieux sur les consciences individuelles. Elle constitue une véritable atteinte à l'intégrité de l'individu, parce que la liberté du jugement relève du droit naturel dans sa dimension incessible. Un être humain ne peut pas transférer à un autre son droit d'exercer sa raison, parce que sa raison lui est absolument propre.

Dès lors, ce n'est pas exclusivement pour des raisons politiques que Spinoza défend la liberté d'opinion. Il ne s'agit pas seulement de remédier aux guerres civiles causées par les discordes religieuses, mais plus fondamentalement de **faire droit à la pensée**, qui ne peut exister que si sa seule loi est celle de la raison. Toute contrainte extérieure exercée sur la pensée constitue une entrave à la puissance naturelle d'exister et d'agir des individus.

3. La valeur de l'individu

Ainsi, vouloir faire exister la communauté politique contre les appétits individuels forcenés n'implique pas la négation des individus, ce qui reviendrait à poursuivre une unité dont le terme extrême n'est autre que le totalitarisme. Spinoza ne défend pas le conformisme, mais ce qu'il appelle la **concorde, c'est-à-dire le fait de vivre ensemble sans conflits tout en ayant des opinions différentes.**

A. Sa valeur théorique dans le pacte social

Cette reconnaissance de la valeur de l'individu se manifeste d'abord sur un plan théorique, puisqu'il est bien le principe du pacte social, quand bien même celui-ci n'a qu'une dimension explicative. Dans le régime démocratique, l'égalité des citoyens implique la **reconnaissance inconditionnelle de la valeur individuelle,** indépendamment des prérogatives sociales.

Toutefois, cette égalité comporte également une forme d'**indistinction**, condition de possibilité de l'unité de la multitude. Le peuple est un peuple pour autant qu'il se soumet à un commandement commun qui, en tant que tel, nie les différences individuelles, ou à tout le moins considère les individus du point de vue de ce qu'ils partagent, à savoir un intérêt commun à vivre ensemble.

B. Sa valeur effective dans la reconnaissance du caractère inaliénable de la liberté de jugement

Plus fondamentalement, c'est l'hommage rendu à la liberté du jugement qui témoigne de l'importance que Spinoza accorde aux individus. Mais remarquons que ce droit à penser ce que l'on veut s'accompagne d'un droit à dire ce que l'on pense. Autrement dit, la liberté de penser que Spinoza cherche à défendre n'est pas une liberté par laquelle chacun se replierait sur lui-même et s'enfermerait dans « la solitude de son propre cœur ». **La liberté de penser ne serait alors qu'un refuge de l'individu**, un lieu privé où il échapperait aux contraintes nécessaires de la vie sociale et politique.

Mais précisément, les êtres humains ne savent pas se taire. On pourrait dans une certaine mesure leur interdire de dire ce qu'ils pensent, mais jamais au point que ces pensées deviennent invisibles. Plus que d'une faiblesse, cette incapacité à dissimuler ses pensées témoigne du caractère politique de l'être humain. **La liberté de penser n'est pas invoquée comme un refuge, mais plutôt comme le point de départ d'un rayonnement qui doit s'étendre aux proches, voire à la communauté tout entière.** Ainsi par exemple, celui qui pense qu'une loi est mauvaise doit pouvoir le dire et défendre son abrogation, pourvu qu'il n'agisse pas contre cette loi.

Loin d'être l'affirmation de l'individu contre la communauté, la liberté de penser telle que la conçoit Spinoza témoigne du fait qu'il n'y a **pas d'accomplissement de l'individu en dehors d'une pensée et d'une vie partagées avec d'autres**, et le lieu de ce partage est ici la parole. Parler, c'est opérer la médiation de l'individu et de la communauté. À l'appui de cette idée, rappelons que, dans l'ontologie spinoziste, tout individu est déjà une communauté d'individus[1].

C. La figure de l'homme libre

Le texte s'achève sur un éloge de ces « hommes de caractère indépendant », « ceux à qui une bonne éducation, la pureté des mœurs et la vertu donnent un peu de liberté », par opposition à ceux « pour qui le salut suprême consiste à contempler des écus dans une cassette et à avoir le ventre trop rempli » (XX, p. 199). Ces hommes sont des individus accomplis, qui ne cherchent pas l'originalité comme une fin en soi, mais osent penser contre les dogmes et n'ont pas peur d'être punis pour cela. Il songe bien sûr, plus qu'à lui-même qu'on a excommunié, à ceux qui, tels Uriel da Costa ou les frères de Witt, sont morts dans des tortures atroces au nom de l'orthodoxie religieuse ou politique.

1. Voir fiche 7, p. 41.

PARTIE 3

Étude transversale du thème dans les œuvres

FICHE 19. Synthèse sur les communautés

Nos quatre textes présentent de nombreuses communautés, de multiples groupes, plus ou moins organisés et constitués : il s'agit de repérer ces groupes et de chercher à savoir s'il s'agit de communautés organisées – et selon quelle organisation – ou, au contraire, de communautés créées par la force des événements.

1. La communauté organisée et constituée

A. L'État et les citoyens

La première communauté qui est représentée dans nos trois textes est la communauté politique. En effet, elle apparaît dans tous nos textes car elle est le fondement sur lequel reposent toutes les autres. Nous verrons en détail dans la fiche 21 (p. 142) comment fonctionnent ces communautés politiques et pourquoi elles sont aussi présentes, mais relevons d'abord les formes qu'elles prennent dans nos textes.

Dans Eschyle, la communauté politique est représentée par le système politique auquel appartiennent les cités (**Thèbes** dans *Les Sept contre Thèbes* et **Argos** dans *Les Suppliantes*) : il s'agit de deux **monarchies**, où un roi, respectivement Étéocle et Pélasgos, règne sur un groupe de sujets. Le coryphée interroge Pélasgos qui explique ses fonctions royales : « je suis le fils de Palaichtôn, qui naquit de la terre, Pélasgos, chef suprême de ce pays ; et le peuple des Pélasges qui cultive ce sol a naturellement pris le nom de son roi » (*Les Suppliantes*, p. 59). Dans ce passage, Pélasgos fait le lien entre son ancrage dynastique et spatial pour expliquer sa place de chef, mais surtout pour montrer que sa communauté se dessine autour de lui. Elle prend même son nom. Notons l'importance accordée aux noms des personnages : la communauté prend le nom de son chef et le chef descend d'un homme qui s'appelle Palaichtôn, ce qui signifie en grec « qui habite un pays [*chthôn*] depuis longtemps », et qui est aussi un adjectif appliqué à Arès dans *Les Sept contre Thèbes* (p. 146). La communauté politique est donc profondément ancrée dans son territoire et dans sa généalogie. Dans *Les Sept contre Thèbes*, la communauté politique est celle des habitants de Thèbes, réunis autour du roi Étéocle.

Dans *Le Traité théologico-politique*, Spinoza renvoie à plusieurs communautés politiques. La première est abstraite : c'est celle des **États** en général. Il énonce en effet des principes pour le bon fonctionnement des communautés politiques : « la conservation de l'État [dépend] avant tout de la fidélité des sujets, de leur vertu et de leur constance dans l'exécution des commandements » (XVII, p. 101). La deuxième sert d'exemple à de nombreuses reprises, il s'agit de la nation des **Hébreux**, gouvernée par un roi, le premier étant Moïse (« Moïse, qui était le souverain de l'État », XIX, p. 184). La dernière est celle dans laquelle Spinoza vit lui-même, à savoir la **communauté politique néerlandaise** du XVIIe siècle.

Dans *Le Temps de l'innocence*, l'État est celui des États-Unis d'Amérique, qui constituent une sorte de monde à part – spécifiquement à part de l'Europe – : les personnages sont la plupart des **citoyens américains**, même si seul Archer est considéré comme un « bon citoyen » (34, p. 307).

B. La communauté religieuse et les croyants

Il s'agit du deuxième niveau de communauté, qui n'est évidemment pas incompatible avec le premier. Dans les pièces d'Eschyle, la particularité réside dans le fait que les communautés religieuse et politique sont un seul et même ensemble. En effet, dans le monde grec, **la religion est civique et politique**. L'exercice du culte est donc aussi un moment politique. D'ailleurs, dans nos textes, les prières sont toujours collectives et liées au fonctionnement de la cité : dans *Les Sept contre Thèbes*, le chœur des femmes de Thèbes s'exclame : « que les dieux entendent et exaucent mes justes prières, afin que le succès appartienne à Thèbes » (p. 162). De même, dans *Les Suppliantes*, le chœur des Danaïdes doit offrir « prières, sacrifices et libations » (p. 84) pour remercier les Argiens de les accueillir. Les communautés politique et religieuse se superposent et l'une permet le bon fonctionnement de l'autre.

Dans le *Traité théologico-politique*, Spinoza représente aussi une communauté religieuse. Il explique que la collusion entre les mondes politique et religieux crée un dérèglement nuisible au premier. Pour cela, il prend l'exemple des **Hébreux** dans la Bible et signale que, lorsque « les pontifes eurent l'autorité de rendre des décrets et de traiter les affaires de l'État » en « usurp[ant] le droit du prince » et en souhaitant « qu'on leur donnât le nom de rois » (XVIII, p. 147), ils ont brouillé les limites entre les communautés politiques et religieuses, entre le public et l'intime, provoquant, à terme, la chute de l'État hébreu. Spinoza prend, en fait, le contre-pied de la position d'Eschyle, qui montre une société grecque où les communautés politiques et religieuses sont les mêmes : pour le philosophe, elles peuvent coexister, mais séparément.

Le Temps de l'innocence représente aussi des communautés religieuses : la première est celle des **protestants** américains, dont se revendique Mme Olenska : « je suis protestante ; notre Église ne défend pas le divorce »

(12, p. 123). Elle affirme ici faire partie de ce groupe religieux (« notre Église[1] », dit-elle à Archer). Le reste de la bonne société new-yorkaise appartient aussi à cette communauté religieuse, car le mariage de Newland se déroule conformément au rite protestant puisque c'est un « pasteur » (19) qui officie. En outre, on repère une référence à une seconde communauté religieuse, les **catholiques** : en effet, Catherine est représentée comme fréquentant les « catholiques ultramontains » (2, p. 31). Cette branche du catholicisme[2] est décrite comme en opposition radicale avec les protestants : les deux communautés coexistent mais ne se fréquentent (normalement) pas.

C. L'armée et les soldats

La dernière communauté constituée est l'armée. Dans les pièces d'Eschyle, elle est omniprésente : elle est le thème même des *Sept contre Thèbes*, où **l'armée thébaine** d'Étéocle affronte **l'armée argienne** de Polynice, décrit comme ayant lancé « une armée étrangère à la conquête de sa ville » (p. 174). Dans *Les Suppliantes*, le premier contact qu'ont les suppliants avec les Argiens passe par leur armée : en effet, en débarquant à Argos, Danaos « voi[t] une poussière, messagère muette d'une armée » et « aperçoi[t] une troupe portant le bouclier » (p. 57). Il identifie donc la communauté à un signe de reconnaissance, le port du bouclier. L'armée est ainsi omniprésente dans ces deux textes.

Spinoza décrit également l'armée comme une communauté spécifique, dont les critères d'appartenance sont définis par le chef : « Moïse ordonna que tous, depuis la vingtième année jusqu'à la soixantième, fussent astreints au service militaire et que du peuple seul une armée fût formée » (XVII, p. 115). **L'armée est donc bien une communauté à part du groupe civique** : elle exclut les femmes, tous ceux qui n'ont pas l'âge requis et qui n'ont pas fait leur service militaire, qui fonctionne comme un rite d'entrée dans la communauté. Il oppose ailleurs l'armée composée de soldats « mercenaire[s] » et l'« armée de citoyens » (XVII, p. 124), soulignant bien que cette communauté répond à des critères de sélection précis.

Dans le roman d'Edith Wharton, l'armée n'est jamais évoquée, pas plus que la guerre[3] : cela s'explique par le contexte politique et socioculturel dans lequel se déroule le roman. Même si de nombreux conflits existent (entre Américains et Européens, entre jeunes et vieux, entre conservateurs et

1. C'est nous qui soulignons.
2. L'ultramontanisme est une branche du catholicisme italien qui défend la puissance absolue du pape, à la fois sur le monde spirituel et temporel.
3. On sait seulement que Mrs. Van der Luyden est l'arrière-petite-fille du « colonel du Lac », qui s'était « fixé, la guerre finie, dans le Maryland » (6, p. 66).

artistes…), il n'y a pas de conflit armé dans l'œuvre. Ni la guerre ni la politique n'ont leur place dans la bonne société new-yorkaise, qui se réfugie dans un monde calfeutré où il ne faut pas « penser aux choses “pénibles” » (13, p. 130). La politique est vulgaire, méprisable, et la guerre et l'armée appartiennent précisément à cette catégorie des « choses pénibles » (expression que l'on trouve déjà au chapitre 11, p. 113).

Le point commun entre tous ces groupes (politique, religieux et militaire) est la **hiérarchie** : dans ces communautés constituées, il y a un chef qui donne des ordres à un groupe. Ces communautés ont donc la particularité d'être organisées et d'avoir une **origine antérieure aux individus** : ces derniers se fondent dans la communauté et se plient à ses codes. À l'inverse, certains groupes sont le produit d'une circonstance : ils sont créés par les individus et se plient à leur nécessité : ils ont donc vocation à disparaître avec eux.

2. « Faire » communauté

Une deuxième sorte de communauté est présentée dans nos textes : il s'agit des communautés qui ne sont pas construites de l'extérieur, mais établies par les membres eux-mêmes, en général pour répondre à un impératif circonstanciel.

A. Les minorités

Ces groupes n'existent pas par eux-mêmes mais par opposition à d'autres, ou dans le regard des autres. On peut distinguer deux sous-catégories dans les minorités, les **exclues** et les **valorisées.**

a) Les exclus

On peut identifier les **Danaïdes** dans *Les Suppliantes* : elles sont une minorité face aux Argiens et sont exclues à la fois par rapport à eux et par rapport aux Égyptiens. Elles constituent pourtant bien une communauté, dans le sens où elles ont des signes de reconnaissance communs, mais temporaire car elles ont vocation à se fondre dans un autre groupe lorsque ce qui les rassemble disparaîtra : lorsqu'elles sont accueillies, les Danaïdes ne forment plus, à proprement parler, une communauté.

Parmi les minorités exclues, il y a les **artistes** dans le roman d'Edith Wharton : leur mode de vie les relègue dans un monde « peu élégant » (12, p. 118) et « bohème » (10, p. 105). Archer dit même explicitement : « on les tient plutôt en marge » (12, p. 122) : il s'agit bien d'une communauté des marges, maintenue bon gré mal gré aux confins du monde des élégants.

Chez Spinoza, les **prophètes** appartiennent au groupe des exclus. Mais par qui sont-ils rejetés ? En première instance, par le philosophe lui-même, mais, en réalité, il considère que les États et les systèmes politiques aussi devraient exclure les prophètes : en effet, ces derniers sont dangereux car ils détournent les hommes de l'autorité politique en cherchant à l'accaparer. D'ailleurs, Spinoza signale que « les rois, même pieux, jugèrent souvent intolérables les prophètes, à cause de l'autorité qu'ils avaient » (XVIII, p. 150).

b) Les valorisés

Dans les pièces d'Eschyle, il y a peu de minorités valorisées, dans la mesure où la pensée grecque accorde de l'importance soit aux phénomènes civiques et politiques (aux citoyens, par exemple), soit à l'héroïsme individuel. Toutefois, un groupe se distingue, celui des **généraux thébains** dans *Les Sept contre Thèbes* : en effet, ce microgroupe de sept chefs constitue une communauté parce que les individus ont des points communs qui les rassemblent (citoyenneté d'une même cité et statut de chef), et il est valorisé car ces points communs sont perçus positivement (le courage et la vertu guerrière : par exemple, Mégareus, le troisième chef, est courageux, « ce n'est pas lui qui [...] jamais abandonnera nos portes », p. 157[1]).

Dans le traité de Spinoza, les « **hommes de caractère indépendant** » (XX, p. 197) sont une communauté valorisée par le philosophe, mais pas nécessairement par la société car ils sont parfois pourchassés par « les **fanatiques** » (*ibid.*), une communauté dévalorisée. Les « hommes de caractère indépendant » sont l'ensemble des personnes qui font valoir leur liberté d'opinion, au péril de leur vie : il est intéressant de noter qu'une minorité peut être valorisée par certains (ici par le philosophe) mais exclue par d'autres (« les lois concernant les opinions menacent non les criminels, mais les hommes de caractère indépendant », XX, p. 199).

Enfin, dans le roman d'Edith Wharton, ce sont les **aristocrates** qui constituent une minorité valorisée : il s'agit d'une minorité car il n'y a que trois familles qui descendent directement de l'aristocratie (les Van der Luyden, les Lanning et les Dagonet), et elle est valorisée car tout le reste de la société leur reconnaît une « éminence » (6, p. 65), voire une souveraineté (Mr. Van der Luyden est décrit avec l'attitude d'un « souverain régnant », 7, p. 70). Le prestige de leur ascendance et l'ancienneté de leur famille leur confèrent une autorité morale sur le reste du groupe.

---

1. Voir fiche 23 (p. 155) pour les qualités de tous les chefs thébains.

B. Les lecteurs ou spectateurs

Dans les pièces d'Eschyle, le spectateur est omniprésent car le théâtre grec est lié à l'activité culturelle, politique et religieuse. Les **spectateurs du théâtre grec forment une communauté** à qui le chœur s'adresse : ils connaissent les mythes, reconnaissent les personnages et s'horrifient des mêmes scènes en se réunissant dans un même lieu et en regardant dans la même direction.

Avec Spinoza, les lecteurs forment aussi une communauté qui est représentée par le philosophe : en effet, à la fin du traité, il confie son texte à la lecture des « autorités de [sa] patrie » (XX, 208), c'est-à-dire qu'**il identifie ses lecteurs**, à savoir les hommes politiques. Son traité est destiné à ceux qui pensent la politique (les chefs et les citoyens), mais aussi la religion (les ministres du culte et les croyants) : ils constituent donc une communauté de lecteurs à qui il offre ses réflexions.

Dans le roman de Wharton, les lecteurs évoqués ne sont pas des lecteurs réels (comme chez Eschyle et Spinoza), mais, par une mise en abyme, ce sont les **membres de la société qui sont des lecteurs** : les amis des Lovell Mingott lisent, par exemple, des « romans de Hawthorne[2] » (5, p. 51). Mais, plus intéressant, les personnages sont représentés souvent en personnages de roman[3] : en effet, certains sont « romanesque(s) » (18, p. 174), de même que quelques situations : « Que tout cela est romanesque ! » (10, p. 106) ; l'amour d'Archer pour May est qualifié du « plus romanesque des romans » (8, p. 80). Les personnages prennent donc une certaine distance avec leur propre situation et font de leur vie des romans dans lesquels ils lisent des événements. Lecteurs eux-mêmes, ils sont évidemment une projection du lecteur réel.

---

2. Nathaniel Hawthorne (1804-1864) est un auteur américain de nouvelles et de romans.
3. Voir fiche 28 (p. 177).

FICHE 20. Les métaphores des communautés

Les individus présents dans nos textes portent sur leur communauté et sur celle des autres un regard qui, souvent, passe par l'usage de métaphores. En effet, afin de définir les contours de leur communauté, les personnages utilisent des métaphores, **topiques** (qui relèvent du lieu commun) ou au contraire plus **originales**, qui permettent de transférer les cadres de leur communauté à un autre domaine du savoir. On peut repérer dans nos textes un certain nombre de métaphores pour désigner les communautés.

1. Le « vaisseau de l'État »

La métaphore la plus fréquente et la plus topique est celle du « vaisseau de l'État[1] », qui est héritée des textes platoniciens, et reprise notamment dans les pièces d'Eschyle. Dans *La République* (488a), Platon pose les premiers jalons de cette métaphore dans un texte fameux. Le philosophe met aux prises Socrate et Adimante au sujet de l'art de gouverner dans la cité : en comparant la cité à un bateau (*naus*), le chef de la cité à un pilote, et le peuple à des marins, il peut filer la métaphore du commandement comme d'un pilotage. La communauté devient alors un navire sur lequel le chef doit connaître l'art (*tchnè*) du commandement pour tenir le gouvernail assez fermement pour le guider.

Selon Platon, le risque, si le chef n'est pas capable de tenir la barre, est que les individus qui forment la cité se révoltent pour récupérer le pouvoir – métaphoriquement, le gouvernail. Le verbe utilisé par Platon pour parler de cette querelle est *stasiazô*, verbe issu du nom *stasis*, qui désigne soit la tempête, soit la guerre civile. Évidemment, le philosophe s'amuse de cette polysémie pour filer la métaphore. Cette dernière se retrouve ailleurs dans la littérature grecque, spécifiquement dans le théâtre, qui est un lieu de réflexion sur la communauté civique et religieuse. En effet, Sophocle, après Eschyle, reprend cette métaphore dans *Antigone*, lorsque Créon explique ce qu'est, à ses yeux, un bon citoyen : le bon citoyen est celui qui « au milieu des orages reste à son poste » (v. 670).

---

1. Mogens Hansen, *Polis et cité-État : un concept antique et son équivalent moderne*, Les Belles Lettres, Paris, *2001, p. 80.*

Cette métaphore est donc un lieu commun et revient à plusieurs reprises dans nos textes. Les textes d'Eschyle y recourent en plusieurs occurrences, notamment au début des *Sept contre Thèbes*, dans l'échange entre Étéocle et le messager. « Le chef [...], au gouvernail de la cité, tient la barre en main, sans laisser dormir ses paupières » (*Les Sept contre Thèbes*, p. 143), s'écrie Étéocle dans le prologue de la pièce, et le messager, reprenant la métaphore, répond : « allons, bon pilote, à la barre ! fortifie ta cité, avant que se déchaîne l'ouragan d'Arès : déjà gronde la houle de terre aux flots guerriers ! » (*Les Sept contre Thèbes*, p. 145). Dans ces passages qui ouvrent la pièce, le chef de la cité (*polis*) est associé au pilote d'un navire dont le but est de tenir le cap face à l'ennemi, de veiller sur sa communauté et de lutter contre « l'ouragan d'Arès », métaphore traditionnelle de la guerre.

On retrouve la métaphore dans *Les Suppliantes* : Danaos se présente au début de la pièce comme le « prudent pilote » (p. 57 ; en grec *nauklèros* : on reconnaît le mot *naus*) de ses filles, regroupées dans le chœur ; de même, Danaos, à l'arrivée de l'armée des fils d'Égyptos, explique : « une armée de mer n'est pas si vite prête. Même un mouillage est long : il faut porter à terre les amarres protectrices ; et, même l'ancre jetée, les guides d'une flotte ne sont pas sur-le-champ libérés de crainte, surtout quand ils arrivent dans un pays sans port » (p. 78). Dans ces passages, outre la référence à la traversée du pays d'Égyptos à Argos, on devine une réflexion sur la communauté comme navire : en effet, le père des Danaïdes se décrit comme un « prudent pilote » de ses filles et du groupe qu'il mène. Il est donc celui qui conduit sa communauté par-delà les difficultés et les menaces. De la même façon, représenter l'armée d'Égyptos comme une flotte revient à associer la communauté ennemie à un navire qui tente d'amarrer dans une terre « sans port ». Cette précision renvoie à l'accueil réservé à cette armée, accueil hostile, évidemment. En effet, l'absence de port signale que ces navires ne sont pas les bienvenus en Argolide.

Pourquoi cette métaphore dans les pièces antiques ? Sans doute parce que l'association d'une communauté à un navire offre de nombreuses possibilités interprétatives : **le navire est, comme la communauté, un monde clos sur lui-même, régi par des règles propres, et avec une hiérarchie qui n'est pas celle d'une autre communauté**. La métaphore du navire permet également de mettre en scène la communauté dans la tourmente (métaphore de la tempête), face à une menace ou à des ennemis : l'image est magistralement reprise dans l'*Antigone* de Jean Anouilh, lorsque Créon explique à Antigone à quel point le rôle de chef est pénible en période de conflit. La métaphore du bateau permet donc de représenter la communauté (l'État, la cité, le groupe) comme un monde en plus petit (microcosme).

2. La métaphore de l'Opéra

Ce même procédé est à l'œuvre dans les autres métaphores utilisées pour évoquer les communautés mises en scène : dans *Le Temps de l'innocence*, Edith Wharton présente **le monde du théâtre et de l'opéra comme un monde en plus petit**, comme une reproduction et une métaphore de la communauté que représente la bonne société new-yorkaise.

Deux passages sont assez caractéristiques : le premier est à l'ouverture du roman, lorsque le lecteur découvre l'un des rituels sociaux majeurs que constitue la soirée à l'Opéra. Les groupes de personnages y sont présentés à la fois comme des catégories de spectateurs et comme des types d'individus : « le monde élégant se plaisait encore à se rassembler, chaque hiver, dans les loges rouges et or quelque peu défraîchies de l'accueillante et vieille Académie. Les sentimentaux y restaient attachés à cause des souvenirs du passé, les musiciens à cause de son excellente acoustique [...], et les traditionalistes y tenaient parce que, petite et incommode, elle éloignait, de ce fait même, les nouveaux riches » (1, p. 21). Ce passage met en scène quatre catégories qui représentent une même communauté, celle des personnes qui vont à l'Opéra : ce lieu où se retrouvent diverses catégories illustre parfaitement la disparité constitutive des communautés. Ici, on perçoit bien que ces quatre catégories (sentimentaux, musiciens, traditionnalistes et nouveaux riches) relèvent en fait d'une bipartition assez simple : la bonne société, celle qui a les codes, et les nouveaux riches qui constituent « une attraction et un danger » (1, p. 21) pour le premier groupe.

L'Opéra fonctionne comme une métaphore de la communauté des riches New-Yorkais car, de même que le navire, l'Académie est un lieu clos avec ses propres règles, ses propres normes, ses protocoles particuliers et même ses sous-catégories : en effet, Newland Archer est présenté dans cette scène comme ouvrant « la porte de la loge réservée à son cercle » (1, p. 22) – c'est-à-dire que, filant la métaphore, l'auteur établit un parallèle entre la communauté des riches de New York, regroupés en cercles, et l'architecture même de l'Opéra, qui offre des loges privées aux privilégiés.

La métaphore de l'Opéra se file ailleurs dans le texte, et selon d'autres modalités interprétatives. En effet, lors de son mariage, Archer évoque lui-même le parallèle entre les deux mondes : « "on dirait une première à l'Opéra", pensa-t-il. Reconnaissant les mêmes figures dans les mêmes loges – non ! c'étaient des bancs – il se demandait... » (19, p. 188). De nouveau, l'Opéra offre un parallèle non seulement au lecteur, mais aux personnages eux-mêmes, avec leur communauté sociale. La métaphore est filée jusque dans les détails d'une salle de spectacle : les bancs de l'église sont comparés aux loges du théâtre, dans une épanorthose[1] qui transcrit le flux de conscience d'Archer et cette illusion, presque cette hallucination. En effet, à l'église comme à l'Opéra, les « mêmes » personnages apparaissent (notez la répétition de l'adjectif « mêmes ») et constituent la communauté socioculturelle qui gravite autour d'Archer.

3. Les autres métaphores du *Temps de l'innocence*

On l'a compris, la communauté dans *Le Temps de l'innocence* est un groupe complexe. Plusieurs autres métaphores permettent d'évoquer cette complexité :

Mme Olenska se demande ironiquement par exemple : « New York est-il un tel **labyrinthe** ? » (9, p. 92), interrogeant ainsi le dédale des protocoles sociaux.

Le groupe social présent au dîner des Lovell Mingott est décrit comme une sorte de meuble, « retapé *in extremis*, fait de pièces et morceaux pris à différents milieux sociaux » (9, p. 89). Cette image renvoie sans doute aux meubles rapportés par Mme Olenska après sa séparation (considérés comme les « débris du naufrage », 9, p. 85) parmi lesquels se trouvent des « tables légères en marqueterie » (9, p. 85). En effet, la société new-yorkaise, voulue lisse et uniforme, est perturbée par cette étrangère qui compose une sorte de **marqueterie**, c'est-à-dire un dessin apposé sur un meuble, grâce à l'inclusion de pièces de bois tirés d'autres essences.

Cette image d'une communauté uniforme, voire monolithique, se retrouve dans la **métaphore scientifique des « atomes sociaux** [qui] roulaient sur le même plan » (34, p. 311), décrivant ainsi la communauté des riches de New York comme un ***cosmos***. Ce terme grec se prête particulièrement à la comparaison avec la société new-yorkaise car il signifie : « bon ordre, organisation, construction », « convenance », « ordre de l'Univers », mais aussi « ornement, parure ». Le *cosmos* est, pour les Grecs anciens, ce qui forme une unité par son arrangement et qui est régi par des lois propres. La métaphore de la communauté comme un ensemble d'atomes se justifie donc complètement.

En outre, le roman d'Edith Wharton, dont l'enjeu principal est l'inclusion ou l'exclusion de la communauté, utilise d'autres métaphores, de façon plus ponctuelle : la première est lorsque Mrs. Archer regarde avec recul son milieu et nous livre une singulière métaphore pour illustrer l'intrusion

1. Figure de style qui consiste à « revenir sur ce que l'on vient d'affirmer, soit pour le nuancer, soit pour le réexposer avec plus d'énergie » (*CNRTL*).

d'individus cherchant à rompre avec les traditions pour se faire leur place dans le monde. Elle regarde ce genre de personne comme une « plante intruse qui cherchait à pousser entre les carrés réguliers des gros légumes mondains » (26, p. 246). La **métaphore potagère associe la communauté à un carré de jardin** où les individus influents et bien implantés apparaissent comme des légumes imposants mais formant un tout régulier et les individus en quête de liberté par l'affranchissement comme des mauvaises herbes. Cette métaphore est intéressante car elle entremêle la régularité du jardin à la française à l'irrégularité baroque du jardin à l'anglaise.

L'autre métaphore importante de ce texte est celle de la **pyramide**. L'image se trouve à deux reprises dans *Le Temps de l'innocence* (6 et 12, p. 116) : « la pyramide s'élevait en diminuant vers le sommet, composée d'un bloc compact et brillant représenté par le groupe des Newland, Mingott, Chivers et Manson. Beaucoup de gens croyaient que ces familles atteignaient le sommet de la pyramide, mais elles-mêmes, au moins les personnes de la génération de Mrs. Archer, savaient qu'aux yeux d'un généalogiste sévère un petit nombre de privilégiés pouvaient seuls prétendre à cette éminence » (p. 65). On comprend bien, par la métaphore de la pyramide, que la communauté des gens de bien de New York est rigoureusement stratifiée. Ceux qui semblent être les dominants, la famille Archer, par exemple, sont en réalité en dessous des trois familles aristocratiques, considérées comme les seuls « privilégiés ».

Notons en outre que la métaphore du « **bloc compact** », qui donne l'illusion que cette couche de la communauté est homogène, relance la métaphore de la pyramide, qui est filée, voire détournée, et devient une pyramide fissurée et « glissante » (12, p. 116).

4. La métaphore de la communauté religieuse

Enfin, une autre métaphore de la communauté que l'on trouve dans nos textes est celle de la **communauté religieuse** qui, de la même façon que les autres, repose sur la hiérarchie entre les hommes et Dieu ou les dieux. Dans le roman d'Edith Wharton, Lawrence Lefferts est considéré comme la « divinité du "Bon Ton" » (19, p. 189), Mrs. Van der Luyden est une « divinité protectrice » (13, p. 134), et May apparaît comme la « divinité tutélaire de toutes les traditions qu'[Archer] avait révérées » (20, p. 201). Bref, dans cette communauté, certains jouent le rôle de dieux protecteurs et d'autres de protégés, et une hiérarchie s'établit entre les divinités majeures (Mrs. Van der Luyden, par exemple), et les dieux mineurs, assignés à la protection de tel domaine (le bon goût, la tradition…).

Dans le *Traité théologico-politique*, **Spinoza propose un parallèle, plus qu'une métaphore, entre communautés civique et religieuse** : « Il est pernicieux, tant pour la Religion que pour l'État, d'accorder aux ministres du culte le droit de décréter quoi que ce soit ou de traiter les affaires de l'État » (XVIII, p. 153). Dans ce qui constitue la première des quatre conclusions du chapitre XVIII, il établit un parallèle entre la communauté civique (l'État) et la communauté religieuse en soulignant que, dans ces deux communautés, les « ministres du culte » doivent se limiter à répondre aux questions qui leur sont posées. Cela permet d'atteindre une plus grande « stabilité ». Le parallèle le plus intéressant qui nous est fourni par le *Traité théologico-politique* est évidemment le **lien qu'il fait avec l'État des Hébreux**, qui lui sert de point de départ pour sa réflexion plus générale sur les communautés politiques. Il en arrive même à la conclusion, au début du chapitre XVIII, que « personne ne peut plus prendre [l'État des Hébreux] pour modèle » (p. 145). De façon assez audacieuse, il renverse son propre **parallèle avec le texte biblique** qui lui avait servi de base pour sa réflexion : le chapitre XVII reposait, en effet, sur une analyse de l'État des Hébreux et des causes de sa chute.

FICHE 21. Les communautés politiques : la *polis* et l'État

Les communautés les plus visibles dans nos textes sont les groupes politiques, qui semblent les plus constitutifs de l'unité d'un grand groupe : en effet, la politique donne à la communauté son unité, grâce à l'établissement de lignes directrices (politiques, morales…) qui permettent de fédérer les individus autour d'un même **projet**. Nos textes présentent donc des **macrostructures politiques**, dans lesquelles se découpent d'autres microcommunautés (religieuses, sociales…). l'État, la cité, ou encore la *polis* constituent des macrocommunautés qui structurent nos textes.

1. La *polis*, communauté politique et culturelle

Qu'est-ce qu'une *polis* ? Une cité ? Un État ? Mogens Hansen nous répond en ces termes : « Le mot *polis* a quatre sens différents : (a.) "forteresse", (b.) "agglomération urbaine", (c.) "pays" et (d.) "communauté politique"[1] ». La *polis* est donc à la fois un lieu très concret de rassemblement, avec une visée **militaire** (a.) ou **civique** (b.), mais aussi un groupe plus abstrait, composé de **citoyens**, du moins de membres qui s'assimilent à ce regroupement (c. et d.). Ainsi définie, **la *polis* apparaît comme une entité politique et culturelle regroupée dans un même lieu**. C'est précisément dans ce cadre-là que naît le théâtre grec, et spécifiquement la tragédie : « les poètes tragiques s'expriment en citoyens et parlent à des citoyens[2] ».

La tragédie est ainsi intimement liée à la cité « démocratique » (au sens antique du terme), et l'on n'est donc pas étonné de voir de nombreuses références à cette échelle de la communauté dans les deux pièces d'Eschyle. Tout, dans la tragédie, renvoie à la communauté civique que constitue la *polis*, telle qu'elle est définie par Aristote : « nous voyons que chaque cité (*polis*) est une communauté (*koinonia*)[3] ». Pour s'en rendre compte, il suffit de lire le début et la fin de nos pièces d'Eschyle, qui, l'une et l'autre, mettent en scène la cité ou la communauté politique qui constitue cette dernière. Dans *Les Suppliantes*, le coryphée commence ainsi : « Daigne Zeus Suppliant jeter un

1. Mogens Hansen, *Polis et cité-État : un concept antique et son équivalent moderne*, trad. A. Hasnaoui, Les Belles Lettres, Paris, 2001, p. 29.
2. Jacqueline de Romilly, *Précis de littérature grecque*, PUF, Paris, 2014, p. 66.
3. Aristote, *La Politique, 1252a.*

regard favorable sur cette troupe vagabonde. […] Loin du sol de Zeus qui confine au pays syrien, nous errons en bannies ; non qu'aucune cité (*polis*) ait porté contre nous la sentence d'exil…[4] » (p. 51). Dans ces premiers mots de la tragédie, le coryphée fait le lien entre l'action tragique elle-même et la cité, en soulignant que c'est justement le rapport à la cité qui est problématique. Cette « troupe vagabonde » n'est pas un peuple car elle est déracinée, c'est-à-dire détachée de sa terre, de son sol : la matérialité de l'espace est très importante et mise en évidence par l'usage du mot « sol » (*chthôn*, comme dans « *autochtone* »). Le coryphée oppose ainsi la communauté constituée (*polis*) et la troupe errante : seule une *polis*, une cité, une assemblée civique, peut voter un exil.

2. Les divinités poliades et l'appartenance à un territoire

Par conséquent, **ce qui constitue une *polis* comme communauté civique, c'est à la fois l'union de ses citoyens, mais aussi sa terre et ses croyances.** En effet, à de nombreuses reprises, les divinités « poliades » (liées à la *polis*) sont évoquées : la référence aux « dieux de la cité » se trouve dans *Les Suppliantes*, p. 59, 62, 68 et 69 (l'expression « *theoi agônioi* » désigne les dieux dont les statues se dressent sur les places publiques), ou encore dans *Les Sept contre Thèbes* où il est question des dieux (*theoi*) qui habitent et protègent la cité (***polis**soukhoi*), les « dieux de ma patrie » (p. 145).

Dans *Les Sept contre Thèbes*, la présence de la *polis* est également centrale car c'est son territoire même qu'il s'agit de défendre (voir le sens a. donné au début du paragraphe). La cité est, avant tout, une forteresse à défendre, car s'y enferme toute la communauté civique, les hommes et les femmes. D'ailleurs, Étéocle met sur le même plan la « cité » et la « maison » (*oikos*), dans sa fameuse tirade sur les femmes comme « intolérables créatures » (p. 148), et répond à une tirade du chœur saturée de références à la *polis* : « divinités amies, enveloppez cette ville [*polis*] de votre secours libérateur ; montrez que vous chérissez vos cités [*philopolis*] ! Souvenez-vous des sacrifices que ce peuple vous offrit, et que ce souvenir vous guide à son secours. Ne soyez pas oublieuses des mystères prodigues d'offrandes célébrés dans cette cité [*polis*] » (p. 148). Dans ce passage, le chœur associe le territoire de la cité, le peuple et la religion, et sature sa parole de références à la cité, à travers la répétition du

4. C'est nous qui soulignons tout au long de cette fiche.

mot « cité » et d'une variation, *philopolis* (« qui aime sa cité »), qui renvoie aux divinités poliades qui protègent et aiment *leur* ville, comme si elles en étaient citoyennes.

On l'aura compris, les références à la cité sont omniprésentes car le théâtre est lié à la parole au sein de la cité, donc à la démocratie. Mais le théâtre, et spécifiquement la tragédie, s'inscrit également dans un rituel social et religieux – les pièces étant jouées à l'occasion de fêtes religieuses, les Dionysies –. La cité, son territoire, ses dieux et ses citoyens sont donc partout dans les tragédies.

3. L'État et l'exercice du pouvoir de la démocratie

De la même façon que la tragédie eschylienne, dans son *Traité théologico-politique*, Spinoza renvoie systématiquement à la communauté civique que constituent l'État et la nation, puisqu'il y définit, au début du chapitre XVI, l'une des modalités d'exercice du pouvoir, la démocratie : « la démocratie se définit ainsi : l'union des hommes en un tout qui a un droit souverain collectif sur tout ce qui est en son pouvoir » (p. 75). Il précise ainsi que la démocratie, en tant que groupement d'individus, constitue une communauté, qui repose sur une « union » en un « tout », qui exerce un pouvoir « collectif ». Dans ce texte, l'interrogation porte donc entière sur le lien entre la communauté politique et les individus qui la constituent : en effet, les six conclusions auxquelles il aboutit au chapitre XX convergent toutes vers l'idée que l'État et l'exercice du pouvoir en son sein sont fondamentalement en lien avec la liberté individuelle d'expression et de pensée. Aussi conclut-il son traité sur l'idée que la liberté d'expression « peut être accordée sans que la paix de l'État, la piété et le droit du souverain soient menacés » (p. 206).

Notons également que Spinoza, dans les derniers mots du traité, revient sur la place de l'État non de façon spéculative (l'État comme objet d'étude), mais réflexive, c'est-à-dire qu'il met en application ses principes : « je soumettrai de grand cœur à l'examen et au jugement des autorités de ma patrie tout ce que j'ai écrit. Si j'ai dit quoi que ce soit qu'elles jugent contraire aux lois du pays ou nuisible au salut commun, je veux que cela soit comme n'ayant pas été dit. Je sais que je suis un homme et que j'ai pu me tromper » (XX, p. 208). Dans ce dernier geste d'humilité – en partie topique[1] –, le philosophe se replace dans sa position d'individu au sein d'un État. D'ailleurs, par un effet de variation qui montre l'étendue du sens du mot « État », il utilise les mots « patrie », « pays » et « salut commun », qui lient les divers aspects de l'État.

1. Voir définition (fiche 20, p. 136).

Cela indique également que ce traité interroge sur les modalités d'exercice du pouvoir de façon très concrète. Spinoza a beau évoquer, dans les chapitres XVI à XX, le monde hébraïque, il n'en fait pas moins le lien avec la politique et le pouvoir de son temps.

4. La communauté à l'écart de l'État

À l'inverse, le roman d'Edith Wharton témoigne d'une posture beaucoup plus ambiguë concernant l'État et la communauté politique : en effet, l'État américain est à la fois omniprésent et effacé. D'une part, il est omniprésent car tout renvoie aux coutumes américaines. La référence au territoire américain, et spécifiquement à New York, est centrale, notamment par ses coutumes. La plus évidente est Thanksgiving, fête typiquement nord-américaine, qui est présenté au chapitre 26, p. 247, avec une mention de la coutume (« comme d'habitude au dîner du Thanksgiving Day[2] »), qui permet à Mrs. Archer de faire « le bilan de son petit univers ». Évidemment, la référence à son « univers » rappelle que ce jour est l'occasion de retrouver sa communauté. Mais, outre cette référence précise, les occurrences sont rares et la nation américaine ne vit que par opposition avec d'autres pays (notamment européens). D'autre part, l'État est volontairement effacé car il est objet de méfiance : les membres de la bonne société new-yorkaise ne devraient pas « sali[r] leurs manchettes dans les affaires municipales ou dans la politique d'État » (14, p. 136). L'ambiguïté est tout à fait perceptible dans ce passage où Archer, tout en refusant l'implication dans la politique d'État, s'indigne à l'idée même de quitter son territoire : « comme si un "gentleman" pouvait abandonner son pays ! C'était aussi impossible que de se mêler à la politique » (14, p. 138).

En fait, dans *Le Temps de l'innocence*, il faut faire un pas de côté pour comprendre la place de la communauté : elle se trouve ailleurs que dans la cité, la nation, ou l'État. Elle s'incarne dans le « cercle », la « constellation », le groupe socioculturel, qui se reconnaît par des *signes*, dont nous allons donner un aperçu (voir fiche 22, p. 146).

Les individus semblent appartenir d'abord à un groupe politique avant d'appartenir à d'autres sous-ensembles : **l'État au sens large est donc une macrostructure** qui englobe d'autres communautés et qui permet leur coexistence, donc leur existence.

2. C'est nous qui soulignons.

FICHE 22. Les critères d'appartenance à la communauté

1. Les mœurs et la morale comme critères d'appartenance

Pour signaler son appartenance à une communauté, l'individu doit manifester des « signes », c'est-à-dire des traits extérieurs qui permettent de s'assurer de l'attachement, réel ou simulé, à ladite communauté. Le premier signe d'appartenance à la communauté est le respect des mœurs et de la morale du groupe : pour appartenir au groupe, il faut en respecter les usages, les lois et les codes moraux. Tous les membres d'un État doivent obéir aux mêmes lois, comme le rappelle Spinoza : « Les souverains sont tenus par [l]e droit divin autant que les sujets » (XVI, p. 88). En associant le souverain à ses sujets, il signale que l'autorité divine doit assembler ces deux partis, pour n'en faire plus qu'un.

Il faut donc que tous les membres de la communauté obéissent aux mêmes lois, sous peine que l'État ne s'autodétruise : Spinoza le rappelle plus loin, lorsqu'il écrit que « la conservation de l'État [dépend] avant tout de la fidélité des sujets, de leur vertu et de leur constance dans l'exécution des commandements » (XVII, p. 101). Il affirme ici que tous les membres de l'État doivent se plier aux mêmes règles avec « constance », « fidélité » et « vertu ». Le dernier de ces trois termes peut, évidemment, nous amener à nous interroger : en effet, alors que les deux premiers renvoient à la façon d'obéir – avec régularité –, le dernier met en jeu une donnée à la fois plus complexe et plus fédératrice car elle relève de la morale. La vertu apparaît à plusieurs reprises chez Spinoza comme un élément fédérateur, car elle s'associe à une loi supérieure, divine en l'occurrence : « accomplir la loi de Dieu c'est pratiquer la justice et la charité suivant le commandement de Dieu » (XIX, p. 167). On retrouve cette association entre la loi divine et la vertu (spécifiquement la justice et la charité, avec ou sans majuscules)– à plusieurs reprises : chapitres XV, p. 256 ; XVIII, p. 155 ou XIX, p. 167.

Les valeurs qui font société sont évidemment différentes dans les pièces d'Eschyle où les codes héroïques archaïques sont utilisés comme signes de reconnaissance. Le courage, par exemple, est central, pour les hommes comme pour les femmes, même si la réalisation et la manifestation de cette vertu sont différentes pour les deux groupes. L'échange entre le coryphée et Étéocle est significatif :

« LE CORYPHÉE : Je n'ai plus de courage [*apsychia*] : l'épouvante m'arrache mes mots !

ÉTÉOCLE : Je t'en prie [...]. Tais-toi, malheureuse [...] » (*Les Sept contre Thèbes*, p. 151).

Dans ce passage, le coryphée utilise le terme « apsychia », composé du préfixe privatif a- et du radical psych- (psychè, en grec, désigne « l'âme » et ce qui est constitutif de l'humanité). Il ne s'agit pas de valeur au combat, mais de force d'âme, de résistance face à l'adversité. Le courage, pour les hommes, se manifeste sur le champ de bataille par la vigueur au combat, et pour les femmes par la force mentale (ne pas crier, ne pas pleurer).

L'autre critère de civilisation et d'appartenance à la communauté est l'hospitalité, qui est même, dans la civilisation grecque, l'un des marqueurs les plus forts de civilisation (voir *L'Odyssée*). Dans *Les Suppliantes*, tous les personnages prennent parti sur ce critère déterminant de la communauté : tous les citoyens d'Argos ont, d'une voix « unanime » (*Les Suppliantes*, p. 72 et 83), accepté d'accueillir les suppliantes.

Courage et hospitalité sont donc les deux éléments définitoires de la communauté (argienne ou thébaine) : appartenir à l'une ou à l'autre cité revient à adhérer à ces valeurs morales.

La morale est beaucoup plus difficile à percevoir dans *Le Temps de l'innocence* : le terme est quasiment absent de l'œuvre car, en réalité, ce qui fonde la morale de ce cercle, ce sont les codes, les signes, c'est-à-dire les comportements extérieurs. À ce titre, une phrase au début du roman est tout à fait significative du glissement : « Archer acceptait leur code en fait de morale » (1, p. 25). Cela montre qu'Archer a compris que certains jeunes gens de son cercle sont médiocres intellectuellement, mais que, comme ils sont majoritaires, il doit accepter leur code comme une norme morale. Le respect d'un code, éthique, social ou verbal, est donc un autre critère de définition de la communauté.

2. L'appartenance par la langue

L'un des critères définitoires d'une nation est, selon Spinoza, sa langue. En effet, les individus « ne se distinguent en nations que par la diversité de la langue, des lois et des mœurs reçues » (XVII, p. 134). Spinoza réaffirme ici, certes, l'unité de la communauté sous des lois identiques, mais aussi la place de la langue comme marqueur, comme signe d'appartenance à la communauté. Mais il ajoute que si la langue est un trait définitoire d'un groupe ou d'une nation, seules les lois et les mœurs fondent l'originalité et la singularité de ces groupes (« seules […] les lois et les mœurs peuvent faire que chaque nation ait une complexion singulière, une condition propre », XVII, p. 134). Il en déduit, en prenant l'exemple des Hébreux, que leur insoumission vient de leurs mœurs et non de leur langue. Il attribue donc à la langue une valeur particulière car elle définit la communauté, mais sans influer sur elle.

Distinguons par ailleurs la langue et le langage. Au début du xxe siècle, Ferdinand de Saussure proposait, dans son *Cours de linguistique générale*[1], les premières analyses de la linguistique moderne en opposant, notamment, la langue et le langage : le **langage désigne la faculté individuelle de communiquer avec les autres**, alors que la **langue renvoie à l'ensemble des outils qui permettent de communiquer** (grammaire, lexique…). La langue n'est donc pas commune à tous les individus, mais seulement à une communauté donnée, et est un ensemble codifié que l'interlocuteur doit décoder pour comprendre : en l'absence de décryptage, la communication entre individus peut être rompue, et la communauté est, de fait, mise en péril.

Ce jeu entre langue et langage est nettement perceptible dans *Le Temps de l'innocence*, où nombre de personnages évoquent leur rapport à la langue ou au langage. Le début du roman est assez significatif : « une loi immuable et incontestée du monde musical voulait que le texte allemand d'un opéra français, chanté par des artistes suédois, fût traduit en italien, afin d'être plus facilement compris d'un public de langue anglaise. Cela semblait aussi naturel à Newland Archer que toutes les conventions sur lesquelles sa vie était fondée » (1, p. 22-23). Dans ce passage, la langue du monde de l'opéra apparaît comme une convention. Même si cet extrait traite de façon humoristique cette étonnante pratique, il révèle aussi le rapport à la langue de ce texte : l'usage de la langue repose sur une convention. Le contexte est donc déterminant : un opéra qui ne serait pas traduit en italien ne serait pas compris. Il y a un jeu entre la langue de communication quotidienne – l'anglais – et la langue du « monde musical » – l'italien.

De la même façon, Mme Olenska affirme à Archer : « Je ne parle pas votre langue » (15, p. 142), et Archer « sentait que jusqu'à un certain point c'était vrai » (15, p. 145). Cette langue qui, temporairement, n'est pas partagée par les interlocuteurs est, on le comprend bien, une entrave à leur communication. En effet, Mme Olenska signale ainsi qu'elle ne comprend pas les coutumes et les codes de Newland Archer. La langue est donc un réseau si

1. Ferdinand de Saussure, *Cours de linguistique générale*, 1916, Payot, Paris, 1996, p. 25.

complexe de signes que le sens peut temporairement – ou, dans ce cas, fictivement – échapper à l'interlocuteur. Grâce à cette affirmation, Mme Olenska montre que la langue est le véhicule des idées et des coutumes d'Archer : ne pas « parler » sa langue revient, par métaphore, à signaler qu'elle n'a pas ses modes de pensée.

Dans les pièces d'Eschyle, et dans la pensée grecque, la langue est également un marqueur identitaire et communautaire fort : le **Grec est, par opposition au barbare, celui qui parle la langue grecque**. C'est précisément pour cette raison que le chœur des Thébaines s'écrie de ne pas livrer la cité « à une armée qui parle une autre langue [hétérophonos] » (*Les Sept contre Thèbes*, p. 147-148). Le critère qui définit la communauté adverse est sa langue car il est dit *hétérophonos*, « qui a une autre (*hétéro-*) façon de parler » (*phônè* désigne à la fois la « voix », le « son articulé », et la « langue »). La langue est une donnée qui circonscrit la communauté : parler grec, c'est permettre la reconnaissance mutuelle et surtout affirmer son appartenance à une communauté civique et politique, dans un monde particulièrement fragmenté où la langue grecque elle-même est protéiforme. En effet, le grec est formé de nombreux dialectes (l'attique, le dorien, le béotien, l'argien, l'éolien…) qui, malgré l'intercompréhension, marquaient une identité culturelle forte.

La langue fonctionne donc comme un marqueur communautaire fort car les personnages de nos textes se reconnaissent par elle et font cercle grâce à elle.

3. L'étiquette : agir pour être reconnu

L'étiquette désigne l'ensemble des traditions et des gestes conventionnels qui permettent à un individu de manifester implicitement son appartenance à un groupe donné, et qui offre aussi au groupe la possibilité d'identifier ses membres. Cette reconnaissance peut avoir lieu grâce à divers indices : modes d'expression, vêtement, gestes protocolaires, postures sociales…

Dans le *Traité théologico-politique*, Spinoza évoque ce dernier point à propos des habitants de la ville d'Amsterdam qui vivent « dans la plus parfaite concorde » (XX, p. 204) grâce à leur union autour d'un comportement social précis, l'honnêteté. En effet, ils « s'inquiètent uniquement [...] de savoir […] si [quelqu'un] a accoutumé d'agir en homme de bonne foi ou en fourbe » (*ibid.*). On comprend que le comportement des individus est vu par la communauté comme un critère d'appartenance, quelle que soit l'origine. L'étiquette, c'est-à-dire, ici, l'image qui est renvoyée à la communauté par ses pratiques (il n'est nulle part question de sincérité), est donc déterminante pour fixer les contours de la communauté.

Dans *Les Suppliantes*, le roi voyant le chœur des Danaïdes arriver se demande : « d'où vient cette troupe à l'accoutrement si peu grec, fastueusement parée de robes et de bandeaux barbares, à qui je parle ici ? Ce n'est point là le vêtement des femmes ni à Argos ni dans aucun pays de Grèce » (*Les Suppliantes*, p. 59). Par le simple regard, le roi associe la communauté des Danaïdes, encore inconnue de lui, à un groupe étranger : pour cela, il se fonde sur les vêtements dont les détails – la richesse des ornementations – prouvent l'étrangeté. Elles sont, nous l'étudierons en détail, associées à des barbares. La deuxième partie de ce passage met en évidence la **codification** vestimentaire : il est capable de reconnaître n'importe quel peuple grec grâce à son vêtement.

À l'inverse, ne pas être capable d'identifier le vêtement revient à ignorer le statut de son interlocuteur. Analysons la réponse du coryphée à qui s'adresse cette question : « tu n'as point fait d'erreur sur notre parure. Mais moi, en te parlant, à qui parlé-je ici ? Est-ce à un citoyen ? à un héraut, porteur de la baguette sainte ? au chef de la cité ? » (*ibid.*). Le chœur, représenté ici par le coryphée, commence en validant les propos du roi concernant sa tenue : il l'a compris, elles ne sont pas grecques. Le chœur est d'accord pour affirmer que sa tenue reflète son origine. Et, de la même façon que le roi était incapable d'identifier la tenue et de la relier à une communauté, le coryphée ne parvient pas faire le lien entre l'apparence du roi et son statut : les questions en sont la preuve.

La **tenue vestimentaire, en tant que *signe*, fonctionne également comme un code** qui permet – ou non – d'associer un individu à sa communauté.

Le texte qui joue le plus avec la notion d'étiquette est celui d'Edith Wharton, car tous les rapports sociaux reposent sur une extrême codification entre ce qui se fait et ce qui ne se fait pas. Le personnage de Lawrence Lefferts apparaît d'ailleurs, dès le début du texte, comme « le premier arbitre de New York en matière de "bon ton" » (1, p. 26), au point même d'être qualifié de « divinité du "Bon Ton" » (II, p. 32 et 19, p. 189). Un extrait mérite une analyse détaillée :

« C'était la règle : le fiancé devait témoigner de son empressement, en s'exposant ainsi seul aux regards de l'assemblée. Archer se résignait à cette formalité, comme à toutes les autres exigences d'un rite qui semblait venir de la nuit des temps. Il obéissait scrupuleusement aux injonctions agitées de son garçon d'honneur, comme autrefois les mariés qu'il avait dirigés à travers le même labyrinthe lui avaient obéi à lui-même. » (19, p. 187).

Dans ce passage, le début du livre II, Newland Archer est sur le point de se marier et est dépeint comme se conformant aux traditions de sa communauté en ces circonstances. La phrase initiale introduit le rituel et signale d'emblée que cette pratique est traditionnelle, donc obligatoire. Il y a une « règle », c'est-à-dire une norme, ici tacite, qui émerge d'un passé immémorial. Le lexique de l'obligation est omniprésent et corrélé à celui de l'obéissance. Ce qui est remarquable, c'est aussi que les rituels du mariage – de ce type de mariage, entre membres d'une même communauté (on parle d'« endogamie ») – sont représentés comme un « labyrinthe » : il faut être guidé pour s'y conformer scrupuleusement. Le garçon d'honneur fait office de guide dans ce rituel initiatique, ce rite de passage. La transmission est donc déterminante dans l'étiquette : le jeu sur les temps verbaux (opposition imparfait/plus-que-parfait) souligne que les anciens transmettent aux nouveaux et que, inéluctablement, cette tradition sera perpétuée par les générations. Ce fantasme d'une tradition éternellement prolongée sera détruit par le fils de Newland Archer, qui le considère comme « vieux jeu » (34, p. 317).

FICHE 23. Les chefs de la communauté

1. « La majesté du souverain »[1] : les attributs du chef

Le chef est celui qui donne un mouvement à l'ensemble du groupe : pourtant, définir les contours des prérogatives du chef est difficile car il reste un individu, c'est-à-dire un simple particulier. Selon Spinoza, les anciens gouvernants se sont fait passer pour des dieux, car, pensaient-ils, leurs sujets « souffriraient plus volontiers d'être gouvernés par eux » (XVII, p. 104). Cette appropriation de l'autorité divine par le chef aurait permis à ce dernier de légitimer sa puissance, ses prérogatives, voire sa domination. Dans le *Traité théologico-politique*, un écrit militant, Spinoza s'interroge précisément et remet en cause les modalités d'exercice du pouvoir dans les États.

A. Chez Spinoza : définir la loi sans enfreindre le droit naturel

L'une des thèses du philosophe consiste à rejeter l'utilisation de certaines formes de loi au profit d'autres types de gouvernement : « Vouloir tout régler par des lois, c'est irriter les vices plutôt que les corriger » (XX, p. 198), écrit-il à la fin de son traité. Puis, prenant l'exemple de la luxure et de l'ivrognerie, il suggère que ce que le souverain « ne peut prohiber, il faut nécessairement le permettre » (*ibid.*) : il signale donc ici que ce dernier, malgré son autorité, ne peut contrôler tous les aspects de la communauté, en tant qu'elle est composée d'individus dont les vices et les défauts sont le propre de leur personnalité et de leur unicité.

Le philosophe tente donc de chercher quel est le rôle du chef au sein de la communauté. Sa réponse la plus claire est que le chef décide « de ce qui est légitime et [de] ce qui ne l'est pas » (XVIII, p. 156) : le premier attribut du chef est donc de circonscrire les limites de la loi (**légalité**) et de ce qui conforme au droit naturel (**légitimité**). Ainsi, le souverain a surtout le pouvoir de définition : il précise, il encadre, il délimite les actions des membres de la communauté (dont il fait partie), en fonction de leur légalité et de leur légitimité. Le (bon) gouvernant ne cherche donc pas à avoir un pouvoir universel, car il sait notamment qu'un « gouvernement est modéré quand cette liberté [d'expression] est accordée à l'individu » (XX, p. 192).

---

1. Baruch Spinoza, *Traité théologico-politique, XX, p. 192.*

Le gouvernant doit avoir conscience de ce qui relève de son autorité, mais ne pas outrepasser le droit naturel le plus fondamental, qui est la liberté d'opinion et de parole : les conséquences ne peuvent en être que funestes. « L'exercice du pouvoir ne va pas sans la pire violence dans un État où l'on tient pour crimes les opinions qui sont du droit de l'individu » (, p. 154). Spinoza souligne ici que les opinions, c'est-à-dire le droit de penser et de dire ce que l'on pense, sont inaliénables ; on ne peut pas les enlever. Sa réflexion porte donc sur les limites de la souveraineté et sur les prérogatives du chef vis-à-vis de la communauté : il rejette d'abord l'autorité souveraine de droit divin (« La ruine de l'État sera encore beaucoup plus rapide si des particuliers revendiquent séditieusement le droit de Dieu », p. 181) et estime ensuite que le bon gouvernant ne doit pas empêcher la libre-pensée de ses sujets.

B. Chez Eschyle : un pouvoir religieux, diplomatique et militaire fondé sur la consultation du peuple

Les attributs du roi dans les pièces d'Eschyle sont assez différents. Son pouvoir politique occupe trois domaines : le religieux, le diplomatique et le militaire. Il s'exerce sur un territoire donné, qui définit même géographiquement l'étendue de sa souveraineté. Pélasgos indique les limites géographiques de son pouvoir : « je suis maître de tout le pays que traverse le Strymon sacré, à partir de sa rive occidentale. J'englobe les terres des Perrhèbes [...] et les montagnes de Dodone... » (*Les Suppliantes*, p. 59). En énumérant tous ses terres, il montre métaphoriquement l'étendue de son pouvoir et de sa puissance.

Le premier domaine dans lequel s'exerce son autorité est le monde **religieux** : lui, qui est appelé « le maître de l'autel » par le chœur (*Les Suppliantes*, p. 64), est en lien avec le monde des « dieux de [sa] cité » (*Les Suppliantes*, p. 64). De même, Étéocle apparaît comme le chef de la religion car il répartit les rôles religieux : les hommes doivent faire les sacrifices (« c'est aux hommes à offrir aux dieux des hécatombes », *Les Sept contre Thèbes*, p. 150) et les femmes doivent prier (*ibid.*). Cette répartition des rôles et des gestes religieux est typique de l'autorité religieuse du roi grec.

Le deuxième attribut du roi eschylien est le pouvoir **diplomatique**. Il est chargé de discuter et de négocier avec le héraut dans *Les Suppliantes* et, devant l'obstination de ce dernier, il est contraint de le menacer : « y toucher t'en cuirait » (p. 83). Il se fonde sur le respect de l'ensemble de la communauté pour tenir sa position. En effet, le bon roi qu'il est n'agit pas seul dans ce cadre diplomatique, mais se fonde sur l'avis de son peuple (« par un vote unanime », p. 83). On remarque d'ailleurs les scrupules politiques du roi Pélasgos, qui refuse de prendre une décision sans avoir consulté son peuple :

« je ne saurais te faire de promesse, avant d'avoir communiqué les faits à tous les Argiens » (p. 64), dit-il au chœur qui souhaite être accueilli et protégé le plus rapidement possible. Ce dernier, d'ailleurs, ne comprend pas son zèle, ce qui témoigne de la grande différence culturelle entre les Égyptiens et les Grecs : « c'est toi, la cité ; c'est toi, le Conseil » (p. 64), s'écrie le chœur. Il trahit sa méconnaissance du système politique grec, qui repose sur la consultation populaire (le vote) grâce aux principes démocratiques.

La dernière prérogative du roi grec est **militaire**. À la fin des *Suppliantes*, le héraut menace le roi d'« une guerre incertaine » (p. 83). Il refuse de fléchir et, devant la crainte des Danaïdes, leur indique que sa cité est protégée par des « remparts élevés » (p. 84). On retrouve ces attributions dans *Les Sept contre Thèbes* : le roi Étéocle est un chef civil lorsqu'il impose aux femmes le silence (p. 150), mais il s'impose avant tout comme le chef militaire, qui dirige les soldats : « tous debout ! courez armés de pied en cap ! Garnissez les parapets, occupez les terrasses... » (p. 144). Le ton est martial : impératifs, phrases averbales et exhortation au combat sont la preuve qu'Étéocle est aussi un chef de guerre. Sa légitimité de chef militaire est acquise par son statut de citoyen-soldat : il commande aux hommes parce qu'il a la légitimité d'être lui-même un soldat. Au terme de l'énumération des six chefs adverses, il affirme qu'il affrontera en personne le septième, Polynice (p. 163). Il signale ici son double statut de roi et de combattant : il se met ensuite dans l'accoutrement du soldat lorsqu'il demande que l'on « apporte aussitôt [s]es cnémides[1] » (p. 163).

Dans le texte d'Edith Wharton, les chefs politiques sont rares car la politique est objet de méfiance : seul « Théodore Roosevelt, alors gouverneur de l'État de New York » (34, p. 306) est évoqué, mais il n'a pas de réels attributs politiques puisqu'il s'écrie même « au diable les politiciens ! » (*ibid.*). Archer est le seul à avoir eu un rôle politique, évoqué brièvement à la fin du roman : « après avoir siégé pendant un an à l'Assemblée départementale de New York, il n'avait pas été réélu, et c'est avec soulagement qu'il s'était retranché dans les modestes, mais utiles travaux de la vie municipale » (*ibid.*). Toutefois, d'autres formes de souveraineté sont représentées dans nos textes.

2. Le pontife, le Général, le Patroon : les autres chefs

A. Les chefs militaires

D'autres chefs que gouvernants politiques sont présentés dans nos œuvres et ils occupent tous des places singulières, en fonction de leur positionnement dans la pyramide sociale. Les chefs militaires sont évidemment

1. Jambières.

importants dans les pièces d'Eschyle : le poète dramatique met en scène des généraux, en particulier dans *Les Sept contre Thèbes*, qui appartiennent soit au clan argien, sous les ordres de Polynice, soit au clan thébain, sous les ordres d'Étéocle.

Chef argien	Chef thébain	Références	Qualités des Thébains
Tydée	Mélanippe	p. 155	Noblesse
Capanée	Polyphonte	p. 156	Puissance/volonté
Étéoclos	Mégareus	p. 157	Courage
Hippomédon	Hyperbios	p. 158-159	Noblesse/puissance
Parthénopée	Actor	p. 160	Modestie
Amphiaraos	Lasthène	p. 162	Puissance/sagesse/force
Polynice	Étéocle	p. 163	Roi

Les qualités des chefs sont multiples, mais toujours liées à la morale. Lasthène, par exemple, est caractérisé par la complémentarité de ses qualités : « si son esprit est d'un vieillard, ses muscles sont jeunes, son œil agile et son bras prompt à frapper » (*Les Sept contre Thèbes*, p. 162). Ses qualités sont aussi diverses que la sagesse et la vigueur, l'acuité et la puissance ; il rassemble donc les qualités du vieillard et du jeune homme, ce qui est un lieu commun de l'éloge. En effet, dans les éloges des chefs, ces derniers sont souvent marqués par la complémentarité de leurs qualités. Et, par un effet de gradation qui cherche à dramatiser la scène, Étéocle arrive à la fin et condense implicitement toutes les qualités dans la mesure où il est seulement caractérisé par sa fonction royale. Nul besoin finalement de préciser ses qualités : mentionner son statut suffit à suggérer sa valeur.

Ces généraux grecs appartiennent donc à l'élite de la cité et de la communauté : ils sont des chefs, certes gouvernés par le souverain qui possède tous les pouvoirs[2], mais ils sont en haut de la « pyramide » sociale.

B. L'aristocratie

Plus originale est assurément la position des Van der Luyden dans la communauté décrite dans *Le Temps de l'innocence* : ils apparaissent au sommet de la pyramide sociale car ils descendent de familles aristocratiques, au même titre que les Dagonet et les Lanning. Il s'agit même des trois seules familles d'ascendance aristocratique (« trois familles à peine peuvent se réclamer d'une origine aristocratique », 4, p. 66), ce qui leur confère naturellement une autorité morale et généalogique sur tous les autres membres de la

2. Voir *supra*.

communauté. Leur rapport est d'ailleurs décrit en ces termes : « la pyramide s'élevait en diminuant vers le sommet, composée d'un bloc compact et brillant représenté par le groupe des Newland, Mingott, Chivers et Manson. Beaucoup de gens croyaient que ces familles atteignaient le sommet de la pyramide, mais elles-mêmes, au moins les personnes de la génération de Mrs. Archer, savaient qu'aux yeux d'un généalogiste sévère, un petit nombre de privilégiés pouvaient seuls prétendre à cette éminence » (6, p. 65).

La communauté des gens de bien de New York est rigoureusement stratifiée : ceux qui semblent être les dominants, la famille Archer, par exemple, sont en réalité en dessous des trois familles aristocratiques, considérées comme les seuls « privilégiés ». La métaphore du « bloc compact » donne l'illusion que cette couche de la communauté est homogène. Cette unité est évidemment factice. Les Van der Luyden ont un ascendant sur les autres familles du roman et sont d'ailleurs décrits comme des avatars du chef politique, car ils sont désignés comme des souverains (7, p. 70 et p. 74). Ils deviennent les avatars du chef politique dans un monde où ce domaine est banni. Les Van der Luyden sont présentés dans une posture royale : elle est comparée à Esther, reine biblique pieuse et courageuse, et lui effectue un geste qui le dispense de parole (« son mari leva la main avec un sourire », *ibid.*, p. 74).

D'ailleurs, Mr Van der Luyden porte un titre particulier, souvent repris pour le caractériser, celui de « *Patroon* » : la première occurrence, qui apparaît au chapitre 6, p. 67, est l'occasion d'un développement explicatif sur ce titre qui, de toute évidence, n'était pas connu de tous les lecteurs… « Mr. Van der Luyden portait encore le titre de "Patroon", titre comprenant des droits seigneuriaux et qui avait été conféré par la compagnie de colonisation néerlandaise, vers le milieu du xviiie siècle, aux premiers propriétaires sur l'Hudson. » Cette description du statut de Patroon permet de légitimer la puissance souveraine de cette famille : la date l'inscrit dans un lignage ancien, accroissant ainsi son autorité dynastique, et l'origine du titre explique leur patronyme. Du point de vue onomastique (l'étude des noms propres), le choix de ce nom permet de signaler qu'il s'agit, à l'origine, de nobles étrangers.

Le statut de Patroon de Mr. Van der Luyden fait même rejaillir sur ses biens son autorité morale : par exemple, sa main est « alourdie par la grande bague du Patroon » (10, p. 105). En outre, la « maison du Patroon », construite non loin de celle de Skuytercliff (15, p. 139-140) – et prêtée à May et à Archer, lorsque la maison de Rhinebeck, dans laquelle ils devaient se rendre, devient inhabitable à cause d'une fuite (19, p. 196) –, est un prolongement de cette noble famille et l'habiter revient à fréquenter ces gens brillants. On retrouve un fonctionnement de cour (royale ou aristocratique), où la simple présence dans un lieu (le château) suffit à asseoir sa position sociale : la maison du Patroon est un avatar du château aristocratique. La communauté décrite dans *Le Temps de l'innocence* est donc rigoureusement hiérarchisée et, dans cette communauté des gens de bien, chacun doit tenir son rang.

C. Les chefs religieux

De la même façon, dans le *Traité théologico-politique*, Spinoza dépeint une société où chaque individu, parce qu'il est un simple particulier, doit rester à sa place. Il critique, par exemple, l'appropriation par les pontifes, c'est-à-dire les chefs du pouvoir religieux, de la souveraineté politique : il explique que l'État des Hébreux s'est déréglé lorsque « les pontifes eurent l'autorité de rendre des décrets et de traiter les affaires de l'État » en « usurp[ant] le droit du prince » et en souhaitant « qu'on leur donnât le nom de rois » (XVIII, p. 147). Cette collusion entre les mondes politique et religieux est, selon Spinoza, ce qui dérègle, perturbe et ruine les États. En effet, cette confusion entre les chefs induit les individus en erreur et trouble le fonctionnement politique et religieux. Chaque chef doit donc s'en tenir à son champ d'activité, contrairement, par exemple, au roi eschylien, qui est tout-puissant dans sa cité.

FICHE 24. Les membres de la communauté

S'il existe plusieurs formes de pouvoirs (voir fiche 23, p. 152), il y a forcément diverses formes d'obéissance, qui dépendent de l'instance à laquelle les individus se soumettent.

1. Obéir au chef politique : le citoyen, le sujet

Le sujet est celui qui accepte d'obéir aux ordres du chef politique : cette forme d'obéissance est théorisée par Spinoza, qui avertit que « celui qui obéit en tout au souverain, ne doit pas être dit un esclave inutile à lui-même, mais un sujet » (XVI, p. 78). Il souligne ici la différence fondamentale entre obéissance et servilité. L'individu qui obéit au chef politique est encore indépendant et n'est pas un esclave, c'est-à-dire qu'il n'est pas aliéné par son maître. Aussi Spinoza opère-t-il une distinction fondamentale pour notre sujet entre trois formes d'obéissance (XVI, p. 79).

Qui gouverne ?	Qui obéit ?	À qui est-ce utile ?
Maître	Esclave	Maître ➔ gouvernant à individu
Parents	Fils	Fils ➔ gouverné à individu
Souverain	Sujet	Sujet ➔ gouverné à individu **+ communauté**

La différence entre ces individus obéissants est l'utilité de l'action : en effet, alors que pour l'esclave et le fils, l'utilité *in fine* est l'individu, le sujet mène une action pour la communauté, donc pour lui-même. **Être utile à la communauté revient donc à servir également l'intérêt des individus**. La conclusion d'une telle idée est que l'action la plus noble est celle qui est accomplie au nom du souverain, donc de la communauté.

Le philosophe ne fait pas que prôner une obéissance absolue au chef, qui permettrait une cohésion sociale et politique et qui garantirait donc la permanence de l'État ; il estime aussi qu'un homme qui obéit au souverain tout en faisant valoir sa raison est « le meilleur des citoyens » (XX, p. 194). L'idée générale de Spinoza est qu'il faut obéir à tous les décrets proposés par le souverain, mais qu'il est impossible de lui être totalement soumis car « chacun est maître de ses propres pensées par un droit supérieur de nature » (XX, p. 192), dès lors que ces pensées ne s'expriment pas dans la violence ou la colère.

La question de l'obéissance de l'individu est donc déterminante car elle met en évidence la place et la complexité du lien entre l'individu et la communauté civile et politique : en somme, l'individu doit obéir au chef pour le bien de la communauté, donc pour son propre bien, mais il doit le faire en prenant en compte ses propres opinions. L'équilibre pour devenir le « meilleur des citoyens » est donc particulièrement complexe dans la pensée de Spinoza. La position d'Eschyle est assez différente : l'individu doit obéir au roi car il a entre les mains le destin de la communauté. Étéocle, par exemple, ordonne au chœur d'accomplir certains rituels propitiatoires[1] et attend de lui qu'il obéisse aux ordres. Le chœur répond toutefois : « je voudrais t'obéir ; mais l'effroi tient mon cœur en éveil » (*Les Sept contre Thèbes*, p. 152). La désobéissance temporaire du chœur signale, par contraste, que c'est l'obéissance qui est la norme dans cette communauté et que les sujets doivent obéir au roi.

Dans *Le Temps de l'innocence*, l'obéissance de l'individu est nécessairement complexe car, nous l'avons vu, les chefs de la communauté sont ambigus. Il n'est nulle part question de désobéir aux lois ou aux ordres, mais il faut attendre la fin du roman pour qu'Archer soit appelé « "un bon citoyen" » (34, p. 307), avec une expression entre guillemets qui souligne à quel point elle semble incongrue et inadaptée au statut de ce personnage. En effet, le « bon citoyen » est celui qui participe avec justice à la vie politique, or le monde d'Archer se méfie du politique. La position de l'individu est donc difficile à tenir ; il doit à la fois être fidèle à son pays et rester éloigné de la politique : « Comme si un "gentleman" pouvait abandonner son pays ! C'était aussi impossible que de se mêler à la politique » (14, p. 138)… Paradoxe de l'individu qui tient à sa communauté tout en se tenant éloigné de sa gestion.

Archer, s'il n'est pas explicitement soumis au pouvoir politique, obéit *religieusement* à d'autres formes d'autorité : la tradition et les codes sociaux de sa communauté. L'adverbe « religieusement » fait allusion au terme « pharisien » utilisé par Archer pour réfléchir à sa position face à la tradition : « L'innocence de New York n'était-elle donc qu'une simple attitude ? Sommes-nous des pharisiens[2] ? se demanda Archer. Pour la première fois, il fut amené à réfléchir sur les principes qui l'avaient jusque-là dirigé » (11, p. 111). On retrouve cette métaphore peu après, à propos de la « voix pharisaïque de la société » (p. 113).

---

1. Qui cherchent à se rendre une divinité favorable.
2. Le terme désigne, à l'origine, une branche du judaïsme qui se conforme scrupuleusement à la loi de Moïse, et se dit métaphoriquement d'une « personne qui, observant strictement les préceptes moraux, s'attache plus à leur formalisme qu'à leur contenu, et se donne une bonne conscience » (CNRTL).

Archer et les membres de la communauté à laquelle il appartient obéissent donc à la tradition, c'est-à-dire à une loi non écrite. Ils obéissent aussi à des rites, qui maintiennent la cohésion de la communauté et soudent les individus entre eux. La métaphore religieuse est évidemment volontaire, car les membres de la communauté d'Archer semblent percevoir la tradition comme un avatar de la loi divine. Pour maintenir la cohésion de la communauté, ses membres doivent donc l'obéissance au chef, mais aussi à des forces qui transcendent l'individu, la tradition ou la religion.

2. Obéir aux dieux : le fidèle

« [Faut]-il obéir au commandement divin ou à l'humain ? » se demande Spinoza (XVI, p. 90). Il répond tout de suite : « il faut obéir à Dieu avant tout ». L'individu doit donc obéir à des forces humaines, mais aussi suprahumaines : Dieu, c'est-à-dire la raison et la nature. Pour Spinoza, obéir à Dieu, ce n'est pas obéir à la religion mais au souverain, détenteur du droit, parce qu'il a scellé un pacte avec les hommes. Il n'y a donc pas de primauté de la religion sur l'État dans la pensée de Spinoza, mais plutôt un pas de côté : « nul ne peut pratiquer droitement la piété ni obéir à Dieu s'il n'obéit à tous les décrets du souverain », explique Spinoza (XIX, p. 318), et il précise même que « la piété pour la patrie est la plus haute sorte de piété qu'un homme puisse montrer » (XIX, p. 175). Le croyant est donc celui qui obéit à une force suprahumaine, par l'intermédiaire d'un humain qui a scellé un pacte social avec Dieu (voir fiche 23, p.152).

Très différente est, en revanche, l'obéissance aux dieux dans la religion grecque traditionnelle telle qu'elle est présentée dans les pièces d'Eschyle : le polythéisme grec ne connaît pas de dogme et pas de livre sacré. La religion est entièrement tournée vers le geste, la pratique : il n'y a donc **pas d'orthodoxie** (croire correctement), mais seulement une **orthopraxie** (pratiquer le rite correctement). La religion grecque et l'obéissance aux dieux sont omniprésentes dans les pièces d'Eschyle. *Les Suppliantes* a même pour thème une pratique religieuse centrale du polythéisme grec, la supplication, qui est un **geste religieux** qui se pratique en groupe. La religiosité se perçoit dans l'expression commune de la dévotion.

Les divinités mentionnées sont explicitement convoquées par le groupe, ou en son nom : le chœur des *Suppliantes* se qualifie de « suppliants de Zeus » (p. 73) et implore ce dernier de les délivrer (« exaucez-nous ! », p. 53). Les paroles et les gestes rituels accompagnent la demande et l'espoir d'un retour, selon le principe du « *do ut des* »[1]. L'offrande suprême est d'ailleurs évoquée dans *Les Suppliantes*, car le coryphée présente le suicide collectif des Danaïdes comme une « offrande insolite » (p. 67) aux dieux d'Argos. Danaos affirme d'ailleurs que « Zeus est l'auteur de la décision dernière » (p. 73) : il faut donc accepter les décrets des dieux.

Dans *Les Sept contre Thèbes*, le chœur invoque et se soumet aux « divinités de Thèbes » (p. 146), dont il dresse une liste (p. 146-147) : Zeus, Pallas (Athéna), Poséidon, Arès, Cypris (Aphrodite), Héra et Apollon sont implorés par le geste traditionnel de la supplication (« bras tendus vers vous », p. 148). Obéir aux dieux consiste donc à leur adresser une prière, à leur promettre une offrande, dans le but d'obtenir satisfaction pour la cité et pour les membres de la communauté. Les statues des dieux se trouvent dans des lieux publics et les prières se font d'ailleurs généralement en public, et collectivement.

Les dieux à qui les individus et le groupe obéissent dépendent évidemment de l'origine de la communauté (la religion est un marqueur ethnique) : le héraut égyptien des Suppliantes affirme donc : « les dieux du Nil sont les dieux que j'adore » (p. 82), explicitant ainsi que sa communauté honore des dieux différents des dieux grecs.

Enfin, dans le texte d'Edith Wharton, on trouve également la question de l'obéissance à une autorité divine. Au premier sens du terme, certaines règles de conduite sont dictées par la religion : « je suis protestante ; notre Église ne défend pas le divorce dans un cas comme le mien... » (12, p. 123), dit Mme Olenska à Archer, signalant qu'elle connaît les lois et y obéit, ainsi qu'aux interdits qui y sont associés. Mais au sens figuré, il y a d'autres formes d'obéissance à la loi divine : en effet, la tradition (« divinité tutélaire de toutes les traditions », p. 201) ou encore le bon goût (« l'implacable divinité du «Bon Ton» », 19, p. 189) apparaissent souvent comme des **avatars de la norme religieuse**, à laquelle les individus doivent se soumettre pour appartenir au groupe.

Les dieux occupent donc une place singulière dans les communautés représentées dans nos textes, et interrogent la place de l'individu à la fois face au chef, mais aussi face au reste de la communauté : polythéisme grec et monothéisme chrétien ont une position évidemment différente, mais les deux posent la question de la place du croyant ou de l'orant (celui qui prie) dans la société. En effet, le croyant/orant/suppliant, en tant qu'individu, doit situer sa foi et sa prière par rapport au reste du groupe. Dans le cas de Spinoza, nous avons compris la complexité du processus, alors que pour le polythéisme grec, la position est assez simple : on prie pour le groupe, de même que l'on se bat pour lui.

1. Locution latine signifiant : « Je te donne pour que tu me donnes ».

3. Obéir au général : le soldat

Obéir au chef politique permet de maintenir l'unité civique de la communauté. La figure du combattant permet, elle, de défendre et de préserver concrètement l'existence du groupe.

Protéger sa communauté signifie d'abord se battre physiquement pour elle : c'est le cas de nombre des personnages des pièces d'Eschyle. Dans *Les Suppliantes*, le roi sait qu'accorder le droit d'asile aux Danaïdes déclencherait une « guerre incertaine » (p. 63), mais la communauté a voté et est prête à se battre : lorsqu'il est question de ce vote, aucun individu n'est mentionné, et le roi même s'efface derrière ce choix, comme pour signaler que la guerre est une décision collective. Dans *Les Sept contre Thèbes*, Étéocle est un roi-guerrier, qui défend sa communauté et sa cité non dans son seul intérêt, mais dans celui du plus grand nombre. Pièce guerrière par excellence, *Les Sept contre Thèbes* présente une scène particulièrement frappante, celle de la revue des chefs : sept chefs thébains sont opposés à sept chefs argiens ; la lutte qui s'annonce sera donc un duel, voire un corps-à-corps, et les boucliers deviennent la métaphore du combat annoncé.

Les individus présentés sont des chefs, mais ils n'en sont pas moins des individus, qui donnent leur vie pour la communauté : lorsque meurent Étéocle et Polynice dans la pièce, le messager et le chœur insistent précisément sur le fait qu'ils étaient frères, et pas seulement chefs (« fraternel », p. 168 et p. 170 ; « frères », p. 171). Ils sont morts comme des individus, pour leur communauté et pour la justice qu'ils défendaient : la lutte fratricide est évidemment la figure suprême du soldat-guerrier, prêt à tuer son frère pour sauver sa communauté. Spinoza, d'ailleurs, explique que, pour les hommes droits, « il est honorable à ses yeux, non infamant, de mourir pour la bonne cause, glorieux de donner sa vie pour la liberté » (XX, p. 202). Le guerrier spinozien est celui qui donne sa vie non seulement pour sa patrie, mais surtout pour obéir à son chef : « qu'un soldat [...] ne reste pas à son poste [...], son plan d'attaque a beau avoir été bon [...], il a beau avoir mis l'ennemi en fuite, il n'en est pas moins justement condamné à mort pour avoir violé son serment et le droit du chef » (XVI, p. 84). On comprend donc que le soldat est avant tout celui qui obéit aux ordres, fussent-ils illogiques.

Nous ne sommes pas étonnés de la présence de la guerre dans les pièces d'Eschyle, tant la civilisation grecque est fondée sur le combat, la rivalité : il s'agit d'une société profondément agonistique (guerrière) car l'affrontement y est omniprésent (guerre, sport, art, politique...). Le texte de Wharton, qui met en scène une société qui cherche à « faire bloc », présente également à sa façon des combats, donc des combattants. Qui combat ? Contre qui ? Pour quoi ? Les membres de la bonne société se battent pour le maintien de leurs traditions et de leurs privilèges, dans un monde menacé par les nouveaux riches et les étrangers : en effet, ils luttent contre les pratiques des nouveaux riches, entièrement tournés vers le plaisir facile (« les traditionalistes y tenaient parce que, petite et incommode, elle éloignait de ce fait même, les nouveaux riches », 1, p. 18), et Archer déplore l'intrusion de nouvelles mœurs venues de l'étranger (« vielles sociétés européennes, riches, oisives, faciles », 11, p. 110). La bonne société non seulement se méfie mais s'oppose, voire entre en guerre contre les nouveaux riches et les étrangers. D'autres combats émergent : celui des jeunes face aux anciens ou des traditionalistes face aux modernes. Mais de façon générale, les combats sont souterrains.

Combat armé ou combat de mots, pour sauver sa cité ou pour préserver ses privilèges, nos textes mettent en scène des soldats qui luttent pour ce qu'ils estiment être juste.

FICHE 25. Les femmes dans la communauté

Dans nos textes, les femmes ont une position complexe par rapport à la communauté car elles y occupent un espace à la fois **central** par leur présence, mais **marginal** par le regard porté sur elles. Ce paradoxe se perçoit notamment dans les jeux de voix et dans les prises de parole des femmes.

Notons tout d'abord l'absence des femmes dans le *Traité théologico-politique*. Deux raisons peuvent être avancées : la première est qu'elles appartiennent de plein droit à la communauté et ne doivent donc pas en être distinguées. Lorsqu'il est question de la société, le philosophe inclut naturellement les femmes. Un passage pourrait aller en ce sens : « Tous, hommes, femmes, enfants, peuvent bien obéir par commandement, mais non posséder la sagesse » (XIII). Dans ce passage, hors des textes au programme, le philosophe explicite ce qu'il entend par « tous » et inclut les femmes : on retrouve cette idée dans l'évocation des « familles », considérées comme les premières formes – peut-être des formes primitives – de communauté. En effet, avant la communauté politique, il y avait des « tribu[s] » qui étaient « divisée[s] en familles » (XVII, p. 120) : les femmes étant des membres centraux des communautés familiales, elles apparaissent donc, en creux, comme les premières composantes dans la constitution des communautés. La seconde hypothèse serait qu'elles n'ont pas droit de cité en politique et en religion et qu'elles sont réduites au silence par le philosophe.

A. May et Mme Olenska, la femme docile et la femme libérée

Les femmes dans l'œuvre de Wharton occupent une grande place : elles sont à la fois les personnages principaux, mais aussi les plus problématiques. Dans le roman, deux types de femmes s'opposent : on pourrait dire qu'il y a les **femmes-May** et les **femmes-Olenska**. Bien au-delà de la confrontation amoureuse, elles incarnent deux rapports à la société et au monde. Leur régime de parole, leur type de voix est à leur image, pure et naïve pour May, brute et violente pour la seconde. Il suffit de lire deux scènes de dialogue pour se rendre compte des différences dans l'usage des voix : pour May, nous analyserons la scène où elle fait part de ses doutes à Newland (**XVI, p. 157-159**), et pour Mme Olenska, la scène des fleurs (**XVIII, p. 172-173**).

D'une part, May apparaît comme une jeune femme franche, calme et discrète, dont la voix et le regard, dirigés vers le sol, sont empreints de modestie : elle parle « à voix basse » (« franchement » : 16, p. 158), avec un rythme calme (« elle s'arrêta, puis ajouta »). Sa gestuelle aussi est caractéristique de sa posture :

elle « baissa la tête », « abaissa son regard », et laisse sa voix « s'éteindre dans un murmure ». Cette discrétion met en scène sa « lucidité » et sa « noblesse » : sa voix montre, en même temps qu'elle dit, quel type de femme elle est.

D'autre part, la voix de Mme Olenska signale à quelle « catégorie » de femme elle appartient : dans la scène des fleurs, elle ne parle pas, mais elle crie (le verbe « s'écrier » est répété). Ses phrases sont majoritairement exclamatives (« Je ne vais pas au bal ! »), parfois averbales (« Et surtout ce soir ! »), et même onomatopéiques (« Ah ! »), ou réduites à un seul mot (« Nastasia ! »). La parole est incontrôlée, furieuse – toute son attitude laisse deviner sa colère : « un pâle éclair de colère sembla jailli d'elle » –, et l'on peine même à la comprendre : elle parle en italien, comme pour montrer qu'elle ne relève temporairement plus de la même communauté que les autres, et même Archer ne reconnaît pas sa voix (donc, par métonymie, cette femme). La voix de May est maîtrisée et la parole de Mme Olenska est incontrôlée et brute : la voix de ces femmes trahit donc leur rapport au reste de la communauté, entre docilité (Mme Olenska dit de May qu'elle est « esclave des conventions », 18, p. 171) et aspiration à la liberté.

B. Des chœurs tragiques féminins dans un monde d'hommes

Dans les pièces d'Eschyle, la voix des femmes est également complexe et protéiforme, mais elle est déterminante sur scène. En effet, tour à tour chant de deuil, prière, incantation, lamentation, colère, menace ou hurlement, la voix des femmes grecques est omniprésente et puissante. Dans *Les Sept contre Thèbes*, les voix féminines émergent du chœur : cette parole chorale, conjugaison de voix individuelles, fait écho au bruit tonitruant et effrayant de la guerre, et répond à la voix masculine d'Étéocle, qui tente de les faire taire. D'une part, donc, elles crient pour prolonger les bruits de la guerre : « *ah ! ah ! J'entends le bruit des chars tout autour de la ville. Ô puissante Héra ! - Les essieux ont crié sous le poids des guerriers. Artémis aimée ! [...]* » (*Les Sept contre Thèbes*, p. 147). Dans ce passage, on comprend que les cris, voix inarticulées de la peur (« *Ah !* »), fonctionnent comme un écho aux chars qui approchent de la cité de Thèbes : la personnification des chars dont les essieux « crient » insiste sur la porosité entre le monde masculin de la guerre et l'univers féminin du cri. Ces hurlements sont liés à des pratiques incantatoires car le chœur appelle des divinités, féminines, d'ailleurs.

La peur fait donc crier ce chœur de femmes qui, pourtant, affirment qu'elles sont incapables de parler (« l'épouvante m'arrache mes mots ! », *Les Sept contre Thèbes*, p. 151) : en fait, la peur empêche de produire une parole maîtrisée et dominée par la raison ; c'est le règne de la confusion. C'est pour cette raison qu'Étéocle demande aux femmes de se taire : « silence ! », « ne peux-tu résigner à te taire ? », « tais-toi » (*Les Sept contre Thèbes*, p. 150-151). Il veut rétablir la raison face à la désorganisation. Mais, derrière cette première impression que les femmes sont sous le joug des hommes, il faut aussi remarquer qu'elles sont les dernières sur scène, les dernières encore vivantes : Antigone et le chœur sont les derniers personnages à sortir de scène. La pièce commence par l'omniprésence masculine, par la domination d'Étéocle, mais s'achève par la mort des hommes et par une forme du triomphe féminin. Elles assurent la permanence de la cité et des rites, car, à la mort, elles opposent le chant de deuil – forcément lié à la vie de celui qui reste – et les pratiques funéraires.

Dans *Les Sept contre Thèbes*, elles sont la vie face à la mort. Elles sont la parole face au silence, qu'Étéocle parvient temporairement à leur imposer. Elles sont aussi la permanence des rites face à l'extinction des hommes. Dans *Les Suppliantes*, la place des femmes est un peu différente : elles ouvrent et ferment la pièce et sont partout dans la tragédie. Tout d'abord, elles encadrent la pièce pour des raisons dramaturgiques : en effet, la *parodos* et l'*exodos* correspondent à l'entrée et à la sortie du chœur, ici composé de femmes. Donc, naturellement, les femmes étaient les premières sur scène, dans le chœur, mais aussi les dernières à partir. Elles sont aussi omniprésentes pour des raisons tragiques : en effet, les femmes sont le nœud de la tragédie, la raison même de la pièce. Le titre de la pièce indique que les femmes seront centrales, titre que l'on retrouve dans la *parodos* : « puisse Zeus Sauveur […] agréer cette troupe de femmes comme suppliantes » (*Les Suppliantes*, p. 52). Dès l'entrée du chœur, le spectateur voit et entend qu'il s'agit de femmes et qu'elles viennent pour adresser une requête.

Rappelons toutefois que, dans le théâtre grec, seuls des hommes adultes jouaient et que, par conséquent, c'est avant tout sous la forme de masques et de déguisements qu'apparaissaient les femmes…

C'est donc un regard d'homme, joué par des hommes, sur un monde guerrier d'hommes, au milieu duquel parlent des femmes que représentent nos tragédies. Il ne faut donc pas se tromper sur cette présence féminine. Notons toutefois que les femmes font pleinement partie de la communauté, parce qu'elles l'interrogent et la remettent en cause à des niveaux divers. Qu'il s'agisse de Mme Olenska, d'Antigone, du chœur des Danaïdes ou des Thébaines, elles fonctionnent comme une voix dissonante, problématique, à laquelle dieux et hommes tentent de répondre ou de s'opposer. C'est aussi par les femmes que, bien souvent, le conflit apparaît car elles constituent une interrogation (individuelle ou collective) sur l'ensemble de la communauté. Elles sont donc à la fois parfaitement insérées dans cette communauté, mais aussi problématiques, car elles en interrogent le cadre et les pratiques[1].

---

1. Voir fiche 27, p. 173, pour d'autres figures féminines.

FICHE 26. S'affranchir d'une communauté

Si certaines femmes de nos textes interrogent les limites de la communauté tout en y étant parfaitement insérées, d'autres personnages – et parfois les mêmes, selon les passages et selon les variations de posture – en sont affranchis, ou tentent de s'en affranchir.

1. Les femmes sortant de la communauté

A. La fugitive

La fugitive est celle qui s'enfuit de sa communauté pour en former ou en rejoindre une nouvelle : le chœur des Danaïdes appartient à cette catégorie car ces dernières se définissent elles-mêmes de cette façon. Quatre fois, les Danaïdes sont qualifiées de fugitives dans *Les Suppliantes* d'Eschyle (p. 63, 66, 79 et 86), et à chaque fois dans un contexte de peur ou de poursuite – le chœur est « semblable à la génisse pourchassée du loup » (p. 63) par les fils d'Égyptos, « mâles en chasse » qui pressent « la fugitive de leurs lubriques clameurs » (p. 79). Le lexique et la métaphore de la chasse renvoient à ce statut de la fugitive, qui est contrainte de fuir pour assurer sa survie. Les Danaïdes sont donc exclues – plus précisément chassées – de leur communauté et de leur territoire, mais sont accueillies par une autre.

B. La hors-la-loi

Le statut de la hors-la-loi est bien différent : elle est exclue de la communauté parce qu'elle en refuse les normes, les codes ou les lois. En effet, en vertu du contrat que signent les individus avec la communauté et donc avec le souverain, ils sont « tenus d'exécuter absolument tout ce qu'enjoint le souverain, alors même que ses commandements seraient les plus absurdes du monde » : cette règle énoncée par Spinoza dans son *Traité théologico-politique* (XVI, p. 76) suppose que celui qui enfreindrait cette règle serait, de fait, hors-la-loi. C'est précisément le cas d'Antigone dans *Les Sept contre Thèbes.* La scène avec Antigone est un ajout plus tardif à la pièce, par un autre poète tragique qu'Eschyle, mais témoigne bien des questionnements sur l'obéissance aux chefs et sur la place de l'individu dans la communauté, thématiques très en vogue dans le théâtre grec classique.

Dans cette scène ajoutée (on pourrait dire « apocryphe »[1]), les deux frères sont morts, et Antigone entre en scène : elle veut s'opposer au décret qui interdit l'ensevelissement de Polynice. Elle est d'emblée considérée comme une « rebelle » (p. 175 : *anarkhia*, en grec), qui refuse d'obéir à des « sommations » car le héraut, en sa qualité de porte-parole, défend à Antigone d'enterrer son frère (« moi, je l'interdis », p. 176 : le mot grec, *apénépô*, est un mot lié à la tragédie car on n'en trouve des occurrences presque uniquement chez les Tragiques). Antigone est donc une hors-la-loi parce qu'elle refuse les normes imposées par la communauté : elle est prête à accepter l'exclusion de la cité et du groupe pour ce qu'elle considère comme une injustice.

C. L'exclue

La dernière catégorie, celles des exclues, se distingue des deux premières par le fait qu'elles sont mises au ban du groupe par le groupe lui-même. Les fugitives sont actives lorsqu'elles fuient, de même que les hors-la-loi. L'exclue est passive et victime.

Dans *Le Temps de l'innocence* de Wharton, Mme Olenska appartient à la catégorie des exclues car elle est rejetée par la communauté des gens de bien à cause de sa réputation sulfureuse : l'épisode le plus caractéristique de ce rejet collectif est celui du dîner chez les Lovell Mingott. On y apprend que « *pour rencontrer la comtesse Olenska* » (6, p. 64), la famille Lovell Mingott donne un grand dîner de cérémonie auquel sont conviés les plus éminents membres de la communauté. Mais la sentence ne se fait pas attendre : « quarante-huit heures après que les invitations furent lancées, on sut que tout le monde avait refusé » (*ibid.*). La précision du temps écoulé – alors même que la romancière joue souvent avec les ellipses implicites – insiste sur la rapidité de la réaction : la communauté s'est mise d'accord, après concertation ou non, pour ne pas accueillir la comtesse Olenska. Elle est donc bannie de la communauté car elle n'en possède pas les codes. De même, en utilisant le singulier collectif « tout le monde », la romancière signale que la communauté est soudée autour de valeurs et a répondu d'une seule voix à cette invitation. C'est précisément à l'issue de cette scène que la métaphore de la pyramide est évoquée pour la première fois. Ici, la métaphore est détournée car, sur cette pyramide sociale « solide et glissante », une « fissure apparente [...] s'était [...] produite » (6, p. 65). Assurément il s'agit ici de la première « fissure » dans la pyramide, du premier élément qui vient déranger l'ordre social. La sanction est toutefois instantanée et radicale : l'exclusion.

1. Se dit d'un texte ou d'un passage dont l'authenticité est douteuse : comme les textes grecs étaient recopiés à la main, il pouvait y avoir des fautes ou des ajouts.

Les exclues sont aussi, temporairement, les femmes du chœur dans *Les Sept contre Thèbes*, à qui Étéocle veut imposer le silence : les faire taire, au théâtre, revient à les faire disparaître de la tragédie, donc de l'espace occupé par la communauté. La raison invoquée est ici qu'elles mettent en péril le groupe par leurs hurlements. Jean Alaux, dans la préface de l'édition des *Sept contre Thèbes*[2], écrit d'ailleurs que « **la femme est l'exact symétrique des ennemis** campés aux portes de Thèbes : une étrangère menaçant à sa façon l'ordre civique, d'autant plus redoutable qu'elle investit l'espace public ».

« Ô Zeus, qu'as-tu créé en nous créant la femme ? » (p. 151), s'écrie Étéocle, déplorant de façon topique le mauvais comportement des femmes dans la communauté (voir par exemple Sophocle, *Antigone*, v. 648 *sq.*). Posture provocatrice, évidemment, paroles d'un homme en colère, assurément. Les femmes occupent donc un espace singulier dans nos textes car, désobéissant volontairement ou non aux lois de la communauté, elles commettent des transgressions qui les excluent temporairement ou définitivement du groupe. Elles sont reléguées dans un espace marginal, hors de la communauté, où elles doivent, comme d'autres personnages, trouver une nouvelle place.

2. S'affranchir des traditions et faire sa place dans le monde

On trouve, chez Spinoza, un individu qui condense ces trois figures de l'exclu, du fugitif et du hors-la-loi : il s'agit de l'homme « de caractère indépendant » (XX, p. 197). Ce type d'individu est rejeté, et même pourchassé par d'autres membres de la communauté (les « fanatiques » et les « ambitieux »), en raison de sa liberté d'opinion, considérée comme fautive, selon les lois établies par le souverain : « les lois concernant les opinions menacent non les criminels, mais les hommes de caractère indépendant » (XX, p. 199). Ils sont donc à mi-chemin entre le fugitif, contraint de fuir la communauté, le hors-la-loi et l'exclu, car ils sont non seulement les acteurs de leur propre exclusion, mais aussi les victimes d'un bannissement arbitraire.

S'affranchir de sa communauté revient souvent à rompre avec les traditions qui la constituent. À cet égard, Mrs. Archer, dans *Le Temps de l'innocence*, regarde avec recul son milieu et nous livre une singulière métaphore pour illustrer l'intrusion d'individus cherchant à rompre avec les traditions pour se faire leur place au monde. Elle regarde ce genre de personne comme une « plante intruse qui cherchait à pousser entre les carrés réguliers des gros légumes mondains » (26, p. 246). La métaphore potagère associe la

2. Paul Mazon, *Les Belles Lettres*, Paris, 1997.

communauté à un carré de jardin où les individus influents et bien implantés apparaissent comme des légumes imposants, mais formant un tout régulier, et les individus en quête de liberté par l'affranchissement, comme des mauvaises herbes. Cette métaphore est intéressante car elle entremêle la régularité du jardin à la française à l'irrégularité baroque du jardin à l'anglaise : la position de Mrs. Archer n'est pas très claire. Elle qui vit « retirée du monde » (*ibid.*) critique-t-elle ou admire-t-elle ces mauvaises herbes en quête d'une liberté qui ne semble pouvoir s'acquérir que par l'affranchissement ? Spinoza, lui, admire et fait l'éloge de la liberté d'opinion à la fin du chapitre XX de son *Traité théologico-politique*.

La position de Newland Archer est, en revanche, plus ambiguë : par deux fois, il s'insurge que les « femmes devraient être libres, aussi libres que nous le sommes » (5, p. 59). Mais l'on comprend que c'est le « cas de la comtesse Olenska [qui] avait troublé en lui de vieilles convictions traditionnelles » (6, p. 61). Cette position iconoclaste, qu'il gardera une grande partie du roman, est-elle si désintéressée ? N'y a-t-il pas une forme d'opportunisme dans cette affirmation ? Voir la comtesse affranchie des conventions lui permettrait de la voir intégrée à la société et leur union deviendrait légitime et licite. Celle qui a « chang[é] en lui toute l'échelle des valeurs » (12, p. 118) est la figure même de l'individu en quête de liberté ; le mot revient souvent à son propos (p. 125 : « ma liberté : n'est-ce rien ? »). Pour ce faire, elle remet en cause les traditions et tente de s'en affranchir ; en réalité, ce personnage donne plutôt l'impression qu'elle est imperméable aux traditions. Archer dit d'ailleurs à Winsett : « elle passe devant nos petites catégories sociales sans même s'en apercevoir » (14, p. 136). Mépris affiché des traditions de la communauté ou impossibilité de les comprendre ? La réponse se situe peut-être entre les deux, car elle fait valoir sa liberté individuelle comme un totem quasiment intouchable, qui passe par-delà la catégorisation sociale, qu'elle juge médiocre et étriquée, mais cet espoir d'affranchissement est aussi lié à une méconnaissance des coutumes de sa communauté.

En fait, Mme Olenska n'évoque jamais un affranchissement à proprement parler, mais plutôt un oubli : « "je veux tout oublier", répéta-t-elle » (12, p. 122). Elle veut que son *« passé soit effacé »* (p. 123) car, pour trouver sa place dans le monde – dans la communauté ou en dehors –, elle doit s'affranchir de son douloureux passé, constamment rappelé par les autres membres de la communauté. Oublier son passé revient donc à faire fi des conventions et du regard des autres sur elle.

Mme Olenska apparaît ainsi comme la championne de la liberté individuelle face au groupe, et Archer comme l'idéaliste qui ne parvient jamais à satisfaire ce désir d'affranchissement. Son cri du cœur sur la liberté – celle des femmes et la sienne – restera lettre morte durant tout le roman, et son fils, Dallas, ne se prive pas de lui signaler, non sans humour, à la fin : « vous êtes vieux jeu » (34, p. 317). Le fils réalise et obtient la liberté que souhaitait son père en épousant une femme qui est le double de Mme Olenska : « n'a-t-elle pas été, autrefois, votre Fanny ? » demande Dallas à son père à propos de Mme Olenska (p. 313). Dallas est d'ailleurs le seul à vraiment réussir à s'affranchir des traditions. Newland Archer, idéaliste, incarne en réalité une forme de pessimisme face à la tradition : lui qui voulait s'affranchir des traditions n'y parvient jamais et, même à la fin du roman, quand plus rien ne le retient d'aller voir Mme Olenska (on apprend que May est morte au chapitre 34, p. 307), il n'y va pas car il est « vieux jeu », c'est-à-dire encore conforme à des conventions qui l'asservissent.

L'incapacité de Newland à s'affranchir des codes de sa communauté n'est pas un refus, mais une impossibilité éthique de rompre avec son éducation et avec son milieu : pessimisme ou reflet d'une société corsetée par des principes extrêmement contraignants et crispée sur des privilèges qu'elle est sur le point de perdre ? Peut-être le premier est-il la conséquence du second : Newland incarne ce pessimiste, cette inéluctabilité du destin et de la condition. L'individu semble alors comme broyé par la communauté, malgré ses tentatives de s'en affranchir. On retrouve ici l'idéal fin de siècle : le roman se déroule dans les années 1870, comme on le découvre à la première page du roman : « janvier 187•. » (1, p. 21), avec une sorte d'astéronymie[1] qui permet d'effacer la date précise et d'universaliser le propos.

3. Lutter pour la justice

Chercher à s'affranchir des codes d'une communauté revient-il toutefois à vouloir la renverser ? Un individu peut-il lutter pour la justice – ou pour *sa* justice – sans mettre en péril l'ensemble du groupe ? Spinoza nous répond en ces termes : il explique que celui qui veut simplement renverser les lois dans son propre intérêt est « un perturbateur et un rebelle » (XX, p. 194). La volonté de remettre en cause la communauté doit s'effectuer dans l'intérêt même de cette dernière, donc du plus grand nombre. On touche là à un paradoxe… Un individu peut-il décider de ce qui est juste et de ce qui ne l'est pas ? Pour Spinoza, c'est impossible, même – surtout ? – pour un individu qui aurait une autorité ou un pouvoir religieux : seul le chef ou le souverain peut décider de ce qui est juste ou non, donc de ce qui relève de la norme de la communauté. Le prophète ou le ministre du culte ne le peuvent pas, et les rois sont même

1. Pratique qui consiste à remplacer par des astérisques les noms propres ou les dates, afin de les rendre anonymes ou pour créer un effet de généralisation.

en droit de les punir car ils s'arrogeraient un droit qui ne leur revient pas (« les rois, même pieux, jugèrent souvent intolérables les prophètes à cause de l'autorité qu'ils avaient », XVIII, p. 150).

Le roi serait le seul à pouvoir décider de la norme, à pouvoir approuver ou désapprouver le comportement des individus… et donc à pouvoir le punir et le corriger : Spinoza le réaffirme lorsqu'il écrit que « les Prophètes eux-mêmes, bien que doués d'une vertu divine, ne purent, parce qu'ils étaient de simples particuliers […], corriger les hommes » (XIX, p. 180). Les « simples particuliers » n'ont ainsi aucun droit de déterminer ce qui est juste dans leur communauté : seuls les chefs le peuvent. Les individus sont donc « sacrifiés » à la communauté et à ses représentants car ils ont « transféré à un autre » (XVI, p. 80), qui doit en disposer avec Justice, leurs droits. Spinoza, dans le chapitre XVI, oppose le chef juste, qui « attribu[e] à chaque ce qui d'après le droit civil lui revient » (p. 269), et le chef injuste, qui « sous une apparence de droit » (*ibid.*) retire aux individus ce qui devrait leur revenir.

De la même façon, Étéocle se sacrifie pour sa communauté au nom de la malédiction familiale ; il s'écrie, à la fin de la scène des boucliers, au moment d'aller se battre contre Polynice : « ah ! race d'Œdipe – ma race ! – digne de toutes les larmes ! Hélas ! voici accomplies les malédictions d'un père ! » (*Les Sept contre Thèbes*, p. 163), mettant directement en lien sa mort à venir avec un sacrifice nécessaire (car lié à une malédiction) pour la communauté. Pour la survie de Thèbes, il doit se sacrifier, il doit mourir pour les autres membres. L'individu – « frère contre frère » (p. 163) – est donc sacrifié sur l'autel de la communauté et du plus grand nombre : il ne meurt pas que pour lui, mais pour sa *polis*.

Cette idée de sacrifice à la société est également illustrée dans le roman de Wharton par Mme Olenska qui, précisément, s'interroge sur cette soumission, et qui, elle, tente de la refuser. Cette rébellion de l'individu face à la (prétendue) justice de sa communauté est parfaitement visible dans la conversation qu'elle tient avec Newland Archer au sujet de sa liberté (12, p. 126) : chacun y défend une position sociale de l'individu dans la communauté. Newland, porte-parole du groupe, appelle à la soumission, à l'obéissance à la justice du groupe, fût-elle « stupide » et « injuste », alors que Mme Olenska cherche à obtenir sa liberté, c'est-à-dire *sa* justice, son autonomie morale et sociale. Elle est pourtant réduite au silence par Newland, qui, lui rétorque que, dans sa communauté, il ne peut y avoir qu'une justice collective, jamais individuelle, et que c'est précisément cette justice collective qui permet la cohésion (« l'intégrité ») de la communauté. Encore une fois, les espoirs d'un affranchissement, au nom même de la justice, sont écrasés, anéantis, sacrifiés.

FICHE 27. La communauté face à l'Autre : utilité et menaces de l'altérité

1. De l'étranger au barbare

« L'ennemi est celui qui vit hors de la cité et ne reconnaît, ni en qualité d'allié, ni en qualité de sujet, le gouvernement qu'elle a institué », écrit Spinoza (XVI, p. 83), signalant ainsi une différence entre le citoyen et l'ennemi, entre l'individu du dedans et celui du dehors. Deux critères, selon le philosophe, permettent de définir l'ennemi de la communauté : c'est à la fois celui qui, spatialement, n'appartient pas à la communauté – il en est éloigné, détaché, parfois arraché – et celui qui, politiquement, refuse d'adhérer au projet commun. L'ennemi est celui qui vient d'ailleurs et qui remet en cause l'unité de la communauté : il est donc nécessairement un étranger, et peut-être, pour reprendre une terminologie grecque, un « barbare ».

La distinction est importante car elle dépend du regard de la communauté elle-même sur les intentions de cet autre : ainsi, ambassadeurs, visiteurs, suppliants, exilés ou hérauts sont des étrangers et ne souffrent pourtant pas de ce regard négatif porté sur eux. Ils peuvent manifester une altérité radicale, être le contraire même de ce que sont les membres de la communauté ; ils sont simplement « autres ». À l'inverse, le « barbare » est celui dont les codes sont différents (langue, vêtement, cultes...), mais dont les intentions sont inconnues ou belliqueuses.

Dans les pièces d'Eschyle, les deux catégories sont représentées car le rapport à l'étranger est central dans la culture grecque, au point d'avoir créé un statut spécifique pour le « proxène », évoqué dans *Les Suppliantes* (p. 59, 66, 68 et 82). Il s'agit d'un individu chargé de défendre les intérêts de ses concitoyens dans un pays étranger. Cette charge n'est pas identique à celle du héraut, qui transmet et fait valoir les décisions politiques d'un pays dans un autre, car le proxène occupe, en fait, une fonction consulaire.

Étant donné que la communauté grecque est fermée sur elle-même, **tout ce qui est extérieur est étranger** : le chœur des Danaïdes est composé d'étrangères, elles sont menées par leur père, un autre étranger, Danaos, et le héraut à la fin des *Suppliantes* est égyptien, de même que les fils d'Égyptos.

Sur scène, seul Pélasgos, en fait, est grec : intéressant renversement que de représenter des étrangers pour parler de la cité grecque. L'altérité se présente dès le début de la pièce car, lors de la *parodos*, les Danaïdes se décrivent comme des exilées : le lexique de l'errance est omniprésent (« troupe vagabonde », « nous errons », « bannies », « exil », « fuite », p. 51). Tout renvoie à leur altérité, à un déracinement forcé, « loin du sol de Zeus ». À l'inverse, dans *Les Sept contre Thèbes*, il n'y a pas d'étranger sur scène : seul le messager, qui est thébain, transmet les paroles et les actes des étrangers, qui sont relégués dans un espace hors de la cité, à cause de leur hostilité.

En effet, dans *Les Sept contre Thèbes*, « l'autre » est l'armée de Polynice, dont le chœur dit qu'elle « parle une autre langue » (p. 148). Dans cette pièce, les étrangers sont des « barbares » car ils attaquent le modèle grec (spécifiquement thébain) ; ils attaquent la cité et, par extension, les valeurs du monde grec. Cette tragédie marque un refus de la barbarie face à un modèle de civilisation : c'est pour cette raison que les étrangers n'ont pas droit de cité (pas plus dans Thèbes que dans la pièce). Ils sont une altérité qui menace la communauté thébaine. Il est intéressant de constater que la barbarie devient contagieuse car tout, chez les adversaires, est menaçant : les hommes, certes, mais aussi les choses (les lances, les chars) et les animaux. Les cavales ont des muselières qui « sifflent un refrain barbare » (p. 157).

Dans *Les Suppliantes*, la perception de la barbarie est un peu différente car les Danaïdes, en se décrivant comme des exilées dès le début de la pièce, ont bien conscience qu'elles correspondent aux critères du barbare : « m'entends-tu bien, ô terre, malgré mon accent barbare ? » (p. 55). Elles portent sur elles-mêmes le regard que les Grecs s'apprêtent à leur porter. Cette prise de conscience de leur statut et cette mise à distance de leur propre condition les placent d'emblée dans une posture de modestie qui rappelle celle d'Ulysse arrivant chez les Phéaciens au début du chant VI de *L'Odyssée* d'Homère, lorsqu'il se demande à leur propos : « sont-ils amis des étrangers (philoxenoi) ? ». Ulysse comme les Danaïdes ont conscience de leur altérité et se demandent si la communauté dans laquelle ils arrivent manifestera sa *philoxenia* (« hospitalité », littéralement : « amitié pour les étrangers »).

Les Danaïdes ont la chance d'être accueillies par un roi *philoxenos* (ami des étrangers) car, malgré son regard de Grec porté sur ces femmes perçues comme des barbares par leur langue et leurs vêtements (« accoutrement si peu grec », « bandeaux barbares », « ce n'est point là le vêtement des femmes ni à Argos ni dans aucun pays de Grèce », p. 59), il les autorise à parler et à s'expliquer car elles portent des rameaux, signe universel qu'elles sont en position de suppliantes. Le roi fait donc évoluer leur condition de barbares à exilées. Ce n'est pas le cas du héraut qui vient chercher les Danaïdes et s'adresse au roi avec agressivité. Ce dernier répond : « pour un barbare aussi tu montres avec les Grecs un peu trop d'insolence » (p. 82). Dans cette réplique, le roi procède en deux temps : d'une part, il place le héraut à la même hauteur que les Danaïdes, des « barbares » (il utilise l'adjectif *karbanos*, « qui ne parle pas la même langue »), mais d'autre part, il oppose leur conduite : la supplication et la modestie dans un cas, l'insolence et l'agressivité dans l'autre.

Entre le barbare et l'étranger accueilli, il n'y a donc qu'une différence de posture. Les deux catégories ne sont pas imperméables l'une à l'autre : un personnage peut commencer « barbare » et finir « exilé », c'est-à-dire un étranger ayant le droit de cité. À l'inverse, un personnage peut être « citoyen » et devenir « barbare » : le cas le plus frappant est celui de Polynice, qui passe de « frère » à « barbare ». La violence contre la communauté est un motif d'exclusion : l'individu passe alors de la civilisation à la brutalité. Le retour dans la communauté devient impossible car elle ne peut accueillir des étrangers qu'à condition qu'ils acceptent les règles générales.

2. Une communauté cosmopolite ?

Une société cosmopolite semble donc possible car certains étrangers sont admis dans la communauté : le terme « cosmopolite » renvoie à la capacité d'une communauté (*polis*) ou d'un groupe constitué (*politès*, le citoyen) à intégrer des individus venant de l'extérieur, du reste du monde (*cosmos*). Les deux pièces d'Eschyle proposent deux positionnements opposés : dans *Les Sept contre Thèbes*, le cosmopolitisme est inenvisageable parce que l'étranger est une menace pour la cité. Il ne peut donc évidemment pas y être admis. À l'inverse, dans *Les Suppliantes*, l'étranger, ici les Égyptiennes, est accepté selon les règles traditionnelles de l'hospitalité, et même du droit d'asile. Les Danaïdes sont donc incorporées à la cité et à la communauté : elles jouissent du même droit de protection que n'importe quel autre citoyen.

Dans le roman d'Edith Wharton, les étrangers sont également traités de diverses façons. Plusieurs catégories existent et cela explique le regard différent porté sur eux : **l'étranger de passage**, **l'étranger de longue date** et **l'étranger qui cherche à s'implanter** ne sont pas soumis au même regard. Le rapport aux étrangers dans la société américaine est éminemment problématique car les États-Unis sont une nation d'immigrants, et notre texte met bien en scène ces ambiguïtés profondes.

Les premiers étrangers présentés sont les Van der Luyden, « descendants directs du premier gouverneur hollandais de New York, et apparentés depuis plusieurs générations aux aristocraties française et anglaise » (6, p. 66). Leurs origines européennes sont toutes mentionnées, pour mettre en évidence qu'ils sont des étrangers, mais aussi que leur intégration dans la communauté américaine s'explique par deux facteurs : ils sont installés aux États-Unis « de longue date » et ils appartiennent à l'aristocratie européenne, qui a donné son modèle aux premiers membres de la bonne société américaine. Ces « étrangers » regroupent eux-mêmes plusieurs origines – hollandaise, française et anglaise – et portent en eux les valeurs du cosmopolitisme. Ils seront, d'ailleurs, parmi les premiers à défendre Mme Olenska.

Cette dernière, en effet, a la double caractéristique d'être « noble » (son titre de comtesse s'efface progressivement) et « étrangère », par le temps qu'elle a passé en Europe. Dans un premier temps, son prénom est interrogé par Janey qui s'étonne qu'elle ait gardé ce « vilain nom » ; elle l'aurait « changé pour Elaine » car « c'est plus polonais, plus frappant » (5, p. 57). Son identité même est associée à un **cliché culturel** : l'effacement de son prénom pour en adopter un plus typique, donc plus frappant, renvoie Ellen à son étrangeté (étrange et étrangère). En effet, Ellen Olenska est régulièrement, dans le roman, associée à ses mœurs étrangères et à ses coutumes européennes, plus romanesques, moins cadrées, selon l'éthique américaine. Toutefois, elle est privée du privilège d'être accueillie « selon la coutume américaine qui traite les étrangers comme des princes » (6, p. 64) : en effet, alors que toute la bonne société est invitée à un dîner pour l'accueillir, celle-ci décline l'invitation. Pourquoi un tel rejet ? Parce que Mme Olenska **veut entrer dans la communauté sans y correspondre**.

La condition *sine qua non* pour intégrer la communauté est donc la conformité à ses mœurs : le duc de Saint-Austrey est dans une position très différente. Malgré ses excentricités et ses fréquentations, il n'est pas condamné par la communauté : « le duc est un étranger [...]. Les étrangers ne connaissent pas nos habitudes » (10, p. 103). Mme Olenska, en acceptant de sortir en compagnie du duc, commet donc un nouvel impair car seuls les étrangers de passage peuvent se permettre ces excentricités.

Remarquons que c'est Mr. Van der Luyden (étranger accepté) qui prévient Mme Olenska (étrangère rejetée) de ne pas fréquenter le duc (étranger toléré car de passage).

Dans nos textes, l'altérité interroge les limites de la communauté et en définit même les contours. En effet, la communauté commence là où l'altérité s'arrête et la présence d'étrangers, au sens large, contraint la communauté à s'interroger sur ce qu'elle est, sur les valeurs qu'elle défend et sur les codes qui la caractérisent. Inséré ou rejeté par la communauté, l'individu étranger joue ce rôle de curseur de ce qui est acceptable et accepté par le groupe.

FICHE 28. Communauté contre communauté

1. Codes contre codes

Les groupes dominants peuvent être opposés à d'autres groupes, à d'autres communautés, dont la présence invite à s'interroger sur l'existence des premiers, voire la menace. Plus une communauté est fermée, plus, semble-t-il, elle est menacée par d'autres groupes : le cas le plus évident est dans *Le Temps de l'innocence*, où la bonne société new-yorkaise se voit menacée par les **nouveaux riches**, les **artistes** ou les **Européens**.

Les nouveaux riches sont les premiers qu'ils abhorrent, mais le sentiment qui les motive est plus qu'une simple haine qui reposerait sur le « snobisme » – mot qui apparaît à la fin du xixe siècle pour désigner une attitude méprisante vis-à-vis de personnes n'ayant pas les mêmes qualités morales ou sociales que soi. Leur haine pour les nouveaux riches est motivée par l'émergence et l'arrivée massive de cette nouvelle communauté, qui est initialement décrite comme à la recherche d'un luxe ostentatoire, du confort et du plaisir. La scène initiale de l'Opéra va dans ce sens : l'Opéra, en tant que lieu, constitue une métaphore de la bonne société new-yorkaise, et les nouveaux riches veulent y occuper les places les plus confortables, quitte à construire une nouvelle salle. S'opposent dans ce passage (1, p. 21) les « nouveaux riches » et le « monde élégant », qui préfère les places inconfortables mais « traditionnelles » (6, p. 61) à un lieu trop accueillant. Les nouveaux riches menacent aussi la suprématie du monde élégant, en ayant accaparé le monde politique (14, p. 138 : « le pays appartenait aux nouveaux riches [...] : les gens comme il faut devaient s'en tenir au sport et à la culture »).

La deuxième communauté qui menace les « élégants » est constituée des **artistes** qui sont considérés comme des marginaux, tenus bon gré mal gré loin de leur regard, et confinés dans des quartiers aux limites du New York civilisé. Leur quartier est considéré comme un « quartier si peu élégant » (12, p. 118) et Archer leur refuse même parfois la qualité d'artiste en les appelant *« les "gens qui écrivent" »* (ibid.). Ce mépris affiché pour les artistes s'explique par leur marginalité (« on les tient plutôt en marge », 12, p. 122) géographique et éthique, car leur mode de vie est qualifié de « bohème » (10, p. 105 et 12, p. 118). De fait, ils sont inclassables car leurs codes échappent à celui des élégants : le chapitre 12 offre une description remarquable de ce regard porté sur les artistes. Ils sont considérés comme des « échantillons épars de l'humanité », « difficiles à classer » (p. 116) : ils n'appartiennent à aucune catégorie précise, ce qui les rend méprisables, car insaisissables. Quiconque, d'ailleurs, s'approche de ce monde met en péril sa réputation (Catherine Mingott, par exemple : voir 12, p. 115-116).

L'autre communauté problématique est constituée des **Européens**. Les Américains de notre roman sont conscients qu'ils sont redevables, d'une certaine façon, à l'Europe – tributaires, même de ce lourd héritage : « *La vie intellectuelle ici meurt d'inanition. Elle ne se nourrit que des restes de la tradition européenne qu'ont apportée vos arrière-grands-pères* » (14, p. 138). L'impossible affranchissement de la vieille Europe se perçoit notamment dans la culture. Le cordon avec l'Europe n'est pas coupé et les Américains manifestent avec vigueur leur compétition avec les Européens. Un personnage incarne l'aura des Européens et leur différence fondamentale avec les Américains : M. Rivière. Ce précepteur, fils de diplomate et « intellectuel », tient à Archer un discours (XX, p. 205) dans lequel il fait valoir sa double position « d'artiste » et de Français : il est, à tous égards, inintelligible pour les élégants, et spécifiquement pour May. La liberté de penser apparaît comme une valeur fondamentale dans la pensée européenne, comme en témoigne la pensée de Spinoza, qui considère qu'il est impossible d'empêcher que « les hommes jugent de toutes choses suivant leur complexion propre » (XX, p. 191).

Dans les pièces d'Eschyle, on repère également des affrontements de communautés. Le **chœur des Danaïdes s'oppose aux *« enfants d'Égyptos »*** (*Les Suppliantes*, p. 51) autour du thème du mariage forcé : les premières le refusent ; les seconds le revendiquent. Il y a donc une opposition éthique entre les deux communautés. Par la suite, lorsque les Danaïdes ont rejoint les Argiens, elles transfèrent leur querelle et la communauté des Argiens et des Danaïdes s'oppose à celle des Égyptiens, sur le même thème. Dans *Les Sept contre Thèbes*, les Thébains s'opposent aux Argiens : deux cités s'opposent, deux communautés sont en guerre.

Dans le *Traité théologico-politique*, l'exemple de la communauté des Hébreux est intéressant car Spinoza le retient pour **l'opposer à d'autres communautés politiques** : en dépeignant le modèle politico-religieux hébraïque, il s'interroge implicitement sur le modèle de pouvoir dans lequel il vit. Donc, lorsqu'il critique la constitution hébraïque parce qu'elle autonomise le pouvoir religieux face au pouvoir politique et lui donne une autorité propre (« les pontifes usurpèrent le droit du chef », XVII, p. 141), il renvoie à son propre monde, à sa propre communauté.

On l'a compris avec ce dernier exemple, la question de l'opposition des communautés met également en jeu, chez Spinoza notamment, le lien entre le monde de la fiction et celui du lecteur.

2. Et la « *vraie vie* » ? Monde factice et monde réel

Les œuvres d'Eschyle et de Wharton mettent en *scène* des individus et des communautés, c'est-à-dire qu'il s'agit de **constructions littéraires**, qui assument plus ou moins ce statut.

Le cas du traité de Spinoza est différent car son texte cherche à analyser des éléments que le philosophe n'associe pas à de la fiction : même s'il utilise le texte biblique – et spécifiquement la communauté hébraïque – comme point de comparaison avec sa propre société, rien ne relève directement de la fiction et les personnages invoqués (par exemple, Moïse ou Jérémie) le sont parce qu'ils permettent justement d'**établir une connexion avec la réalité**.

À l'inverse, dans les pièces d'Eschyle, les personnages sont **fictifs et tragiques**, et dans le roman d'Edith Wharton, ils sont **fictifs et romanesques** à de nombreux égards. Dans les pièces grecques, le statut de la fiction dramatique est complexe car le spectateur est omniprésent : le chœur s'adresse à lui et renvoie à son monde puisqu'il est composé de citoyens. La démocratie athénienne se reflète, par exemple, dans la monarchie thébaine ou argienne : se met en place, à partir de là, un réseau d'échos entre le monde des personnages et celui du spectateur. En effet, spectateurs et personnages forment une communauté de pensée car ils partagent des valeurs morales et éthiques : le spectateur athénien s'indigne de l'impudence du héraut égyptien des *Suppliantes*, de même qu'il éprouve colère et pitié devant la confrontation qui oppose les deux frères des *Sept contre Thèbes*. **La *catharsis* fait le lien entre la fiction théâtrale et le monde du spectateur** : le héros tragique sait qu'il est un héros tragique car il accomplit son destin (c'est spécifiquement le cas d'Étéocle conscient d'accomplir la malédiction d'Œdipe) et le spectateur sait qu'il assiste à une tragédie grâce à ces personnages. Le héros tragique est donc conscient, sans forcément l'expliciter directement, qu'il est dans une tragédie.

Certains personnages, *a contrario*, semblent s'interroger sur leur statut, dans des réflexions manifestement métalittéraires : chez Edith Wharton, c'est Archer qui porte le plus souvent ces réflexions. La première occurrence est lorsqu'il affirme qu'« ils vivaient tous dans un monde fictif, où personne n'osait envisager la réalité, ni même y penser » (6, p. 62). Il semble donc avoir conscience qu'il est **coupé de la réalité**, éloigné du « monde réel ». Ce monde réel est, au premier degré, **celui du peuple**, celui du commun, mais si l'on effectue une lecture au second degré, il est clair qu'il s'agit du **monde du lecteur**. Sa qualité de personnage romanesque le coupe du monde du lecteur et signale à celui-ci qu'il n'est qu'un être de papier.

On retrouve cette idée dans une conversation avec Mme Olenska, lorsque cette dernière demande à Archer à propos de son idylle avec May : « alors, c'est réellement et sincèrement un roman ? », et que la réponse de Newland est « le plus romanesque des romans » (8, p. 80). On repère un paradoxe entre réalité (« réellement ») et fiction (« roman ») et Newland, ici, feint de se complaire dans son statut d'être fictif et romanesque.

De même, Mme Olenska est décrite comme un personnage **fictif, romanesque**, mais surtout « **dramatique** » (13, p. 129). Elle est, à la fin du roman, considérée comme un être fictif par Archer : « lorsqu'il se souvenait de Mme Olenska, c'était d'une façon irréelle, avec sérénité, comme on penserait à une bien-aimée imaginaire découverte dans un livre ou un tableau » (34, p. 307). Imaginée comme un personnage de roman ou de tableau, elle apparaît également comme un être de papier, porteur d'une irréalité nécessaire à son appréhension. Par ailleurs, Mrs. Mingott est décrite comme exécutant la « pantomime de l'espièglerie » (30, p. 279) : ici, elle est renvoyée à une actrice de spectacle, mais d'un spectacle bien spécifique, la pantomime. Cet art consiste à utiliser tout son corps pour « mimer », jouer, et représenter des scènes, souvent comiques. Mrs. Mingott se sert donc du langage corporel pour faire comprendre la situation à Archer. Elle devient un personnage de spectacle, une actrice de la comédie du monde.

Et l'on retrouve alors notre métaphore du théâtre et de l'opéra, mais d'un point de vue différent : **les individus sont à la fois spectateurs et acteurs**, dans les gradins et sur la scène. Mrs. Mingott, Newland, Ellen, mais aussi Étéocle, Danaos et Pélasgos font tous partie du spectacle : à la fois spectateurs et comédiens du spectacle du monde. L'ambiguïté est donc aussi présente dans les pièces d'Eschyle où les personnages, à la fois réels parce qu'ils sont incarnés sur scène, fictifs et mythiques, interrogent la place de l'homme dans la communauté et dans le monde. Le théâtre grec offre une dialectique intéressante entre fiction et réalité car la distance importante entre l'univers fictif montré sur scène (les rois et les temps mythiques) et celui du spectateur permet, en fait, de signaler la **porosité entre ces deux univers**, de même que, chez Spinoza, l'éloignement du monde hébraïque permet de faire un écho à l'univers de référence du philosophe.

PARTIE 4

Méthodologie et sujets corrigés

FICHE 29. Méthode du résumé de texte

1. Qu'est-ce qu'un résumé ?

A. Qu'est-ce que résumer/contracter un texte ?

Le résumé est un exercice qui a pour but de **réduire le nombre de mots d'un texte, sans modifier son sens** ni sa structure.

Les textes à résumer sont toujours **argumentatifs**. Ils contiennent donc des **idées (arguments) dont il faut rendre compte**, de manière plus brève.

B. Quels sont les différents types de résumés proposés aux différentes banques de concours ?

Banque	Longueur du texte initial	Longueur du résumé	Barème
Centrale-Supelec	1 000 à 1 200 mots	200 mots	20 points sur 40
CCINP	800 à 1 000 mots	100 mots	10 points sur 30
PT – Épreuve B	1 800 mots	150 à 200 mots	8 points sur 20
ATS	750 900 mots	120 mots	10 points sur 20

C. Quelles sont les compétences évaluées lors d'un résumé ?

Cet exercice a pour but de vérifier certaines compétences qui sont attendues d'un futur ingénieur, à savoir comprendre un texte, savoir trier des informations, s'exprimer clairement et dans une langue maîtrisée.

2. Comment résumer efficacement un texte ?

A. Prendre ses repères sur le texte

La première étape du travail consiste à lire le texte, **crayon en main**, afin d'optimiser le temps. Dès cette première lecture, vous devez repérer les éléments suivants : **les idées importantes**, les **exemples**, les **connecteurs logiques**.

À la fin de cette première lecture, répondez aux questions suivantes :

- ***Quel est le thème du texte ?***
- ***Quelle est la thèse (l'idée défendue par l'auteur) du texte ?***

- ***Quels sont les indices d'énonciation du texte ?***
  - *Quels pronoms personnels désignent l'auteur ?* S'exprime-t-il à la première personne du singulier (« je ») ? du pluriel (« nous ») ? de manière impersonnelle (« on » « il ») ?
  - *S'adresse-t-il à un destinataire, nommé ou non ?*
  - *Quels sont les temps verbaux utilisés ?*
  - *Le texte est-il composé dans une tonalité particulière ?* Est-il informatif ? polémique ? satirique ou ironique ?

NOTE DES AUTEURS

L'identification des procédés d'énonciation est essentielle : elle permet de comprendre le style que vous devrez **obligatoirement** adopter, ensuite, dans la rédaction de votre résumé.

B. Analyser le texte

Après avoir balisé le texte, vous mettrez en évidence sa structure argumentative et ses idées, afin de restituer le cheminement de la pensée de l'auteur.

a) Mise en évidence de la structure

Il s'agit de mettre en évidence les grandes étapes de la pensée de l'auteur et **la structure argumentative du texte**.

Pour cela, repartez des **connecteurs logiques** repérés lors de la première lecture, et identifiez lesquels correspondent à des ruptures.

Vous devez impérativement **établir les liens** entre les différents mouvements repérés grâce à des **connecteurs logiques**.

NOTE DES AUTEURS

- Identifiez **entre deux et quatre mouvements** au maximum dans le texte. En règle générale, les textes sont construits autour de trois grandes idées.
- Ne cherchez pas à avoir trois mouvements de tailles identiques : cela dépend des textes. Il n'est pas impossible qu'un mouvement soit bien plus court qu'un autre, si l'auteur y accorde une importance différente, dans l'extrait à résumer.

b) Élaboration du « squelette argumentatif »

Une fois les différentes étapes de la pensée de l'auteur mises en évidence, il s'agit d'**identifier les arguments** (idées) importants dans chacun de ces moments argumentatifs.

NOTE DES AUTEURS

• Soulignez dans une couleur les arguments et dans une autre les exemples, quand il y en a.
• Dans un premier temps, il s'agit de se concentrer sur les arguments. Ne doivent être impérativement gardés que **les exemples ayant une valeur argumentative**, (en les supprimant, on perd une idée essentielle du texte). Pour les autres, cela dépend de la place qu'il vous reste...

Cette étape du travail doit vous permettre d'obtenir un « squelette argumentatif » du texte, où sont mis en évidence la construction, le lien entre les différentes étapes de l'argumentation, et les idées fortes.

C. Rédiger le résumé au brouillon

Il est temps de rédiger le résumé.

Au brouillon, faites un **premier jet** sans tenir compte encore du nombre précis de mots mais en ayant quand même à l'esprit qu'il faut **réduire**. Au cours de cette rédaction, reprenez les différents mouvements mis en évidence lors de l'analyse.

Vous devez vous appuyer sur le **squelette argumentatif** établi pour mettre en valeur les **grandes étapes** du texte initial, en **rédigeant un paragraphe par mouvement** repéré.

NOTE DES AUTEURS

• Un paragraphe commence toujours par un **alinéa de deux carreaux**.
• Le nombre de vos paragraphes du résumé ne correspond pas forcément au nombre de paragraphes du texte-support, puisqu'il s'agit avant tout de rétablir la logique argumentative, et non pas la mise en page du texte initial.
• Les liens de conséquence, d'opposition, de cause, etc. devront être **mis en valeur par des connecteurs logiques au début de chaque paragraphe** de votre résumé.

Le résumé doit **restituer fidèlement** les idées du texte, en les **reformulant**. Il est **interdit de citer ou de reprendre des mots du texte** (sauf les éventuels concepts) : il s'agit de redire avec vos propres mots ce que dit l'auteur, sans déformer sa pensée.

NOTE DES AUTEURS

• Reformuler une idée **ne veut pas dire la déformer**. Travaillez sous forme de système de synonymes, mais en vous demandant toujours si un mot a *exactement* le même sens qu'un autre.
• Veillez à ne pas faire de phrases trop longues et à éradiquer les formulations trop lourdes, voire fautives.
• À l'inverse, en cherchant à synthétiser vos idées, soyez attentif à ne pas enlever les verbes centraux de vos phrases, des articles ou déterminants...
• **Chaque mot doit être pesé et choisi judicieusement** car le sens de la nuance et de la subtilité est évalué dans cet exercice.

Rédigez le **résumé en vous mettant à la place de l'auteur**, c'est-à-dire en reprenant les modalités d'énonciation repérées en amont.

NOTE DES AUTEURS

• Si l'auteur parle à la première personne, utilisez « je » dans le résumé ; s'il n'utilise que des formules impersonnelles, faites-en autant. **Vous devez « mimer » le style du texte, en donnant l'impression qu'il s'agit de sa version miniature.**
• N'utilisez jamais des formules comme « l'auteur dit que... ».
• De même, utilisez les mêmes temps, la même ponctuation. Si l'auteur utilise des questions rhétoriques ou des exclamations, montrez que vous avez repéré le procédé en faisant de même.

D. Compter les mots

À la fin du premier jet de rédaction, il est nécessaire de compter les mots pour ajuster et équilibrer le résultat lors de la réécriture (deuxième jet).

La définition du mot, dans un résumé, est visuelle : un mot est une unité typographique isolée par deux blancs.

Exemples : Jean de La Fontaine = 4 mots.

- Tous les « petits mots » (articles, conjonctions, pronoms) comptent pour un mot.
- Cas particuliers :
  - Les dates comptent pour un mot (ex : 1789 = 1 mot).
  - Le symbole du pourcentage compte pour un mot (ex : 50 % = 2 mots).
  - Les sigles comptent pour un mot (ex : SNCF = 1 mot).
  - Le « t » euphonique ne compte pas pour un mot.

Exemple : « existe-t-il ? » = 2 mots.

  - Les mots composés : on considère que le tiret sépare deux mots au même titre qu'un espace.

Exemples : c'est-à-dire = 4 mots ; après-midi = 2 mots, chou-fleur = 2 mots.

- Certains mots forment une entité insécable : « aujourd'hui » = 1 mot (car « hui », seul, ne signifie rien) ; « socio-économique » = 1 mot, puisque les deux unités typographiques sont insécables.

Il est très rare d'obtenir le nombre de mots attendu à la fin de la rédaction du premier jet. Tout l'enjeu de l'exercice repose précisément sur cette reprise de la version première.

Il n'y a pas assez de mots	Il y a trop de mots
Vérifiez que vous n'avez pas oublié certaines idées importantes du texte.	Supprimez certains exemples.
Rajoutez des connecteurs logiques.	Retravaillez l'expression, de façon à gagner en concision.
Rajoutez des exemples.	Supprimez les formulations inutiles. Exemple : « il apparaît que le travail est épuisant pour le travailleur » (10 mots) → « le travail est épuisant pour le travailleur » (7 mots) → « le travail épuise le travailleur » (5 mots).

E. Relire et recopier au propre le résumé sur votre copie

Après une vérification du nombre de mots, vous n'avez plus qu'à recopier votre résumé sur votre copie.

Attention, certaines banques de concours **fournissent une grille pour recopier le résumé** : il s'agit alors d'inscrire votre résumé dans ce document, en faisant figurer un mot par case. **Figurer par une double barre les changements de paragraphes (mouvements).**

D'autres banques de concours vous demandent de **recopier votre résumé** sur la copie. Vous devez alors écrire sur la copie : penser à faire apparaître les **paragraphes** correspondants aux différents mouvements du texte, à mettre une **barre bien nette** tous les x mots selon la consigne et à indiquer le **nombre de mots exact en fin de texte.**

NOTE DES AUTEURS

Comment gérer son temps ?

- Lecture attentive du texte et premiers repérages : 10 minutes.
- Identification de la structure et des arguments : 10 minutes.
- Rédaction des deux jets et comptage des mots : 30 minutes environ.
- Mise au propre : 5 à 10 minutes.

3. Comment m'autoévaluer ?

- Ai-je bien restitué les différents mouvements, en les faisant commencer par un connecteur logique ? ❐ Oui ❐ Non
- Les idées importantes du texte sont-elles présentes dans le résumé ? ❐ Oui ❐ Non
- L'idée générale du texte est-elle perceptible ? ❐ Oui ❐ Non
- Ai-je recopié des morceaux du texte ou « calqué » certaines phrases dans mon résumé ? ❐ Oui ❐ Non
- Ai-je reformulé avec clarté et sans faire de contresens les idées importantes du texte initial ? ❐ Oui ❐ Non
- Ai-je bien restitué l'énonciation du texte ? ❐ Oui ❐ Non
- Ai-je rédigé le résumé en me mettant à la place de l'auteur ? ❐ Oui ❐ Non
- Ai-je été attentif à mon expression ? ❐ Oui ❐ Non
- Ma copie est-elle lisible ? ❐ Oui ❐ Non
- Ai-je bien respecté le nombre de mots attendu ? ❐ Oui ❐ Non
- Les différents mouvements du texte sont-ils clairement identifiables (paragraphes avec des alinéas) ? ❐ Oui ❐ Non
- Ai-je bien mis les barres de séparation tous les x mots ? ❐ Oui ❐ Non
- Ai-je bien inscrit le nombre total de mots à la fin du résumé ? ❐ Oui ❐ Non

Sujet de résumé de texte corrigé (type CCINP)

1. Sujet

Extrait : Hannah Arendt, *Les Origines du totalitarisme*, trad. J.-L. Bourget, R. Davreu, A. Guérin et P. Lévy, © Éditions Gallimard (www.gallimard.fr), 2002, p. 624-626.

C'est dans cette atmosphère d'effondrement de la société de classes que s'est développée la psychologie de l'homme de masse européen. Le fait qu'avec une uniformité monotone mais abstraite le même sort avait frappé une masse d'individus n'empêcha pas ceux-ci de se juger eux-mêmes en termes d'échec individuel, ni de juger le monde en termes d'injustice spécifique. Cependant, cette amertume, ce repli sur soi, tout en se reproduisant dans de multiples cas individuels et isolés, ne constituait pas un trait commun : malgré sa tendance à effacer les différences individuelles, cela ne se fondait sur aucun intérêt commun, économique, social ou politique. Par conséquent, le repli sur soi alla de pair avec un affaiblissement décisif de l'instinct de conservation. Le désintérêt de soi, au sens où l'on n'a pas d'importance à ses propres yeux, le sentiment de pouvoir être sacrifié, n'était plus l'expression de l'idéalisme individuel mais un phénomène de masse. Le vieil adage selon lequel les pauvres et les opprimés n'ont rien à perdre que leurs chaînes ne s'appliquait plus aux hommes de masse, car ils perdirent bien davantage que leurs chaînes de misère lorsqu'ils cessèrent de s'intéresser à leur propre bien-être : la source de toutes les inquiétudes et de tous les soucis qui rendent la vie humaine pénible et angoissante était tarie. En comparaison de l'absence de matérialisme de ces hommes de masse, un moine chrétien semble absorbé dans les affaires de ce monde. Himmler, qui connaissait si bien la mentalité de ceux qu'il organisait, décrivit non seulement ses propres SS, mais aussi les larges couches dans lesquelles il les recrutait, en disant qu'ils ne s'intéressaient pas aux « problèmes quotidiens », mais seulement « aux questions idéologiques qui importeront pour des décennies et des siècles, si bien que l'homme [...] sait qu'il travaille à une grande tâche, comme il n'en apparaît que tous les deux mille ans[1] ». Cette gigantesque massification d'individus produisit une mentalité qui, tel Cecil Rhodes quelque quarante ans auparavant, pensait en continents et sentait en siècles.

D'éminents érudits et hommes d'État européens prédisaient, depuis le début du XIXe siècle, la naissance de l'homme de masse et l'avènement d'une ère de masse. Toute une littérature sur le comportement de masse et la psychologie de masse avait éclairé et popularisé l'idée, si familière aux anciens, de l'affinité entre démocratie et dictature, entre gouvernement de la populace et tyrannie. Ces auteurs avaient préparé certains intellectuels occidentaux, dont la conscience politique était développée voire très développée, à l'apparition de démagogues, à la crédulité, à la superstition et à la brutalité. Pourtant, s'il est vrai qu'en un sens toutes ces prophéties se réalisèrent, elles perdirent beaucoup de leur signification lorsque apparurent des phénomènes aussi inattendus et imprévus que la perte radicale de l'intérêt personnel[2], l'indifférence cynique ou ennuyée en face de la mort ou d'autres catastrophes personnelles, la tendance passionnée à prendre les notions les plus abstraites comme règles de vie, et le mépris général pour les règles du sens commun même les plus évidentes.

Contrairement aux prédictions, les masses ne furent pas le produit de l'égalité croissante des conditions, ni du développement de l'instruction générale, avec l'inévitable abaissement du niveau et la vulgarisation du contenu qu'il implique. (L'Amérique, exemple classique de l'égalité des conditions et de la diffusion de l'instruction générale avec toutes ses insuffisances, est peut-être moins représentative de la psychologie des masses qu'aucun autre pays du monde.) Il apparut bientôt que les gens hautement cultivés étaient particulièrement attirés par les mouvements de masse, et que, en général, un individualisme extrêmement raffiné et sophistiqué n'empêchait pas, mais en fait encourageait quelquefois l'abandon de soi dans la masse auquel préparaient les mouvements de masse. Ce fait évident, en vertu duquel l'individualisation et la culture n'empêchent pas la naissance de phénomènes de masse, était si imprévu qu'on en a souvent rendu responsables le caractère morbide ou le nihilisme de l'intelligentsia moderne, une haine de soi qui serait typique des intellectuels, ou encore l'antagonisme entre l'esprit et l'élan vital, l'« hostilité de l'esprit à la vie ». Pourtant, ces intellectuels tant décriés

1. Discours de Heinrich Himmler sur « L'organisation et les obligations des SS et de la police », *publié dans National-politischer Lehrgang der Wehrmacht von 15-23, janvier 1937. Cité dans Nazi Conspiracy and Aggression, 1946, vol. IV, p. 616 sq.*
2. Gustave Le Bon, dans *La psychologie des foules (1895), mentionne le désintérêt de soi particulier aux masses. Voir II, § 5.*

furent seulement l'exemple le plus frappant et les porte-parole les plus visibles d'un phénomène beaucoup plus général. L'atomisation sociale et l'individualisation extrême précédèrent les mouvements de masse qui attirèrent les gens complètement inorganisés, les individualistes acharnés qui avaient toujours refusé de reconnaître les attaches et les obligations sociales, beaucoup plus facilement et plus vite que les membres, sociables et non individualistes, des partis traditionnels.

En réalité, les masses se développèrent à partir des fragments d'une société hautement atomisée, dont la structure compétitive et la solitude individuelle qui en résulte n'étaient limitées que par l'appartenance à une classe. La principale caractéristique de l'homme de masse n'est pas la brutalité et l'arriération, mais l'isolement et le manque de rapports sociaux normaux.

Consigne : vous résumerez le texte en 100 mots (plus ou moins 10 %).

2. Plan

Thème : L'origine et la nature de la psychologie de l'homme de masse.

Thèse : L'homme de masse européen n'est pas le résultat d'un manque de culture et de raffinement intellectuel, mais l'aboutissement d'un processus où les individus ne sont plus – dans la société – les membres solidaires d'une communauté, mais bien plutôt des atomes isolés les uns des autres et sans intérêts communs susceptibles de les attacher à la vie.

I. Le désintérêt de soi, aboutissement du processus de formation de l'homme de masse européen

L. 1-5 : La psychologie de l'homme de masse européen émerge lorsque la société de classes s'effondre. Les individus croient à tort à un échec individuel.

L. 5-9 : Le repli sur soi et l'effacement des différences individuelles ne produisent cependant aucun intérêt commun.

L. 9-28 : Ce repli sur soi engendre le désintérêt de soi, la perte totale du goût et de l'intérêt pour sa propre vie.

II. Limites des anticipations à propos des sociétés de masse

L. 29-36 : Certes, la naissance de l'homme de masse avait été prévue dès le XIXe siècle à partir du lien établi dans l'Antiquité entre démocratie et dictature.

L. 36-43 : Même si ces prophéties se sont réalisées, certains phénomènes n'avaient pas du tout été anticipés, tel que le désintérêt de soi précisément, au profit d'un enthousiasme pour les grandes questions idéologiques.

L. 44-50 : Les prédictions s'appuyaient sur l'égalité des conditions et le développement de l'instruction générale qui implique une baisse de niveau.

L. 50-66 : À l'encontre de ces analyses, le fait est que les intellectuels ont été pris dans le phénomène de massification, et on l'a attribué à une forme d'incompatibilité entre l'intelligence et la vie, alors qu'il s'agit d'un phénomène plus vaste, celui de l'individualisation extrême.

III. La nature véritable du phénomène de massification

L. 67-71 : La massification de la société n'est donc pas due à une égalisation des conditions et à une baisse du niveau intellectuel, mais bien à la perte de l'appartenance à des communautés.

3. Corrigé

La disparition des classes sociales en Europe est à l'origine de l'émergence du type de pensée caractéristique de/l'homme de masse (1) : la complémentarité des individus s'est dissoute, et malgré leur ressemblance, ils n'avaient plus d'/intérêts communs (2), ni peu à peu d'intérêt pour leur propre existence (3).

Bien que l'homme de masse ait été/prédit (4), ce désintérêt spécifique est méconnu (5) car les prédictions s'appuyaient sur la notion d'égalité démocratique (6). Or même les/élites subissent l'attrait de la massification (7).

La psychologie de l'homme de masse est due à la perte de/l'appartenance à des communautés (8).

Nombre de mots : 105 (sans les parenthèses).

Fiche 30. Méthode de la dissertation

1. Qu'est-ce qu'une dissertation ?

A. Qu'est-ce que disserter ?

La dissertation est une **réflexion critique** sur un sujet. Il s'agit d'une **démonstration qui pèse le pour et le contre** d'une assertion, qui en envisage les différents points de vue, qui *discute* et *tisse des liens* avec elle.

La dissertation n'est surtout pas, à l'inverse, une juxtaposition d'avis opposés, d'idées générales et toutes faites sur le thème ou sur les œuvres. *Tisser des liens*, ce n'est pas opposer des idées sans logique.

L'exercice **ne consiste donc pas à réciter son cours** ni à dire ce que l'on sait. Il en appelle au contraire à une **réflexion à partir du sujet donné**, qui doit être discuté à chaque moment du devoir.

B. Quel est le poids de l'exercice au concours ?

Banque	Temps conseillé à consacrer à l'exercice	Barème
X-ENS	4 heures sur 4 heures	20 points sur 20
Centrale-Supelec	2 heures 45 à 3 heures sur 4 heures	20 points sur 40
Mines-Télécom	3 heures sur 3 heures	20 points sur 20
CCINP	3 heures sur 4 heures	20 points sur 30
BCPST	3 heures sur 3 heures	20 points sur 20
PT – Épreuve A	4 heures sur 4 heures	20 points sur 20
PT – Épreuve B	2 heures 30 à 2 heures 45 sur 4 heures	12 points sur 20
ATS	3 heures sur 4 heures	10 points sur 20

C. Quelles sont les attentes spécifiques quant à cet exercice ?

Les différentes épreuves aux banques des concours scientifiques demandent aux candidats de disserter sur un thème annuel, à l'analyse duquel les œuvres servent d'éléments d'illustration. La place accordée aux œuvres du programme dans la dissertation est donc **primordiale**.

Il est attendu de vous que **vous maîtrisiez parfaitement ces œuvres**. Chacune des sous-parties doit permettre une **confrontation de plusieurs exemples** de ces dernières.

2. Comment construire le plan de la dissertation ?

A. Analyser le sujet

Une seule règle d'or prévaut au début de l'épreuve : correctement analyser le sujet. Ce travail consiste à **cerner les enjeux de la citation**, à **définir sa thèse** et/ou son présupposé, et à comprendre alors quels sont **les principes mis en jeu**. Concrètement, vous pouvez procéder étape :

- Recopier le sujet.
- **Expliquer/définir**, chacun de ses mots, interroger leur(s) signification(s), ce qu'ils disent du thème au programme, à quelles grandes idées cela fait allusion (dans vos connaissances, dans les œuvres…).
- Penser le sujet en termes de **tensions** : un propos n'est jamais acceptable que **dans une certaine mesure**. Quand vous expliquez les idées du sujet, demandez-vous alors à quoi l'idée posée par un de ses termes peut s'opposer ou entrer en discussion avec une autre, de manière à cerner les problèmes au cœur du propos donné à étudier.
- Au terme de ce travail définitoire et analytique, vous devez être en mesure de répondre à la question suivante : **quelle est la thèse défendue par l'auteur de la citation ?** Cette thèse constitue le point de départ de votre réflexion : c'est à partir d'elle que vous pouvez formuler la problématique.

B. Problématiser le sujet

Un problème philosophique ou de théorie littéraire comporte toujours un débat, c'est-à-dire un questionnement auquel on a à la fois de bonnes raisons de répondre « oui » et de bonnes raisons de répondre « non ». Pour pouvoir faire une dissertation, il est donc indispensable de commencer par **comprendre et poser le problème** en question. Il faut savoir mesurer et dire quel est le débat mis en jeu dans le sujet proposé, pourquoi la thèse de l'auteur pose un problème : c'est le but de l'analyse du sujet, qui a pour objectif de **poser la thèse (base du problème) à nuancer et à dépasser**.

Après l'analyse du sujet, il est bon d'avoir un **projet de problématique**, pour orienter vos recherches d'idées et la conception du plan. Vous peaufinerez la problématique après cette étape.

C. Rechercher les arguments et concevoir le plan

a) Qu'est-ce qu'un bon plan de dissertation ?

Le plan doit réfléchir de façon globale au sujet, en **dialoguant avec lui.** Il est le squelette de votre pensée, et cette pensée n'est reliée qu'à une chose : la citation !

De manière générale, ce ne sont pas les œuvres ni les éléments du cours qui créent le plan, mais au contraire le plan qui sollicite les éléments du cours, et les œuvres. Il est toutefois possible que certains passages des œuvres vous donnent des idées. Servez-vous alors de ces exemples, mais transformez-les **en arguments au service du sujet**, corrélés aux enjeux de la citation.

b) Comment répondre logiquement à la problématique ?

Comme une dissertation renvoie toujours à un débat, le but du plan est d'établir les thèses opposées et les solutions à ce débat. Ainsi, le meilleur plan est celui qui apporte une **réponse nuancée** à la problématique, c'est-à-dire dire qu'il montrera que **dans une certaine mesure, sous certaines conditions** telle réponse est valable et, **au contraire, dans telles autres conditions**, telle autre réponse/solution est valable.

La logique en jeu est alors celle de la **dialectique** :

- Une première partie expose les enjeux de la thèse, explique **dans quelle mesure le propos de la citation peut se vérifier**, notamment dans les œuvres au programme.
- La deuxième partie montre **les nuances et les limites de cette thèse** : affirmer une chose, c'est toujours en négliger d'autres.
- La dernière partie tente alors de **dépasser l'opposition** entre les deux premières. Il faut aller plus loin, en abordant un aspect de la problématique non encore développé, **mais qui est essentiel au sujet**, ou poursuivre la discussion du sujet, en allant au-delà de la limite posée en II. Il est parfois aussi possible de revenir à un terme de la citation, en lui donnant une nouvelle définition, qui donne un nouveau rebond à votre réflexion. Cette partie est évidemment la plus complexe, mais elle est le point d'aboutissement de votre démonstration.

c) Comment construire le plan ?

À ce stade du travail, il convient de créer un plan, en repartant du sujet. Vous avez dû, au cours de l'analyse de la citation, poser la thèse et commencer à la mettre en tension. Repartez de cette tension, justement : elle fonde a minima l'objet de vos deux premières parties.

NOTE DES AUTEURS

Voici quelques astuces :
I – Je reformule la thèse du sujet : « **Certes**, l'auteur a raison de penser que... »
II – Je formule les manques de la thèse, l'idée à laquelle cette thèse s'oppose ou les éléments que l'on pourrait lui objecter : « **Mais**, si la thèse peut se vérifier, il n'en demeure pas moins que... et on peut aussi considérer, contre l'auteur, que... »
III – Je dépasse l'opposition des deux premières parties : « **Cependant**, au-delà de cette opposition, il est également possible de considérer que... » ou encore « Cependant, ne faut-il pas plus encore, au-delà de l'opposition précédemment énoncée, concevoir que... »

À l'intérieur de vos trois grandes parties délimitées, vous pouvez dorénavant **chercher des arguments**. Cherchez à en formuler idéalement trois, mais deux sont requis, *a minima*.

Les titres de vos parties (thèses) et de vos sous-parties (arguments) doivent **impérativement reprendre/dialoguer avec les mots du sujet**. Afin d'éviter le hors-sujet ou le traitement partiel, dites-vous que si vous ne reprenez pas ces termes, vous ne répondrez pas au sujet !

Toute la dissertation est un **dialogue constant** avec la citation : c'est votre plan, qui constitue la « colonne vertébrale » de votre devoir.

d) Comment compléter le plan ?

C'est uniquement à cette étape que vous allez puiser dans les œuvres au programme vos exemples. Pour chaque sous-partie, il s'agit d'aller chercher dans votre recueil d'exemples un **passage précis**, qui illustre l'idée abordée.

Chaque sous-partie doit proposer une **confrontation de trois exemples**, pris dans chacune des œuvres. Il s'agit de trouver des exemples suffisamment courts et précis à la fois.

NOTE DES AUTEURS

Comment réaliser un recueil d'exemples personnels ?

- Reprendre, dans les cours de l'année, les grandes problématiques d'étude. Ces problématiques peuvent aussi être inspirées de la partie « Étude transversale du thème ».
- Pour chaque grand thème/problématique, identifier dans chacune des œuvres un exemple qui vous semble important.
- Les exemples retenus peuvent prendre la forme d'une courte citation ou d'une reformulation avec vos propres mots d'un passage du texte.
- Il est possible d'utiliser certains exemples identiques dans plusieurs des thèmes : cela facilitera leur mémorisation.
- Sélectionner dans vos cours surtout les exemples qui vous sont les plus familiers : on ne parle bien que de ce qu'on comprend vraiment...
- Une connaissance précise et intime des œuvres est indispensable : le choix des citations et passages doit rendre compte d'une lecture et appropriation toute personnelle des œuvres.

D. Bien formuler sa problématique

À ce stade, vous pouvez reprendre la problématique partielle que vous aviez déterminée après l'analyse du sujet, et formuler la tension que vous ferez figurer dans l'introduction.

La problématique doit à la fois être simple et riche. **Elle doit, en partant de la thèse, montrer une tension, la nommer, et annoncer le cheminement de votre pensée.**

> **NOTE DES AUTEURS**
>
> • Il est préférable d'éviter les problématiques en « en quoi » et de préférer celles commençant par **« dans quelle mesure »** ou **« comment »**.
> • Au moment de la rédaction, dans l'introduction, soyez attentif à l'erreur récurrente de la confusion entre l'**interrogation directe** et l'**interrogation indirecte**.
> Exemple : « *Nous répondrons alors à la question suivante : dans quelle mesure l'homme est-il un être de désir ?* » ou « *Au cours de notre développement, nous chercherons alors à nous demander dans quelle mesure l'homme est un être de désir.* »

3. Comment rédiger le devoir ?

> **NOTE DES AUTEURS**
>
> • Exprimez-vous à la **troisième personne du singulier** ou à la **première personne du pluriel**, afin de donner un caractère général à votre propos.
> • N'utilisez jamais la première personne du singulier.
> • Ne mêlez pas dans la même phrase l'emploi du pronom indéfini « on » à celui du pronom « nous ».

A. L'introduction

L'introduction ouvre le devoir et comporte toujours six étapes.

- **Amener le sujet :** on commence par une phrase d'accroche, généralement une référence culturelle prise hors programme, qui va dans le sens du sujet ou qui en prend le contre-pied.
- **Citer le sujet** en recopiant intégralement la citation.
- **Analyser le sujet :** vous reprenez ici les éléments du brouillon, en reformulant avec vos propres mots les idées exprimées dans la citation. Il s'agit alors de faire apparaître clairement la thèse et ses limites.
- **Formuler la problématique.**
- **Annoncer le plan**, sans les sous-parties ici.

- **Présenter le corpus** au programme en soulignant les titres des œuvres et en orthographiant correctement les noms des auteurs.

B. La mise en page

Chaque partie doit faire l'objet d'une mise en évidence rigoureuse.

- **Sautez une ligne entre l'introduction et la première partie.** Il en va de même entre la dernière sous-partie et la conclusion.
- Rédigez un court **chapeau introductif** à chacune des parties, qui annonce l'axe directeur.
- Faites **un alinéa de deux carreaux** à chaque nouvelle sous-partie.
- **Sautez une ligne** entre deux parties.

Visuellement, votre correcteur doit suivre votre pensée.

C. La composition d'une sous-partie

Chaque sous-partie constitue un **paragraphe**, qui est un des arguments de votre devoir. Vous devez toujours commencer votre paragraphe **en annonçant votre argument**. Puis vous devez **l'expliquer** et **l'illustrer** ensuite par trois exemples, pris dans les œuvres au programme.

D. Les transitions

À la fin de chaque grande partie, il est bon de faire figurer une **transition**, ou conclusion partielle, qui **conclut** l'axe et amorce un changement de cap. Ce moment rhétorique permet de **créer des liens** entre les deux parties, de tisser la discussion et de maintenir les liens argumentatifs avec le sujet.

E. La conclusion

Rédigée au brouillon, pour clarifier votre pensée avant le début de la composition et pour éviter de la bâcler en fin d'épreuve, la conclusion comprend traditionnellement deux étapes :

- **un bilan**, récapitulant l'essentiel de ce à quoi on a abouti dans l'argumentation, une réponse claire à la problématique posée en introduction. Elle doit revenir clairement au sujet, en citant les termes de ce dernier ;
- **un élargissement de la réflexion, si possible**. Si vous ne savez pas comment ouvrir, finissez par une jolie phrase finale, qui donne une impression d'achèvement à votre devoir.

NOTE DES AUTEURS

Comment gérer son temps ?
Analyse du sujet et esquisse de problématisation : 15 minutes.
Recherche des arguments et conception du plan : 30 à 45 minutes.
Rédaction du devoir : 2 heures environ.
Relecture : 10 minutes.

4. Comment obtenir une bonne note à la dissertation ?

A. Qu'est-ce qui est évalué dans cet exercice ?

Les éléments évalués sont votre capacité à :

- **dégager la thèse** d'un sujet, à la **problématiser** et à la **discuter** ;
- **faire preuve d'esprit critique** face au sujet donné ;
- **structurer votre argumentation** de manière claire, logique et progressive ;
- **justifier vos propos** en vous appuyant sur votre **connaissance des textes** au programme ;
- rédiger votre devoir dans une **langue maîtrisée**.

B. Comment m'autoévaluer ?

À la fin de l'élaboration de mon plan, je m'autoévalue pour ne pas partir sur de mauvaises pistes…

➢ Ai-je bien identifié la thèse de la citation ? ❒ Oui ❒ Non

➢ Ai-je bien mis en tension cette thèse dans mon plan ? ❒ Oui ❒ Non

➢ Mon plan dialogue-t-il avec les termes du sujet ? ❒ Oui ❒ Non

➢ Ai-je bien utilisé les trois œuvres dans (presque) toutes les sous-parties de mon devoir ? ❒ Oui ❒ Non

À la fin de ma rédaction, au brouillon, je me pose les questions suivantes : mon introduction…

➢ … contient-elle une amorce ? ❒ Oui ❒ Non

➢ … cite-t-elle le sujet ? ❒ Oui ❒ Non

➢ … pose-t-elle et analyse-t-elle le sujet ? ❒ Oui ❒ Non

➢ … aboutit-elle à une problématique bien formulée, qui met la thèse en tension ? ❒ Oui ❒ Non

➢ … annonce-t-elle le plan du devoir ? ❒ Oui ❒ Non

- ➢ … précise-t-elle les œuvres au programme ? ❒ Oui ❒ Non

À la fin de ma rédaction, au brouillon, je me pose les questions suivantes : ma conclusion…

- ➢ … répond-elle à la problématique posée en introduction ? ❒ Oui ❒ Non
- ➢ … dialogue-t-elle avec le sujet ? ❒ Oui ❒ Non
- ➢ … élargit-elle les perspectives ou, à défaut, soigne l'expression de la fin du devoir ? ❒ Oui ❒ Non

La mise en page de ma copie met-elle suffisamment en évidence les éléments suivants ?

- ➢ Les parties sont-elles clairement annoncées ? ❒ Oui ❒ Non
- ➢ Des paragraphes délimitent-ils chacune de mes sous-parties ? ❒ Oui ❒ Non
- ➢ Ai-je bien pensé à ménager des transitions entre chacune des parties du devoir ? ❒ Oui ❒ Non

En rédigeant ma copie, ai-je bien respecté les éléments suivants ?

- ➢ Ai-je annoncé mes arguments au début des paragraphes ? ❒ Oui ❒ Non
- ➢ Ai-je confronté les trois œuvres dans (presque) chaque sous-partie ? ❒ Oui ❒ Non
- ➢ Ai-je argumenté mes exemples pour illustrer l'idée de chacune des sous-parties ? ❒ Oui ❒ Non
- ➢ Ai-je été attentif à mon expression ? ❒ Oui ❒ Non
- ➢ Ma copie est-elle lisible ? ❒ Oui ❒ Non

Sujet de dissertation corrigé

1. Sujet

« Dans de nombreuses sociétés traditionnelles, prémodernes, c'est par son appartenance à divers groupes sociaux que l'individu s'identifie et est identifié par les autres. »

Alasdair MacIntyre, *Après la vertu* (1981),
trad. L. Bury, PUF « Léviathan », 1997, p. 34.

Dans quelle mesure ces propos entrent-ils en résonance avec votre lecture des textes au programme ?

2. Analyse du sujet

- **Auteur**

Alasdair MacIntyre est un philosophe écossais né en 1929. Ses sujets de prédilection concernent la morale, la politique, la théologie, ainsi que l'histoire de la philosophie.

- **Analyse des mots-clés du sujet**

La citation prend la forme d'une phrase unique que l'on peut analyser en trois temps :

- « **Dans de nombreuses sociétés traditionnelles, prémodernes** » : le philosophe pense l'individu dans des « sociétés traditionnelles », c'est-à-dire ancrées dans des cultures normatives, fermées à la modernité (on oppose souvent la tradition à la modernité). L'adjectif « prémodernes » confirme d'ailleurs cette idée : ces « sociétés traditionnelles » sont antérieures à la notion de « modernité », c'est-à-dire de progrès. On regroupera sous cette étiquette les sociétés peu marquées par le progrès, qui prônent des normes et des valeurs de type conservatrices.
- « **c'est par son appartenance à divers groupes sociaux** » : le tour présentatif « c'est » assimile l'individu à son « appartenance à divers groupes sociaux ». L'individu humain n'est pas un être autonome mais un être social : il est individu parce que la communauté le fait exister comme tel. C'est le phénomène d'« appartenance à divers groupes sociaux » qui fonde le principe même d'identité et on peut se demander : peut-on être quelqu'un, être soi-même, si on est un individu dans un groupe social et si on s'identifie non à soi, mais aux autres ?

- « **que l'individu s'identifie et est identifié par les autres** » : thème principal de la phrase. L'individu au cœur des groupes sociaux trouve une identité propre (c'est le sens du verbe réfléchi « s'identifie » : l'homme se reconnaît lui-même comme individu). En conséquence, il est « identifié par les autres » comme un sujet dans la communauté. La construction sociale définit donc le sens de l'individu, qui trouve le sens de lui-même dans le groupe, par le groupe, et non dans son être propre.
- Cette construction identitaire de soi par le groupe est associée à une pratique prémoderne, non progressiste est alors discutable : l'individu, être personnel à l'identité propre, ne peut par essence se définir par autre chose que lui-même.

- **Problématique**

N'est-ce pas en cherchant à quitter le groupe, en se construisant lui-même comme sujet, que l'individu s'identifie, au-delà et en deçà de l'idée même des « groupes sociaux » ?

3. Plan de l'argumentation

Nous proposons un plan « idéal » en trois sous-parties, tel qu'il pourrait être rédigé en quatre heures Toutefois, pour rendre compte des conditions de concours, nous ne rédigerons que deux des trois arguments : ceux en italique ne sont donc pas développés.

I. Certes, l'individu, dans les sociétés « prémodernes », trouve une identité par son « appartenance à divers groupes sociaux ».

A. « L'individu s'identifie » à « divers groupes sociaux ».

B. *Nos œuvres représentent en effet des « sociétés traditionnelles, prémodernes » qui font des « divers groupes sociaux » un fondement de leur fonctionnement.*

C. L'individu est alors « identifié par les autres » : il est une partie du tout.

II. Mais une conception plus moderne et progressiste reconnaît l'individu personnellement, tout en reconnaissant les liens entre les individus et les « groupes sociaux ».

A. L'individu trouve une place dans un groupe social tout en étant singulier.

B. *L'individu, reconnu par sa communauté, trouve alors une identité grâce à elle.*

C. Les deux entités se reconnaissent mutuellement, dans cette conception moderne.

III. Toutefois, l'individu doit-il nécessairement appartenir à un groupe social pour exister et se définir ?

A. Certains individus, « identifiés par les autres » comme marginaux, s'opposent totalement à la communauté.

B. Ces marginaux poussent paradoxalement les communautés à quitter leurs traditions pour de nouvelles pratiques.

C. *Seul face à la communauté, cet individu est-il alors unique, ou ne crée-t-il pas, par son engagement très singulier, une nouvelle communauté, celle des marginaux et des êtres d'exception ?*

4. Corrigé

La philosophie et l'anthropologie assimilent une société à une culture, à un ensemble de mœurs et de coutumes qui déterminent les actions et manières de penser. En opposant des sociétés modernes à d'autres plus traditionnelles, on dresse des cultures normatives, régies par une forme de conservatisme, contre des pratiques liées au progrès. Ainsi, le philosophe écossais Alasdair MacIntyre dans son essai *Après la vertu*, en 1981, pense l'individu dans la communauté en lien avec cette conception culturelle, notamment quand il écrit : « Dans de nombreuses sociétés traditionnelles, prémodernes, c'est par son appartenance à divers groupes sociaux que l'individu s'identifie et est identifié par les autres. » Les « sociétés traditionnelles, prémodernes », c'est-à-dire peu marquées par le progrès, prônent des normes et des valeurs de type conservatrices qui définissent l'individu dans le cadre de son « appartenance à divers groupes sociaux ». Le tour présentatif « c'est » met en évidence – par sa construction syntaxique qui reporte le groupe sujet-verbe à la fin de la phrase – cette assimilation de l'être humain à son groupe social. Alors que la modernité considère le sujet comme autonome, doté d'une conscience, il s'agit ici de considérer que la communauté fait exister l'individu : c'est le phénomène d'« appartenance à divers groupes sociaux » qui fonde le principe même d'identité. La citation invite alors à s'interroger sur la construction identitaire : peut-on être quelqu'un si on n'est considéré comme individu que dans un groupe social ? D'ailleurs, la fin de la phrase accentue ce questionnement : en différant le thème principal « l'individu s'identifie et est identifié par les autres », Alasdair MacIntyre place l'individu au cœur des groupes sociaux comme celui qui trouve une identité propre (c'est le sens du verbe réfléchi « s'identifie » : l'homme se reconnaît lui-même comme individu). Cet individu est alors reconnu comme tel, il est « identifié par les autres » comme un sujet dans la communauté. La construction sociale détermine donc l'individu. Cette construction identitaire de soi par le groupe comme une pratique prémoderne et non progressiste est alors à examiner à l'aune de la modernité : l'individu se définit-il vraiment par son appartenance à divers groupes ? Dès lors, en nous appuyant sur les deux tragédies d'Eschyle, *Les Suppliantes* et *Les Sept contre Thèbes*, sur les chapitres XVI à XX du *Traité théologico-politique* de Spinoza et sur le roman d'Edith Wharton, *Le Temps de l'innocence*, nous nous demanderons si c'est vraiment le groupe qui définit l'individu ou, au contraire, si ce n'est pas plutôt en cherchant à quitter le groupe, en se recherchant lui-même comme sujet, que l'individu s'identifie, trouve sa propre construction, au-delà et en deçà de l'idée même des « groupes sociaux ». Pour répondre à cette question, nous analyserons alors dans quelle mesure la thèse du philosophe trouve sa validité dans les sociétés « prémodernes », mais nous verrons chemin faisant que cette conception de l'individu s'oppose en fait à une conception plus progressiste dans laquelle l'individu se pense par lui-même sans renier sa communauté. Toutefois, il s'agira enfin de se demander si l'individu doit nécessairement appartenir à un groupe social pour exister et se définir, en nous intéressant notamment aux marginaux comme nouvelle forme de modernité sociale.

Certes, il apparaît que dans les sociétés traditionnelles, comme l'écrit Alasdair MacIntyre, l'individu trouve une identité grâce à son « appartenance à divers groupes sociaux » : ce sont ces groupes ou communautés qui le reconnaissent et qui le considèrent comme un individu.

Il apparaît tout d'abord que l'« individu s'identifie » à « divers groupes sociaux » auxquels il appartient : il pense et agit par leur spectre. Spinoza nous invite en effet à considérer, dans le chapitre XVI de son traité, que « pour vivre dans la sécurité et le mieux possible, les hommes ont dû nécessairement aspirer à s'unir en un corps » (XVI, p. 70) ce qui les détermina « non plus par la force et l'appétit » singulier « mais par la puissance et la volonté de tous ensemble » (*ibid.*). Exprimant ainsi la conception d'une entité collective au sein de laquelle l'individu trouve une sécurité, il confirme alors que la communauté est utile à l'individu, en ce qu'elle lui assure une protection, mais aussi une reconnaissance. Sécurisé par elle, il exprime sa voix en son sein, et en adéquation avec les formes qu'elle prend. C'est d'ailleurs en ce sens que se comprend le type du messager dans *Les Sept contre Thèbes*. Ce personnage n'a aucune identité propre : son rôle consiste à relayer ce qu'il a vu. C'est ainsi que, dès le prologue, il entre en scène et « apporte un récit fidèle » (p. 144) et ressort en disant à nouveau son dévouement à son roi et à sa cité : « je garde à ton service mes yeux, fidèles veilleurs » (p. 145). Si la communauté protège l'individu chez Spinoza, l'individu lui rend cette protection en se fondant en elle ici : « sachant par un rapport exact ce qui se passe hors des murs, tu éviteras tout danger » (p. 145). Ce personnage agit ainsi dans et par sa communauté, il « s'identifie » à elle et vit individuellement la menace collective. Dans *Le Temps de l'innocence*, Edith Wharton présente quant à elle le monde du théâtre et de l'opéra comme un microcosme au sein duquel l'individu agit conformément à sa communauté. Les codes traditionalistes de la bonne société new-yorkaise conditionnent l'individu dès l'incipit : « le monde élégant se plaisait encore à se rassembler, chaque hiver, dans les loges rouges et or quelque peu défraîchies de l'accueillante et vieille Académie » (1, p. 21). L'institution apparaît ici comme un lieu clos avec ses propres règles et normes, celles notamment des « traditionalistes [qui] y tenaient parce que, petite et incommode, elle éloignait, de ce fait même, les nouveaux riches » (*ibid.*). Dans cette communauté, Newland Archer ouvre « la porte de la loge réservée à son cercle » (1, p. 22) : il se fond alors dans ce groupe auquel il appartient. Individu dans ce groupe, il trouve sa place dans la communauté comme au théâtre, dans ces riches New-Yorkais regroupés en cercles au sein de l'Opéra.

Au sein de cette communauté, il est alors « identifié par les autres » comme individu : c'est par cette absorption dans le groupe qu'il trouve une existence, comme partie du tout. Cette conception « traditionaliste » se lit en effet dans *Les Suppliantes* avec les Danaïdes, assimilées à la communauté des Argiens à la fin de la pièce. Lors du dernier épisode, le roi Pélasgos ne cesse de leur répéter qu'elles sont « libres » (p. 84) et que la cité est la leur. Elles se fondent alors dans la communauté en « s'identifi[ant] et en étant identifié[es] par les autres » comme telles. C'est d'ailleurs à une attitude de soumission culturelle que Danaos invite ses filles : en se pliant aux coutumes argiennes, elles manifesteront leur appartenance à un groupe donné, et s'identifieront à ses membres : « une troupe inconnue ne se fait apprécier qu'avec le temps » (p. 85). Ce même phénomène de reconnaissance de l'individu parmi ses pairs est évoqué par Spinoza dans le *Traité théologico-politique* à propos des habitants d'Amsterdam qui vivent « dans la plus parfaite concorde » (XX, p. 204) grâce à leur union autour d'un comportement social précis, l'honnêteté. En effet, « ils s'inquiètent uniquement [...] de savoir [si quelqu'un] a accoutumé d'agir en homme de bonne foi ou en fourbe » (*ibid.*). On comprend que le comportement des individus est vu par la communauté comme un critère d'appartenance, quelle que soit son origine. L'image qui est renvoyée à la communauté par ses pratiques fixe les contours de la communauté et assimile l'individu à elle. Le roman d'Edith Wharton joue aussi de cette image. Dans ce New York traditionaliste, les rapports sociaux reposent sur une extrême codification qui régit l'acceptation de l'individu. Évoquant au chapitre 19 les codes liés aux fiançailles, la narratrice décrit l'assimilation du protagoniste à ces coutumes : « Archer se résignait à cette formalité, comme à toutes les autres exigences d'un rite qui semblait venir de la nuit des temps. Il obéissait scrupuleusement aux injonctions agitées de son garçon d'honneur [...] » (19, p. 187). Pour appartenir et être reconnu, le jeune homme est donc contraint de se conformer aux traditions de sa communauté. De ce fait, nous voyons combien ce phénomène d'absorption de l'individu dans des pratiques qu'il accepte plus ou moins lui-même le définit.

Dès lors, il apparaît que la thèse de notre philosophe trouve dans nos œuvres des exemples concrets d'application. Pourtant, si cette conception « prémoderne » de l'individu existe, il nous faut en montrer les limites.

Mais cette conception de l'individu est remise en question par la modernité : l'individu se pense peut-être davantage par lui-même et pour lui-même, tout en cherchant la reconnaissance de sa communauté.

L'individu trouve en effet une place dans « divers groupes sociaux », tout en se singularisant à l'intérieur d'eux. Il peut penser comme eux sans être absorbé et broyé par eux. Spinoza, s'il reconnaît et pose la communauté politique comme fédératrice dans une société, développe cependant la liberté de penser de l'individu comme un droit inaliénable. Au chapitre XVIII de son œuvre, il défend alors « les opinions qui sont du droit de l'individu auquel personne ne peut renoncer » (p. 307). Cette liberté de penser qu'il reconnaît comme constitutive à tout individu représente ainsi l'individualité du sujet humain dans sa communauté, sa singularité, alors même que, traditionnellement, l'individu se fondait en elle et pensait uniquement par le prisme de sa culture sociale. Edith Wharton, dans son roman, illustre également cette idée. May Welland est de ce point de vue plus ambivalent qu'il n'y paraît. Si la jeune fille est éduquée comme une enfant candide, qui reproduit et perpétue la tradition américaine, elle ne se résigne pas totalement, pour autant, à n'être reconnue que comme une fille soumise dans sa communauté. Elle défend une vision plus nuancée : sous leurs airs candides auxquelles on les réduit souvent, les jeunes filles peuvent avoir du caractère et cacher une individualité, une liberté de penser. « Ne croyez pas que les jeunes filles soient aussi ignorantes que l'imaginent leurs parents... On écoute, on observe ; on a ses sentiments et ses idées... » (16, p. 159.) Alors même que la communauté identifie la jeune femme par des codes, celle-ci dit sa singularité de manière tout à fait progressiste, ici, en faisant entendre une voix dissonante à l'égard de la société traditionaliste. Il en va de même des Danaïdes dans *Les Suppliantes*, qui réfutent les lois du mariage et osent agir différemment du groupe social. Ainsi, lors de l'*exodos*, après avoir été admises dans la cité par Pélasgos, elles rappellent que, même en ayant « la résidence en ce pays » (p. 72), elles resteront vierges. Une opposition se joue entre les Danaïdes et leurs suivantes. Contre leur destin social – « après des milliers de femmes avant toi, l'hymen pourrait bien être ton lot final » (p. 86-87) –, ces femmes font entendre leur singularité en prônant leur virginité. Les Danaïdes sont absorbées par les Argiens et se fondent en eux, mais font entendre leur individualité.

Il s'agit là, dès lors, d'un acte de modernité, de progrès, renouvelant et refondant la conception traditionnelle de l'individu dans la communauté. Nos œuvres illustrent ainsi combien les deux entités que sont l'individu et « les divers groupes sociaux » se donnent réciproquement ce qui constitue l'essence de l'autre. Il en va ainsi de la reconnaissance de l'individu dans la cité démocratique athénienne, dans les pièces d'Eschyle. Le propre de la démocratie consiste à assurer une liberté individuelle à chaque sujet qui compose la cité, en échange du don d'une partie de sa liberté individuelle au service de la communauté. Dans *Les Suppliantes*, le roi lui-même en fait la démonstration quand il dit son impuissance face à la voix du peuple : « quel que soit mon pouvoir, je ne saurais rien faire sans le peuple » (p. 65). C'est ainsi que se fonde la modernité, dans une identification réciproque de ce qu'est l'individu et de ce qu'est le groupe social. Comme l'écrit Spinoza au chapitre XVI, « il faut que l'individu transfère à la société toute la puissance qui lui appartient, [...] et la démocratie se définit ainsi : l'union des hommes en un tout qui a un droit souverain collectif sur tout ce qui est en son pouvoir » (XVI, p. 75). Il s'agit alors de concilier le droit individuel et la société, de créer une collectivité où les individus se pensent comme tels et se reconnaissent dans un groupe social. Si la communauté est puissante, elle n'a donc pas toutes les prérogatives sur l'individu, qui existe par lui-même en son sein. Dans *Le Temps de l'innocence*, la réciprocité entre l'individu et sa communauté est un peu plus complexe. Individu dans sa communauté mais cherchant à fonder son chemin singulier en son sein, Archer est toutefois soit appelé « "un bon citoyen" » au chapitre 34 (p. 307). L'expression entre guillemets souligne à quel point elle semble incongrue et inadaptée au statut de ce personnage : le « bon citoyen » est en effet celui qui participe à la vie politique, or le monde d'Archer se méfie du politique. La position de l'individu est donc difficile à tenir : il doit à la fois être fidèle à son pays et rester éloigné de la politique, comme le pense Archer face à Winsett, qui critique le manque d'implication individuelle des Américains. « Comme si un "gentleman" pouvait abandonner son pays ! C'était aussi impossible que de se mêler à la politique. Un "gentleman" restait chez lui tout simplement et s'abstenait » (14, p. 138.) L'individu tient donc à sa communauté tout en se tenant éloigné de sa gestion : il exprime ainsi une individualité, qui détermine une identité qui lui est propre.

Dès lors, l'individu n'est pas qu'une forme déterminée par la communauté. S'il « s'identifie et est identifié » par elle, il fait également valoir une identité propre en son sein. Toutefois, l'individu doit-il nécessairement appartenir à un groupe social pour exister et se définir ?

La marginalité et la mise au ban des groupes sociaux ne sont-ils pas précisément une manière d'exister et d'être au monde, de « s'identifie(r) et (d'être) identifié par les autres » comme individu singulier ? Loin des « sociétés traditionnelles », les individus marginaux se veulent peut-être les fondateurs d'une modernité sociale.

Certains individus s'opposent en effet totalement à la communauté et trouvent alors une forme d'identité propre par leur opposition à elle. Ils sont « identifiés par les autres » comme marginaux, parias, mis au ban… Spinoza mentionne ainsi au chapitre XX de son traité les hommes aux « opinions dissidentes » (p. 201) qui sont prêts aux « plus beaux exemples d'endurance et de courage » (p. 202). Il en fait même l'éloge, en considérant comme la « pire condition […] pour l'État » (*ibid.*) que d'envoyer « en exil comme des malfaiteurs » (p. 201) ces êtres. Ainsi, il distingue de la communauté humaine des êtres marginaux que la société « identifie » comme tels. Il en va de même dans le roman d'Edith Wharton, où la communauté elle-même cherche à étouffer le scandale qu'aurait représenté le divorce d'Ellen Olenska. Celle-ci apparaît en effet dans New York comme une marginale, en décalage par rapport au regard social, et la communauté remercie Archer pour avoir « obtenu d'Ellen qu'elle renonce à son projet » (16, p. 156). La communauté réprimande alors ceux qui font preuve d'une trop grande audace, et somme la comtesse de se fondre dans les mœurs américaines. La mère d'Archer le dit d'ailleurs à son fils : « mais nous sommes d'ici, et, quand on vient parmi nous, on doit respecter nos habitudes. Ellen Olenska surtout, puisqu'elle est revenue dans son pays pour échapper à la vie dissipée des sociétés plus brillantes » (10, p. 103). Ainsi, cette femme est bien identifiée à une paria. De même, dans *Les Sept contre Thèbes*, les sept chefs ennemis de la cité sont identifiés comme et assimilés à des ennemis par les Thébains. Parmi les six chefs choisis par Polynice, le messager présente Parthénopée l'Arcadien comme un belligérant qui « n'est qu'un métèque » (p. 159), dont le blason porte les insignes d'intimidation pour rappeler l'oracle de la Sphinx et la destinée des Thébains. L'ennemi est ainsi associé « à celui qui porte l'image d'une bête monstrueuse et abhorrée sur un bouclier ennemi » (p. 160). Une opposition de valeurs se donne à voir dans cette confrontation d'individus. L'autre apparaît comme un sauvage à repousser : il est reconnu sous ces traits par la communauté.

Mais plus encore, en agissant singulièrement, ces individus ne poussent-ils pas les communautés à repenser leurs traditions ? Alors que ces individus marginaux apparaissent comme des figures d'exception dans ces communautés, ils semblent réformer la conception traditionnelle de l'individu : parce qu'ils agissent différemment du groupe, ils le font paradoxalement avancer. Il en va ainsi, chez Spinoza, des « hommes de caractère indépendant » dont l'« autorité l'emporte dans la foule sur celle du souverain » (XX, p. 197). Ils agissent en marginaux, en s'extirpant de la masse, mais en donnant leur liberté et leur supériorité d'esprit pour la conduire. Pour le philosophe, cette « fierté de caractère » (p. 202) engagée au service de sa cité est « honorable de mourir pour la bonne cause, glorieux de donner sa vie pour la liberté » (*ibid.*). La communauté contient ainsi en son sein des résistants, des révoltés qui prennent le risque d'une mort biologique ou sociale pour une cause qui leur semble noble. Cette image est présente, chez Eschyle, dans le type du bon roi capable de se sacrifier pour son peuple, ou encore d'Antigone dans *Les Sept contre Thèbes*, alors qu'elle refuse l'ordre collectif au nom de la justice, dénonçant les choix de la cité : « et je déclare, moi, aux chefs des Cadméens : si personne ne veut aider à l'ensevelir, c'est moi qui l'ensevelirai » (p. 175). Celle dont l'« audace saura trouver les moyens d'agir » (p. 175) apparaît ainsi comme la réformatrice d'un ordre dans lequel elle ne se reconnaît pas : agissant contre la *doxa*, contre la loi, au service d'une justice singulière, elle prône un nouvel ordre, contre les traditions de son peuple. Il en va de même dans *Le Temps de l'innocence* de l'intellectuel Ned Winsett, qui fait preuve d'audace et énonce des vérités qui dérangent la communauté new-yorkaise, notamment en prétendant que « la vie intellectuelle ici meurt d'inanition » (14, p. 138). L'homme, perçu comme ayant « une horreur farouche pour les usages "du monde" » (p. 137) apparaît à Archer comme un révélateur de sa vacuité dans sa communauté : « en causant avec Winsett, Archer constatait le vide, l'inutilité de sa propre vie » (p. 137). Mais même s'il rit de la proposition de l'intellectuel – « il n'y a qu'un avenir : la politique ! » (p. 138) –, ce dernier apparaît comme celui qui cherche à réformer la communauté, qui guide l'individu pour donner un nouvel élan, plus moderne, à sa façon de concevoir le monde.

Ainsi, les marginaux, « s'identifie[nt] et [sont] identifié[s] par les autres » comme tels ; ils incitent au progrès, au sein des « groupes sociaux ».

Au terme de cette étude, il apparaît donc que les propos du philosophe Alasdair MacIntyre se vérifient : dans les sociétés traditionnelles, l'individu « s'identifie et est identifié par les autres » en appartenant « à divers groupes sociaux ». Cependant, notre réflexion a permis de mettre au jour la conception nouvelle qui s'oppose à cette vision : si l'individu est bien un être social, il est bien plus encore un être singulier, qui définit son identité par et pour lui-même, et qui est même capable d'affronter la communauté en mettant en avant sa singularité comme une marginalité, pour repenser les codes du groupe social auquel il appartient ou dont il s'écarte. L'individu devient alors possiblement un « individu exceptionnel » comme le dit John Stuart Mill dans *De la liberté* (1859), en précisant même qu'« [...] au lieu de réprimer les individus exceptionnels, il faudrait les encourager à agir différemment de la masse. ».

PARTIE 5

60 citations incontournables

Les citations essentielles tirées des *Sept contre Thèbes* et des *Suppliantes*

1. *Les Sept Contre Thèbes*

1. Étéocle : « Peuple de Cadmos, il doit dire ce que l'heure exige, le chef qui, tout à sa besogne, au gouvernail de la cité, tient la barre en main, sans laisser dormir ses paupières. », p. 143.

► **Thèmes** : cité ; formes de gouvernement ; pouvoir.

2. Étéocle : « En cas de succès, aux dieux tout le mérite ! Si au contraire [...] un malheur arrive, "Eteocle !" – un seul nom dans des milliers de bouches – sera célébré par des hymnes grondants et des lamentations. », p. 143.

► **Thèmes** : hommes et dieux ; justice ; rumeur.

3. Étéocle *(au chœur)* : « Ah ! aussi bien dans le malheur que dans la douce prospérité, le Ciel me garde de la femme ! Triomphe-t-elle, ce n'est plus qu'une insolence inabordable. Prend-elle peur, c'est un fléau pire encore pour sa maison et sa cité. », p. 148.

► **Thèmes** : hommes et femmes ; famille et cité ; conflit et rapports de force ; langage et communication.

4. Étéocle : « Dans toute entreprise, rien de mauvais comme de mauvais compagnons. La récolte n'en est point à engranger. Qu'un homme pieux s'embarque avec des marins ardents à achever un crime, et il périt avec leur engeance maudite. Qu'un juste s'associe à des citoyens inhospitaliers, oublieux du Ciel, et le voilà fatalement pris au même filet : il succombe sous le harpon divin qui ne distingue pas ! », p. 161.

► **Thèmes** : amitié ; justice ; association.

5. LE CHŒUR *(à Étéocle)* : « C'est assez que les Cadméens en viennent aux mains avec les Argiens : de ce sang, on peut se purifier. Mais le meurtre de deux frères, tombés sous des coups mutuels, c'est là une souillure qui ne vieillit pas. », p. 163-164.

▶ **Thèmes** : famille et cité ; guerre ; meurtre ; justice.

6. LE MESSAGER : « Thèbes est sauvée mais les rois frères… », p. 168.

▶ **Thèmes** : individu et cité ; unité ; bien commun.

7. LE MESSAGER : « Et tant pour l'un et l'autre le dieu était égal. C'est lui seul qui détruit la malheureuse race. », p. 168.

▶ **Thèmes** : égalité ; dieux et hommes ; justice.

8. LE CHŒUR : « Et maintenant une mer de maux vers nous pousse ses lames. Si l'une s'écroule, elle en soulève une autre, trois fois plus puissante, qui gronde et bouillonne autour de la poupe de notre cité. », p. 169.

▶ **Thèmes** : cité ; mort ; langage.

9. LE CHŒUR : « Dois-je me réjouir et saluer d'une clameur pieuse le Sauveur, qui de tout mal a préservé cette cité ? Ou pleurer ses chefs de guerre, douloureux et misérables, privés de postérité ? », p. 169.

▶ **Thèmes** : conflit ; individu et cité ; hommes et dieux ; bonheur.

10. LE CHŒUR : « Le trophée d'Até se dresse à la porte où ils se frappaient tout à l'heure, et, sur sa double victoire, le Ciel s'est arrêté. », p. 172.

▶ **Thèmes** : mort ; guerre ; violence ; hommes et dieux.

2. *Les Suppliantes*

1. LE CHŒUR : « Avant qu'en essaim pressé les mâles insolents issus d'Égyptos aient foulé du pied ce sol limoneux, dieux ! avec leur vaisseau rapide, rejetez-les vers le large. » Prologue, p. 52.

▶ **Thèmes** : association ; violence ; hommes et dieux ; altérité.

2. DANAOS : « Mes enfants, la prudence doit être notre loi : c'est en prudent pilote qu'ici vous a conduites le vieux père en qui vous avez foi, et

maintenant, à terre, ma prévoyance encore vous engage à garder mes avis bien gravés en vous. », p. 57.

▶ **Thèmes** : famille ; justice ; pouvoir.

3. DANAOS : « Asseyez-vous dans le sanctuaire, tel un vol de colombes fuyant des éperviers – leurs frères pourtant ! frères changés en ennemis, qui veulent se souiller d'un crime à l'égard de leur propre race. L'oiseau reste-t-il pur, qui mange chair d'oiseau ? », p. 58.

▶ **Thèmes** : famille ; hommes et femmes ; religion ; violence.

4. LE ROI : « D'où vient donc cette troupe à l'accoutrement si peu grec, fastueusement parée de robes et de bandeaux barbares, à qui je parle ici ? », p. 59.

▶ **Thèmes** : altérité ; hospitalité ; hommes et femmes.

5. LE CHŒUR : « C'est toi, la cité ; c'est toi, le Conseil ; chef sans contrôle, tu es le maître de l'autel, foyer commun du pays. », p. 64.

▶ **Thèmes** : pouvoir ; politique ; religion.

6. LE ROI : « Quel que soit mon pouvoir, je ne saurais rien faire sans le peuple. », p. 64.

▶ **Thèmes** : partage du pouvoir ; communauté politique ; justice.

7. LE CHŒUR : « Le règne de Zeus est celui de la justice. », p. 66.

▶ **Thèmes :** hommes et dieux ; justice ; pouvoir.

8. LE CHŒUR : « Ah ! je voudrais, pendue, trouver la mort dans un lacet, avant qu'un mari exécré portât la main sur mon corps. Plutôt, dans le trépas, avoir pour maître Hadès ! », p. 78.

▶ **Thèmes** : mariage ; mort ; violence ; pouvoir et rapports de force.

9. DANAOS : « En échange de tels bienfaits, nous leur devons, si notre âme est guidée par un bon pilote, l'hommage d'une gratitude qui les honore encore plus que jamais. », p. 85.

▶ **Thèmes** : justice ; hospitalité ; liens sociaux.

10. LE CHŒUR : « Que la chaste Artémis jette sur cette troupe un regard de pitié, afin que nul hymen ne nous vienne ployer sous le joug de Cypris ! À qui je hais soit réservée l'épreuve ! », p. 86.

▶ **Thèmes** : stérilité ; mariage ; violence ; amour/haine.

CITATIONS

Les citations essentielles tirées du *Temps de l'innocence*

1. « [Le] monde élégant se plaisait encore à se rassembler, chaque hiver, dans les loges rouges et or quelque peu défraîchies de l'accueillante et vieille Académie. Les sentimentaux y restaient attachés à cause des souvenirs du passé, les musiciens à cause de son acoustique […] et les traditionalistes y tenaient parce que, petite et incommode, elle éloignait, de ce fait même, les nouveaux riches dont New York commençait à sentir à la fois l'attraction et le danger. » 1, p. 21.

► **Thèmes :** communauté ; conformisme.

2. « Rien ne lui était plus agréable chez sa fiancée que la volonté de porter à la dernière limite ce principe fondamental de leur éducation à tous deux : l'obligation rituelle d'ignorer ce qui est déplaisant. » 3, p. 43.

► **Thèmes :** éducation ; règles ; conformisme ; devoir collectif ; aveuglement.

3. « New York était divisé en deux grands groupes fondamentaux : celui des Mingott, des Manson et tout leur clan, qui appréciait l'élégance, la bonne table et le luxe, et la tribu des Archer, Newland, Van der Luyden, qui, eux, s'intéressaient aux voyages, à l'horticulture, à la lecture des romans sérieux, et affectaient de mépriser les jouissances matérielles. » 5, p. 51.

► **Thèmes :** esprit de corps ; communauté ; conformisme ; éducation.

4. « L'habitude de vivre ensemble dans une étroite intimité leur avait donné le même vocabulaire, l'habitude de commencer leurs phrases par "Maman trouve", ou "Janey est d'avis", selon que l'une ou l'autre désirait émettre une opinion personnelle. » 5, p. 52.

► **Thèmes :** conformisme ; langue et langage ; esprit de corps.

5. « Il savait que les femmes "bien élevées", si lésées qu'elles fussent dans tous leurs droits, ne revendiqueraient jamais le genre de liberté auquel il faisait allusion ; et les hommes se trouvaient […] d'autant plus disposés à la leur accorder. De telles générosités verbales n'étaient qu'un plaisant déguisement des inexorables conventions qui réglementaient le milieu où il vivait. » 6, p. 61.

► **Thèmes :** conformisme ; règles ; esprit de corps ; communauté ; éducation.

6. « La jeune fille, centre de ce système de mystification soigneusement élaboré, se trouvait être, par sa franchise et sa hardiesse même, une énigme encore indéchiffrable. » 6, p. 62.

▶ **Thèmes :** éducation ; conformisme ; aveuglement.

7. « Il revint découragé à la pensée que cette pureté factice, si adroitement fabriquée par la conspiration des mères, des tantes, des grands-mères, jusqu'aux lointaines aïeules puritaines, n'existât que pour satisfaire ses goûts personnels, pour qu'il pût exercer sur elle son droit de seigneur, et la briser comme une image de neige. » 6, p. 63.

▶ **Thèmes :** éducation ; conformisme.

8. « Si nous ne nous tenons pas entre nous, c'est l'effondrement de la société. » Paroles prononcées par Mrs. Archer. 6, p. 67.

▶ **Thèmes :** esprit de corps ; communauté ; devoir collectif.

9. « Oh ! je sais, je sais. Elles veulent m'aider, mais à la condition de ne rien entendre qui leur déplaise. [...] La solitude, c'est de vivre parmi tous ces gens aimables qui ne vous demandent que de dissimuler vos pensées. » Paroles prononcées par Mme Olenska, 9, p. 92-93.

▶ **Thèmes :** conformisme ; règles ; solitude ; opinion personnelle ; culpabilité.

10. « Il sentait qu'il prononçait exactement toutes les paroles que l'on attend d'un fiancé, et qu'elle faisait toutes les réponses qu'une sorte d'instinct traditionnel lui dictait – jusqu'à lui dire qu'il était original. » 10, p. 98.

▶ **Thèmes :** éducation ; conformisme ; communauté ; aveuglement.

11. « Ne pourrions-nous pas être un peu nous-mêmes, May ? » Paroles prononcées par Newland Archer, 10, p. 98-7

▶ **Thèmes :** opinion personnelle ; communauté ; conformisme ; marginalité.

12. « Ils étaient encouragés dans cette manière de voir par leurs mères, leurs tantes et autres parentes : toutes pensaient comme Mrs. Archer que, dans ces affaires-là, les hommes apportent sans doute de la légèreté, mais qu'en somme la vraie faute vient toujours de la femme. » 11, p. 110.

▶ **Thèmes :** éducation ; préjugé ; conformisme ; culpabilité.

CITATIONS

13. « Au-delà de la glissante pyramide qui composait le monde de Mrs. Archer, s'étendait la région hétéroclite où vivaient des artistes, des musiciens et des "gens qui écrivent". Ces échantillons épars de l'humanité n'avaient jamais essayé de s'amalgamer avec la société. En dépit de leur originalité, on les disait pour la plupart dignes d'estime ; mais ils préféraient rester entre eux. » 12, p. 116.

► **Thèmes :** esprit de corps ; communauté ; marginalité.

14. « Les artistes ici ne forment pas un milieu. On les tient plutôt en marge. » Paroles prononcées par Newland Archer, 12, p. 122.

► **Thèmes :** exclusion ; esprit de corps et communauté ; conformisme ; langue et langage.

15. « Je veux rompre tout à fait avec ma vie passée ; devenir comme tout le monde ici. » Paroles prononcées par Mme Olenska, 12, p. 122.

► **Thèmes :** conformisme ; opinion personnelle et communauté ; marginalité.

16. « L'individu, dans ces cas-là, est presque toujours sacrifié à l'intérêt collectif ; on s'accroche à toute convention qui maintient l'intégrité de la famille, protège les enfants. » Paroles prononcées par Newland Archer, 12, p. 126.

► **Thèmes :** exclusion ; devoir collectif ; esprit de corps et communauté ; préjugé.

17. « La monotonie de sa vie lui mettait dans la bouche comme un goût de cendres ; par moments, il avait le sentiment d'être enterré vivant. » 15, p. 151.

► **Thèmes :** conformisme ; solitude.

18. « Le professeur Emerson Sillerton était une épine au flanc de la société de Newport, une épine dont on ne pouvait se débarrasser parce qu'elle sortait d'une souche vénérable et vénérée. [...] Rien n'avait obligé Emerson Sillerton à se faire archéologue, ni même professeur, ni à habiter à Newport l'hiver au lieu d'avoir une maison à New York. » 22, p. 218-219.

► **Thèmes :** opinion personnelle ; communauté ; préjugé ; marginalité.

19. « Il se heurtait contre les préjugés et les points de vue traditionnels comme un homme absorbé se heurte contre le mobilier de sa chambre. Il était absent. Il s'étonnait parfois que les personnes qui l'entouraient pussent s'imaginer qu'il fût encore là. » 26, p. 251.

► **Thèmes :** préjugé ; solitude ; marginalité ; conformisme.

20. « C'était ainsi dans ce vieux New York, où l'on donnait la mort sans effusion de sang ; le scandale y était plus à craindre que la maladie, la décence était la forme suprême du courage, tout éclat dénotait un manque d'éducation. » 33, p. 288.

► **Thèmes :** exclusion ; esprit de corps ; communauté ; devoir collectif ; éducation.

Les citations essentielles tirées du *Traité théologico-politique*

1. « Il est entièrement contraire à la liberté commune que le libre jugement propre soit asservi aux préjugés ou subisse aucune contrainte. » Préface, p. 47-48.

▶ **Thèmes :** liberté politique ; liberté vis-à-vis des préjugés ; liberté d'opinion.

2. « Le droit naturel de chaque homme se définit donc non par la saine raison, mais par le désir et la puissance. » XVI, p. 67.

▶ **Thèmes :** droit de l'individu ; nature.

3. « S'ils ne s'entraident pas, les hommes vivent très misérablement et [...] s'ils ne cultivent pas la raison, ils restent asservis aux nécessités de la vie. » XVI, p. 70.

▶ **Thèmes :** entraide ; échanges ; liberté ; raison.

4. « Le souverain n'est tenu par aucune loi et [...] tous lui doivent obéissance pour tout ; car tous ont dû, par un pacte tacite ou exprès, lui transférer toute la puissance qu'ils avaient de se maintenir, c'est-à-dire tout leur droit naturel. » XVI, p. 75-76.

▶ **Thèmes :** pacte social ; obéissance au souverain.

5. « Ce droit de commander tout ce qu'ils veulent n'appartient aux souverains qu'autant qu'ils ont réellement un pouvoir souverain. » XVI, p. 76.

▶ **Thèmes :** limites du pouvoir politique ; droit ; puissance.

6. « Dans un État démocratique, l'absurde est moins à craindre, car il est presque impossible que la majorité des hommes unis en un tout, si ce tout est considérable, s'accordent en une absurdité. » XVI, p. 77.

▶ **Thèmes :** bon sens collectif ; démocratie.

7. « [Le] fondement et [la] fin de la démocratie [...] n'est autre [...] que de soustraire les hommes à la domination absurde de l'appétit et [...] de les maintenir, autant qu'il est possible, dans les limites de la raison, pour qu'ils vivent dans la concorde et dans la paix. » XVI, p. 77.

▶ **Thèmes :** démocratie ; raison ; unité de la communauté ; tensions inhérentes à la vie commune.

8. « Si des hommes pouvaient être privés de leur droit naturel à ce point qu'ils n'eussent plus par la suite aucune puissance, sinon par la volonté de ceux qui détiennent le droit souverain, alors en vérité la pire violence contre les sujets serait loisible à celui qui règne. » XVII, p. 98.

▶ **Thèmes :** limites du pouvoir politique ; violence ; droit naturel.

9. « Celui-là donc est le plus sous le pouvoir d'un autre, qui se détermine à obéir à ses commandements d'une âme entièrement consentante. » XVII, p. 100.

▶ **Thème :** obéissance ; domination ; liberté de pensée.

10. « La Nature ne crée pas des nations, mais des individus, lesquels ne se distinguent en nations que par la diversité de la langue, des lois et des mœurs reçues. » XVII, p. 134.

▶ **Thèmes :** nature ; individu ; nation ; lois ; culture.

11. Lorenzo : « Aussi bien les gouvernants que ceux qui sont gouvernés sont tous des hommes, en effet, c'est-à-dire des êtres enclins à abandonner le travail pour chercher le plaisir. » XVII, p. 101-102.

▶ **Thèmes :** nature humaine ; passions antipolitiques.

12. « Ceux qui gouvernent l'État ou s'en sont rendus maîtres, quelque crime qu'ils commettent, s'efforcent toujours de le colorer d'une apparence de droit et de persuader au peuple qu'ils ont agi honnêtement. » XVII, p. 122.

▶ **Thèmes :** abus de pouvoir ; peuple ; naïveté du peuple.

13. « Une forme d'État comme celle [des Hébreux] ne pourrait convenir, tout au plus, qu'à des hommes qui voudraient vivre seuls sans commerce avec le dehors, se renfermer dans leurs limites et s'isoler du reste du monde. » XVIII, p. 146.

▶ **Thèmes :** communauté ; ouverture de la communauté.

14. « L'exercice du pouvoir ne va pas sans la pire violence dans un État où l'on tient pour crimes les opinions qui sont du droit de l'individu auquel personne ne peut renoncer ; et même, dans un État de cette sorte c'est la furieuse passion populaire qui commande habituellement. » XVIII, p. 154.

▶ **Thèmes :** abus de pouvoir ; liberté d'opinion ; individu ; droit de l'individu ; furie populaire.

15. « Il est certain que la piété envers la patrie est la plus haute forme de piété qu'un homme puisse montrer ; supprimez l'État en effet, rien de bon ne peut subsister. » XIX, p. 173.

▶ **Thèmes :** État ; utilité de l'État ; sacralité du pouvoir politique.

16. « Le salut du peuple est la loi suprême à laquelle doivent se rapporter toutes les lois tant humaines que divines. » XIX, p. 174.

▶ **Thèmes :** peuple ; sacralité du peuple ; loi ; unité de la communauté.

17. « Personne ne peut obéir à Dieu droitement s'il ne règle la pratique obligatoire de la piété sur l'utilité publique et si en conséquence il n'obéit à tous les décrets du souverain. » XIX, p. 174.

▶ **Thèmes :** supériorité du pouvoir politique sur le pouvoir religieux ; unité de la communauté.

18. « Quelle pire condition concevoir pour l'État que celle où des hommes de vie droite, parce qu'ils ont des opinions dissidentes et ne savent pas dissimuler, sont envoyés en exil comme des malfaiteurs ? » XX, p. 201.

▶ **Thèmes :** liberté d'opinion ; liberté de l'individu ; violence politique ; abus de pouvoir.

19. « Il faut nécessairement accorder aux hommes la liberté du jugement et les gouverner de telle sorte que, professant ouvertement des opinions diverses et opposées, ils vivent cependant dans la concorde. » XX, p. 202.

▶ **Thèmes :** liberté d'opinion ; unité de la communauté ; gouvernement.

20. « Les schismes ne naissent pas d'un grand zèle pour la vérité (ce zèle est, au contraire, une source de bienveillance et de mansuétude), mais d'un grand appétit de régner. » XX, p. 205.

▶ **Thèmes :** scission de la communauté ; passions antipolitiques ; soif de pouvoir.

